幕末政治と開国

明治維新への胎動

奥田晴樹［著］……OKUDA haruki

勉誠出版

はしがき

明治維新への胎動がいつ、どのようにして始まったかは、わが国の歴史研究上、戦前以来、一世紀にも及ぶ、最大級の論争問題の一つである。そこでは、一九七〇年代まで、経済や社会での変化に、その根本的な指標（メルクマール）を求める傾向が、研究の主流の位置を占めていた、と言ってよかろう。しかし、それ以降の研究では、幕藩および朝幕関係を軸とした、幕末政治を克明に追跡する動向が強まり、今日に至っている。

そのような研究状況の中で、著者の立場は以下の通りである。

わが国の近代を開いた明治維新が、どうして、またどのようにして始まったかを探ろうとするとき、近世に遡（さかのぼ）って考えざるを得まい。そこでは先（ま）ず、近世日本の「国制（こくせい）」を掘り崩す動きがいつ頃、何故（なぜ）、どのように始まったかが問われよう。本書では、この問題を歴史的に追跡し、検討してみたい。

ところで、上記の「国制」という語には、若干の説明が必要だろう。

「国制」とは、ドイツ語や英語では「憲法」と同じ単語を用い、憲法が成立する以前と以後の政治制度を、それを支える法制、財政や外交・軍事、さらには経済や社会・教育などの仕組みとの関連も視野に入れながら、包括的に捉えようとして、歴史研究で使われる用語である（ケルン一九六八）。日本の歴史学や法学などでは、憲法とは異なる意味で用いられる場合、「国制」という語句を充てて、両者を区別している。

二六〇年余の長きにわたって存続した近世日本にも、固有の国制があった。国制の根幹は、どのようにして国家意思が決定されるか、その仕組みである。

本書では、それがどのようなものであったかを確認した上で、「幕末政治」が「開国」の問題に直面する中で、それが機能不全に陥り、その改革が必要となり、どのようにそれを進めるのか、模索が始まっていく過程を追跡、検討したい。

その際、本書では、既往の研究の諸成果を、著者の能力の及ぶ限り摂取して、国内の経済・社会、文化・思想などの変容と、欧米諸国の「開国」を求める動きとが、既存の国制が維持し難くなっていく経緯と、どう関連しているかも考えたい。

こうした本書での試みについて、読者諸賢の叱正を俟つ次第である。

目次

はしがき……(1)

第一章　近世日本の国制とその動揺……1

一　近世の国制……1

国制とは何か／「将軍―譜代門閥」政治／朝幕関係／将軍以下の官位秩序／諸大名と旗本の官位序列／武家官位秩序の問題点／軍役と武家の主従関係／諸大名と「藩」／旗本と御家人

二　石高制の機能不全……18

石高制／石高制の問題点／農林・水産業の成長／市場経済の発展と石高制／石高制の機能不全

第二章　世界の再発見と日本の再定義……30

一　近世の儒学とその変容……30

世界の再発見と日本の再定義／林家の儒学／古学と『大日本史』／博物学の形成

二　蘭学の登場……34
幕府天文方の設置／編暦と天文学の歴史的意義／貞享の改暦／西洋天文学の導入／高橋至時と地動説の導入／至時以後の天文方／天文方の終焉
三　新たな文化創造主体の形成……42
文化交流と新たな担い手／加賀の千代女／文化創造主体としての女性／自国語の探究と認識／『雨月物語』の貧福論
四　世界の再認識と新たな自国像……51
本居宣長の登場／宣長の人間観／宣長の世界認識と「皇国」論／蘭学の展開／蛮社の獄／「外国事情書」の世界認識
五　『日本外史』の成立……62
頼山陽とは／芸州藩儒頼家の誕生／寛政改革と学問吟味／青年山陽の挫折／「生活詩人」山陽／「尊王家」山陽の実相／『日本外史』の歴史的位相／山陽の詩作と史眼
第三章　幕末政治のジレンマ……79
一　「鎖国」パラダイムの成立……79
ロシア使節の来航／「鎖国」パラダイムの成立／海防の政治課題化／蝦夷地周辺の緊張／フェートン号事件／頻発するイギリス船の来航

目　次

二　幕末政治のジレンマ……89
「異国船打払令」／国体論の成立／士分の現状／居候する旗本／居屋敷喪失の歴史的意味／徳川斉昭の幕政容喙／山稜修復・復古問題／天保改革と徳川斉昭／江戸湾口迂回物資輸送路の確保策／阿部正弘幕閣の成立／「異国船打払令」復活問題の評議

三　弘化三年五月―六月の危機……107
弘化三年五月―六月の対外的危機／琉球での「通商」黙許と浦賀での「通商」拒否／島津斉彬の登場／「海防勅書」／徳川斉昭の動き／将軍や雄藩大名への工作／危機の政治的意義／嘉永二年の「海防強化令」

第四章　江戸湾海防の実態……126

一　江戸湾海防の動員と負担……126
三浦半島の海防／川越藩の海防態勢／弘化三年閏五月―六月の海防動員／彦根藩の海防参加と川越藩／猿島台場の建設／川越藩の助郷役免除願／海防担当諸村の助郷役免除運動

二　海防の基盤構築とその挫折……137
相模分領の穀屋仲間結成／穀屋仲間の歴史的性格／穀屋仲間結成の背景／穀屋仲間冥加金徴収への抵抗／冥加金による米穀確保＝「囲穀」半減願／米会所設立策の挫折／江戸湾海防の実態から見えて来るもの

三　幕府海防方針の実質……149
阿部正弘幕閣の有事対応方針／海防担当四藩の有事対応具体策／江戸湾海防の「目的」とその実質

第五章　ペリー艦隊の来航……154

一　アメリカ艦隊の来航情報……154
アメリカ艦隊の来航情報／来航情報の伝達と流布／黒田斉溥の意見書／琉球「大砲船」の建造／島津斉彬とペリー来航／徳川斉昭による朝廷への通報／雄藩諸大名による幕政＝国政容喙の開始

二　ペリー艦隊の来航目的と実力……166
アメリカ艦隊の来航目的／アメリカ政府の対日交渉方針／ペリー艦隊の規模と実力／日米両国間の戦力差／東アジアでのペリー艦隊

三　アメリカ国書の受領……176
ペリー艦隊の来航と幕府の対応／現地在勤の浦賀奉行／久里浜での国書受理

第六章　国書受領の政治的影響……181
一　ペリー艦隊来航直後の幕府……181
ペリー艦隊来航直後の阿部幕閣／徳川斉昭への諮問／徳川斉昭への説得工作／徳川斉昭の幕議参加要求／将軍職の継承と阿部幕閣の続投
二　ペリー艦隊来航直後の朝幕関係……187
ペリー艦隊来航前後の朝廷／朝廷におけるアメリカ国書の問題性
三　徳川斉昭の登用……191
国書対策評議の本格的着手／徳川斉昭の登用／徳川斉昭の返翰案／徳川斉昭の登用理由
四　徳川斉昭の「海防愚存」……198
徳川斉昭の「海防愚存」／主戦方針の決定が必要な理由／主戦方針具体策の問題点
第七章　開国要求への対策……208
一　幕府諸役人の国書対策意見……208
浦賀奉行の対策意見／三奉行の対策答申／三奉行の返翰案／三奉行返翰案の内容／三奉行返翰案の問題点／通商条約の有期性／三奉行回答案の核心と「鎖国」原則

二　実戦の想定と対策 223
井伊直弼の対策意見と実戦の想定／彦根藩の海防実態／阿部正弘幕閣の実戦対策／ペリー艦隊来航後の運河開削計画
三　幕臣の実戦想定と国書対策意見 234
幕臣の実戦想定＝国書対策意見／向山源太夫の実戦想定／向山源太夫の国書対策案／向山源太夫の開国＝「祖法」論の意義／勝麟太郎の実戦対策意見／勝麟太郎の抜本的海防強化策／艦砲射撃へ対策／操船技術への着眼／「教練学校」創設構想／幕臣の実態と海防強化策／貿易の肯定と幕臣の実態認識
四　実力対処の制約事情 258
旗本・御家人の実態／助郷役追加負担の拒絶／企業機会としての海防強化／海防動員への協力と代償
第八章　幕政改革の起動 267
一　幕政改革の起動 267
幕政改革の起点／海防強化策／領知替出願禁止令／「四民協力」政策の登場／福沢諭吉の「国恩」論批判／幕政改革の歴史的位相

二　ロシア艦隊の長崎来航と「応接」方針……280
ロシア艦隊の長崎来航／幕府のロシア艦隊対策評議／ロシア国書の受領／「大号令」の発出／三奉行のロシア国書対策案／ロシア使節の「応接」方針／対露「応接」方針論議の歴史的位相

第九章　開国への道……299

一　ロシア使節との「対話」……299
長崎でのロシア使節「応接」／ロシアへの返翰／返翰の内容／ロシア使節との「対話」／国境確定問題での「対話」／二回目の「対話」／ロシア側からの書翰／三回目の「対話」／江戸への中間報告／ロシア側からの二通目の書翰／四回目の「対話」

二　日露長崎「対話」の結末……335
五回目の「対話」／応接掛の書翰案／書翰案の内容／嘉永六年最後の日露「対話」／ロシア側の条約案要綱／嘉永七年最初の「対話」／日露「和約章程」案／条約案の内容／応接掛による最後の「対話」／最後の日露長崎「対話」／プチャーチン艦隊の退帆

三　開国への道……375
アメリカ艦隊「打払」地点の諮問／アメリカ艦隊の「応接」態勢／アメリカ艦隊再来航時の対応方針評議／阿部正弘幕閣の再来航時対処方針／江戸湾内海進入時の江戸市中対策／朝廷の再来航時対策／阿部正弘幕閣が迎えた嘉永七年

史料・参考文献……395
あとがき……405

第一章　近世日本の国制とその動揺

一　近世の国制

国制とは何か

本書では、幕末維新の変革がどのようにして始まったか、その背景と経緯を追跡する。その際、変革の核心をなす、「国制」の問題に焦点を絞（しぼ）って論述することにしたい。

この国制という語句を用いて、憲法が成立し、それに法制全体、実際の政治や統治が規律される、いわゆる「立憲政体」以前の国家制度を捉えようとする場合、そこには、実定法か慣習法かに関わらず、実際の政治や統治を規律する、何らかの「制度（システム）」が実存するであろう、との予想がある。「前憲法」的な国制の歴史的研究は、当然、こうした予想それ自体の検証をも含んでいる。実際、その検証に耐えない、浮かんでは消え去る泡沫（バブル）のような政治権力も、世界史上、古今東西、幾（いく）らも見出せよう。しかし、二六〇年余も存続した徳川政権を、そうした類（たぐい）の政治権力に算入するのは妥当ではなかろう。これは、「近世の国制」を云々する本書の大前提である。

国制は、前述したように、一定期間の持続性を有する、国家組織のあり方、そこで国家意思が決定され、執行される機構(メカニズム)、つまり国政の仕組みである。その歴史的理解には、国家意思の決定が、どのような政治構造の下で、実際にどんな過程を辿(たど)ってなされているか、という政治史の研究が、先ずもって必要となる。ともに、そうして決定された国家意思を執行する上で不可欠な、国家の基盤をなす社会がどのように掌握され、統治されていたか、という行財政史の研究も不可欠である。さらに、それらに止(とど)まらず、政治や統治のあり方を左右する、経済や社会、学問や思想、宗教や倫理、文化や習俗など、およそ人間の営みに関わるあらゆる分野の動向を追跡する諸研究も必要となって来る。

したがって、国制を軸として、あれこれの時代や、その転換を歴史的に理解しようとすれば、右に述べたように、歴史の総合知を求められるので、国制史の研究は、結果的に、歴史を俯瞰的に見ていかざるを得ない。そうした事情が、近代歴史学においても、時代の全体像を描く歴史叙述が国制史中心に傾く嫌いを招いたのであろう。しかし、国制史も所詮は、実存した歴史の全体を、一つの視角から覗(のぞ)いてみたものにすぎない、

本書が国制史を基軸とするのは、あくまでも、著者の研究上の関心と能力によるものである。ここに提示するのは、一つの幕末維新史像であり、他にいかほどでも異なる画像が成り立ち得ることは勿論である。

そのように、本書では、幕末維新の変革によるわが国制の変容を追究しようとするのだから、その歴史的前提をなす、近世の国制がどのようなものであったかを、大雑把にでも、先ず確認しておかねばなるまい。なお、その歴史的な推移については、深谷克己による簡明な概説を参看されたい（深谷二〇〇〇）。

「将軍―譜代門閥」政治

わが近世における国家意思の決定は、徳川宗家の当主が世襲する将軍（征夷大将軍）と、それを補佐する数名の老中や若年寄など、いわゆる幕閣を構成する、一部の家門・譜代大名たちとが、国家意思の決定を独占する、極めて閉鎖的な政治構造によって運営されていた。したがって、国政＝幕政だった、と言ってよかろう。

幕閣を構成する一部の家門・譜代大名の中核は、江戸城本丸表御殿の溜間に登城時に控える殿席を与えられ、「溜詰」とか「溜詰衆」などと呼ばれ、随時、将軍・幕閣の諮問を受ける立場にあった。彼らを「譜代門閥層」と称する。

幕府には、重要政策の立案や審議、刑事・民事の重大事件の審理などに当たる評定所があり、譜代大名が任ぜられる寺社奉行、旗本職の勘定奉行と町奉行（江戸）の三奉行に、若年寄配下の旗本が勤める目付などが、その一座を構成し、将軍・幕閣の諮問を受け、政策や判決の執行の統督を委ねられていた。就中、目付は、本来の業務である監察に加え、事案の調査に止まらず、措置原案の作成まで含む、各種の取調を担当し、とくに、既定の職掌に拘束された既存の諸役人では対応しきれない、国内外の諸問題が相次ぐ幕末では、実務を中心的に担う重要な役職となった。こうした評定所一座を幹部とする幕府諸役人が、国政=幕政の実務を担っていた。

こうした国政=幕政の政治構造を、「将軍―譜代門閥」政治という。

将軍と譜代門閥層の政治的関係は、かならずしも一枚岩ではなく、五代将軍綱吉の治世以降、側用人などに登用された将軍の側近が介在して、緊張を孕む場面もしばしば見られた。紀州藩主だった徳川吉宗が八代将軍を襲職した際、紀州藩士から幕臣に登庸された紀州派の側近が、その後、台頭して幕閣を支配するに至った。一〇代将軍家治の治世末期の天明期には、幕閣を牛耳る田沼意次を筆頭とする紀州派と、松平定信を首領とする譜代門閥層との間で、深刻な権力闘争が繰り広げられた。しかし、一旦は紀州派を退けて幕閣を掌握した定信を、退陣させた後の、一一代将軍家斉の四〇年余の治世期間に、譜代門閥層と紀州派は、姻戚関係や養子縁組などを通じて結びつきを深め、ともに家斉の長期政権を支える形となっていった（深井一九九一）。

朝幕関係

将軍は、天皇・朝廷から補任され、朝廷におけるその位階と官職は、後述するように、従一位太政大臣となった家斉が唯一の例外で、通例、二位の左大臣・右大臣・内大臣となる。

これは、幕府の開祖家康が、豊臣秀吉の死後、継嗣の秀頼を後見する立場で政権の実質的掌握を始めた経緯と関係していよう。豊臣政権は、朝廷の官位秩序を、臣従した諸大名の政治的な序列化と統制に用いていた。家康は、諸大名を麾下に糾合する手法の一つとして、それを継承したのである。

関ヶ原の戦いを経て、家康は朝廷から将軍に補任され、ほどなく将軍職を継嗣の秀忠に譲るが、これは、徳川家による政権世襲を闡明した反面、新たな不安定要因を抱え込むこととなった。すなわち、官位の序列で、家康が左大臣、秀頼が右大臣、秀忠が内大臣という形になり、この状態で家康が亡くなった場合、徳川家は官位上で武家の頭首の座を失ってしまう。その後、秀頼は右大臣を辞任するが、朝廷は彼を前官の地位で礼遇し続けた。秀頼辞任から七年後の慶長一九年(一六一四)三月、秀忠はようやく右大臣への昇進を遂げ、その半年後の同年一〇月に大坂の役が起こっている。

この一連の経緯を見る限り、武家の棟梁である将軍は、官位においても武家の頭首の座を占めておく必要があった、と言えよう。けだし、「王政復古」政変では、将軍職の制度それ自体が廃止されるとともに、すでに将軍職を辞していた徳川慶喜に対して、さらに内大臣の辞任要求が突きつけられている。そのとき、内大臣は武家が任ぜられている最高の官職だったのである。

大坂の役終結後に、幕府側が起草し、天皇と将軍をそれぞれ補佐する朝幕の首脳が連署して定める形式をとった「禁中並公家諸法度」では、武家の官職は員外とされ、公家に同一の官職在任者がいても差し支えないこととなった。さらに、実際の運用では、武家の場合、加賀藩主前田家当主と小田原藩主大久保家当主がともに「加賀守（かがのかみ）」に補任されたように、本来、単任の官職でも、複数の補任が行なわれた。勿論、朝廷への官位補任の奏請は、鎌倉幕府以来の政治的不文律を踏襲して、将軍・幕府の専権事項であった。

もっとも、補任された大名などの当事者は、将軍・幕府関係者とともに、天皇・朝廷関係者へ、しかるべく謝礼するのが慣例だった。朝廷の財政については後述するが、全体に極めて貧弱である中で、こうした官位補任などへの謝礼は、その重要な副次的収入源の一つとなった。

幕府は、大坂の役に際して、朝廷が京都への戦火の波及を恐れて申し出た、勅命講和の斡旋を拒否し、その終結後、前述の「禁中並公家諸法度」を定めたのを皮切りに、天皇・朝廷に対する統制を一挙に強め、その国政関与を徹底的に排除していった。武家への官位補任に止まらず、僧侶への栄典授与なども統制下に置き、やがて改暦や改元などの実権も掌握していく。

肝心の天皇・朝廷による将軍の補任についても、将軍職継承者が京都に上洛して将軍宣下を受けたのは、三代将軍家光（いえみつ）までで、それ以降は、江戸城で将軍補任の宣旨を勅使から伝達されるようになった。

国政を統理する将軍の権限は天皇・朝廷による将軍職補任に拠るものだ、という「大政委任」論を幕府首脳部の中で最初に見出せるのは、将軍家斉と微妙な政治的関係にあった、松平定信幕閣においてである。将軍後見職と老中首座を兼ねる定信が、家斉を実質的に統御する際の論拠として、それを持ち出したのである。しかし、家斉側がそれを受容したのかどうかは不明である。

将軍がその受容を明示するのは一四代の家茂が最初であり、一五代将軍慶喜の「大政奉還」はそれを論理的な前提としてなされている。こうした経緯に鑑みると、「将軍―譜代門閥」政治を成り立たせる政治的論理に、「大政委任」論が当初から内蔵されていたとは考えにくいだろう。

将軍以下の官位秩序

将軍以下の徳川家の官位秩序は大凡（おおよそ）次のようになっていた。

将軍の継嗣は、二位の大納言（だいなごん）で、源頼朝（みなもとのよりとも）が補任された最高官職（極官（きょっかん））である右近衛大将（うこんえのたいしょう）（右大将（うだいしょう））に相当する文官であり、将軍の官位に次ぐ。これに徳川一門の親藩諸大名が続く。先ず、御三家の紀州・尾張両家が二位の大納言、水戸家が三位（さんみ）の中納言（ちゅうなごん）である。

なお、水戸家当主は、参勤交代をせず、江戸定府（じょうふ）だったので、「副将軍」などと称する向きもあるが、もとよりそのような地位・職掌にあったわけではない。

もっとも、御三家の合意で将軍を襲職した吉宗はその執政の初期、また、御三家の支持も得て幕閣首班となった松平定信はその在職中の全期間、重要な政務について御三家当主の面々に諮問している。こうした経験が背景にあるかとも思われるが、家斉治世の後半に水戸藩主となった徳川斉昭は、天保改革開始以前から、しばしば国政＝幕政への関与を企てる言動を繰り返している。それも一因となって、後述するように、斉昭は隠居させられている。しかし、隠居後の斉昭を、幕末、国政＝幕政への関与をはかる親藩・外様の雄藩諸大名が指導者として担（かつ）ごうとし、また、天皇・朝廷がその言動を重んずるようになる。こうした動きに対応して、国内の政治統合に利用すべく、斉昭を幕政に参与させた阿部正弘（あべまさひろ）幕閣の措置などが相俟（あいま）って、斉昭を「副将軍」視する世評を生んだことは、間違いなかろう。

水戸家当主が元来、「副将軍」だったとする見方は、これを遡及させたもので、明治以降に講談や小説、映画やテレビ・ドラマなどで繰り返し取り上げられた「水戸黄門漫遊記」の影響もあって、広まったのだろう。

御三家に次ぐのは、吉宗と九代将軍家重が設けた御三卿（ごさんきょう）である。御三卿は、まとまった城地を有さず、全国各地の幕府領から寄せ集めて一〇万石ずつ宛行（あてが）われ、江戸城中に屋敷を与えられ、幕府諸役人が出向してそれぞれの家政に当たった。御三卿は、将軍宣下の儀式終了後に行われる新将軍への拝謁（「御目見（おめみえ）」）の場が、勅使や御三家はじめ諸大名が公式行事の行われる白書院（しろしょいん）であるのに対し、将軍の居室的な空間である黒書院（くろしょいん）だった。こうした将軍の直系親族に準ずる扱いは、士分の家において、当主の屋敷に住み、生活費を支給されて、万一の家督相続の必要に備えるが、その機会もなく、他家への養子縁組みの口もなければ、厄介人（やっかいにん）の境遇で、妻子もなく生涯を終わる「部屋住み（へやずみ）」に類した存在であったことを示している。

田安（たやす）・一橋（ひとつばし）・清水（しみず）の家名は江戸城内にある屋敷の所在地、御三卿の名は民部卿に田安家、刑部卿に一橋家、宮内卿に清水家の当主がそれぞれ補任されたことによる。御三卿は、三位の中納言を兼ね、官位序列では御三家に次ぐ位置に置かれた。

しかし、民部卿などの官職は、皇位継承権を有する親王の任官職である。御三卿は、それに擬えて、将軍職継承順位では御三家よりも優先的地位にあることを、制度的に示唆したものであろう。そこには、吉宗以後の将軍職継承を、彼の直系子孫に限定しようとする狙いがあったと見られる。と同時に、領分（大名の支配地）と陪臣（将軍の直臣ではない、大名の家臣）を擁する御三家が将軍職を継承した場合、それらの処理という厄介な問題が生ずることを回避する措置でもあったろう。

一三代将軍家定の継嗣選定が問題化したとき、一橋家当主の慶喜と紀州藩主の慶福が対立候補に擬されたが、御三卿か御三家か、という次元で表面的に論ずれば、慶喜が有利に見える。だが、慶喜は斉昭の実子で、養子入りして一橋家を継いでいたにすぎず、吉宗の直系子孫という基準では、家斉の孫で、家定の従弟に当たる慶福の方が、より適格だとの判断も成り立った。勿論、彦根藩主井伊直弼を頭首とする譜代門閥層の主流が、慶喜襲職による斉昭らの国政＝幕政支配を忌避して持ち出された、正統論議であることは言うまでもない。

諸大名と旗本の官位序列

親藩では、ともかく将軍職継承候補になり得る、徳川姓を名乗る御三家・御三卿に続くのが、松平姓を名乗る、越前（福井）や会津など、家門の諸大名である。個々に例外はあるが、最上位クラスの家門の大名でも、一般的には、四位以下の位階と、それに相当する国守などの官職に補任されるに止まった。

　譜代大名は、彦根藩主井伊家を筆頭とし、幕閣や上層の幕府諸役人に任ぜられた。譜代大名の多くは、五位の国守に補任されるのが普通だった。

　その中で、常置される役職ではなく、老中の指揮権を委ねられる、大老を勤める譜代大名は四位の少将（近衛少将、文官の少納言に相当）、老中を務める譜代大名は四位の侍従に補任されるのが、通例となっていた。なお、一八世紀以降、大老を勤める、直弼に至る井伊家当主は、位階は四位に止まっていたが、官職は中将（近衛中将、文官の中納言に相当）に昇っている。

　侍従は、本来、天皇の日常生活に奉仕するとともに、太政官の事務を司る下記局を統括する少納言を兼任して、大臣・納言・参議からなる朝廷の議政官と、天皇との連絡・調整に当たる職掌であり、相当する位階は五位だった。もっとも、平安末期の院政では、五位の少納言でありながら、藤原信西（通憲）のように、権勢を振るう者も出て来る。一方、四位には、鎌倉幕府の執権が少なからず叙され、室町幕府では管領が通例、叙されている。

　政治的実権では執権や管領のような権力者はそうそう出なかったものの、「執権」とも称された、徳川幕府の老中が四位の侍従に補任されるのは、朝廷での侍従と、鎌倉・室町両幕府での四位の職掌や地位を、ともども前提としたものであろう。

　また、朝廷では、元来、兼任だった少納言と侍従を、少将は大老、侍従は老中と分けたのは、大老を格上に置くためだったと見られる。田安家から白河藩主松平家へ養子入りした定信は、大老よりも更に格上の、家斉の将軍後見役となって、自身が少将に補任されたことを、侍従までしか補任されない同家の当主として、大変な栄誉だと喜んでいる（『宇下人言』、「定信」の偏と旁を解いて題名とした、彼の自伝的回顧録）。

外様大名は、一般に四位か五位の位階と、それらに相当する国守などの官職に補任されている。外様大名で最大の領分を有する加賀藩主前田家当主でも、豊臣政権の下で補任された藩祖利家が二位、続く利長・利常と幕末の斉泰・慶寧が三位で、それぞれに相当する官職に、国守と兼ねて補任されたが、他はいずれも四位の国守に止まっている。利常と斉泰はともに、将軍の秀忠と家斉の息女（後者は東京大学の赤門の御殿の主、溶姫〔堀内・西秋編二〇一七〕）を正室に迎えており、こうした将軍家との婚姻関係が彼らの官位補任の背景にはあろう。その他の外様大名も、それぞれの領分や家格、将軍家との姻戚関係や養子縁組などに応じて、それ相応の官位に補任された。

旗本では、例外的なのが高家で、幕府の典礼や、朝廷との儀礼的交際に伴う折衝に当たり、四位の官位とそれに相当する官職に補任された。旗本の上層は、五位の最下級である従五位下の位階と、それに相当する官職に補任され、「諸大夫」と称される者と、幕府が六位の有位者相当と遇する「布衣」と称される者との、二つのランクに分けられた。

彼らの中から、「旗本」（「旗下」や「旗元」とも表記）の語源に最も相応しい職務である、将軍を警護する軍職の両番（書院番と小性組番）や、国政＝幕政の実務を担当する幕府諸役人の幹部である、各種の奉行、目付などに任ぜられた。旗本の過半を占める下層や、それ以下の御家人は、上記のような顕職に登用されなければ、武家の官位秩序の埒外に置かれていた。

なお、「小姓」の表記が一般化したのは明治以降で、近世では「小性」が多用され、加賀藩などでは「小将」を用いた。近世の漢字表記においては、人名をも含め、同音異字を用いるのは珍しくない。漢字に限らず、言語の表記が統一されるようになったのは、明治以降の国語教育と出版文化の影響であり、それ自体が「国民国家」形成の徴証だろう。

武家官位秩序の問題点

こうした武家の官位秩序のあり方は、幕末、それも開国後の、朝廷との政治的折衝が頻繁かつ緊要となって来る政治的局面で、政治的に重大な支障を生ずることとなる。

朝廷における議政は、三位以上の位階を有する公卿の大臣・納言・参議のみが行なうものであり、その公式の場には、とくに許された、それらの前任者以外は参加できない。したがって、最高で四位の位階に止まる幕閣や幕府諸役人では、非公式の折衝はさておき、朝廷の公式の議政の場に出ていって、説明や議論を行なうことはできないのである。

こうした事情は、天皇・朝廷を利用して国政=幕政への関与をはかる、雄藩諸大名の場合も同様だった。そこで、幕府ともども、朝廷内に代弁者を求めるようになり、それが京都の朝廷と公家たちを政局の中心へと押し上げていく背景の一つとなった。

また、朝廷の議政官たる資格は、慶喜をして、文久三年（一八六三）の将軍家茂上洛前後以降の政局において、一貫してキー・マンの一人たらしめる上で、不可欠の具備要件の一つともなっていた、と言ってよかろう。だからこそ、「王政復古」政変では、彼を政治的に排除するために、先ずその官職を剝奪する必要があったのだろう。

軍役と武家の主従関係

武家の官位秩序は、幕末の政局で少なからぬ役割を演じたにしても、「将軍―譜代門閥」政治の支柱の一つである、将軍を頭首とする武家の政治的秩序を構成する一要素に止まる。武家の政治的秩序は、その他、①諸大名の領分や旗本の知行所の石高、幕府の御家人や諸大名の家臣（陪臣）の禄高、②城地の有無や規模、③登城時における江戸城本丸表御殿内の控えの間で区別された殿中の席次（殿席）などが、多元的に組み合わされて構築されていた。

こうした武家の政治的秩序を裏付けたのは、軍事力と、それを支える財政規模における、幕府の圧倒的な優越だったことは言うまでもなかろう。一方、諸大名と旗本は、それぞれの領分や知行所の石高に応じて、幕府の軍事動員に応ずべく、あらかじめ用意しておく必要がある、武器と兵力（「人数」という）をセットにした数量の最低基準が、騎馬・鉄砲・弓・槍など、それぞれどれほど、という具合に、詳細に定められていた。これを「軍役」といい、慶安期に定められた基準（「大猷院殿御実紀」〔『徳川実紀』第三篇〕慶安元年〔一六四八〕四月三日条）がその後、踏襲されていた。

参勤交代の供揃え、江戸城や日光の東照宮などの造営、大河川の治水工事、新将軍就任時の祝賀使節として、朝鮮国から到来する通信使の接遇その他、平時において、幕府が諸大名に賦課する諸課役も、当時から軍役の範疇で捉えられ、領分の石高に応じたものであった。

旗本が勤める幕府の役儀も、同様に軍役として観念され、やはり知行所の石高相応のものだった。御家人の場合も、禄高が基準となる点は異なるが、役儀がそれに応じた軍役である点で同一である。特定の役職に就かない「無役」の場合でも、当初は幕府の造作事業を、工事人夫を引き連れて分担する普請役を負担しなければならなかったが、後に「小普請金」の金納制に変わった。

諸大名と「藩」

このように、将軍に臣従する武家は、その臣従の証として、戦時は勿論、平時でも軍役を負担しなければならなかったが、その基準となったのが石高ないし禄高であった。石高も禄高も米の数量だが、石高は、そこに一定率の年貢諸役を賦課する「領知」である、将軍・幕府の直轄領、諸大名の領分、旗本の知行所などの規模、禄高は御家人などに支給される俸禄の数量を、それぞれ表していた。

「領知」という用語は、「領知行（地）」（知行（地）を領す）という漢文の行為表現が名詞化したものである。「知る」という語句には、「認知する」という意味の他に、現在でも使われている「知事」の語源となる、「支配する」ないし「統治する」という意味もある。「知行」は後者の方である。つまり、「領知」とは、「支配ないし統治を実行する土地を領有する」という意味で、そうした行為表現に力点がある用語だと言えよう。その点で、支配ないし統治する行為の対象となる土地を意味する「領地」とは、微妙にニュアンスが異なる。ちなみに、「王政復古」政変で成立した新政府は、「領知」ではなく、「領地」の用語の方を、法令や公文書で多用している。

石高や禄高はすべて、特定の将軍から、彼に臣従した特定の大名や旗本・御家人などへ与えられ、これを「宛行」という。したがって、どちらかが代替わりした場合は、改めて宛行の手続きが必要だった。そのため、代替わりはいずれの側にとっても緊張を孕むものであったが、一八世紀以降、よほどの事情でもなければ、宛行は、実際には石高や禄高の世襲を確認する手続きになっていった。

幕府は、その法令や文書において、石高で数量表示された領知を領有する諸大名を「領主」あるいは「万石以上」、旗本を「地頭」あるいは「万石以下」と称していた。また、諸大名の領知を「領分」、旗本のそれを「知行所」とし、一括して「私領」と呼んでいた。これに対して、幕府はその直轄領を「御料」と呼び、世間ではこれを「天領」と通称していた。

ちなみに、諸大名の領分と、その家政組織および領分の統治機構を、「藩」と総称することは、儒者たちにより近世前期から始められ、一般化している。しかし、幕府は、一貫して、「藩」いう呼称を用いることを忌避している。そこには、諸大名の政治的地位と、その領分統治の権力について、漢籍の史書に登場する「藩」のような、国制上で一定の自立性を有する、領域的な政治・統治権力に類推する思考に、幕府は与しなかったことが示されていよう。

もっとも、本書では、将軍や諸大名・旗本など、領知を領有する者すべてを「領主（りょうしゅ）」と一括することと同様、大名権力機構を「藩」と呼称する、明治以降の歴史学の伝統的用法に従っている。ただし、「藩」という用語を、近世の国制を歴史的に理解する上での、基軸的な制度概念にまで押し上げた歴史的背景が、幕末維新の変革そのものであったことには、是非とも留意しておきたい。

諸大名は、明治以降、「三百諸侯（しょこう）」という総称が一般化している。そのうち「諸侯」の用語は、新政府が諸大名をそのように公称したことに由来しよう。また、明治二年（一八六九）六月一七日付で版籍奉還が聴許されたのに伴い、諸侯二七四名が知藩事に任じられ、別に一橋茂栄（もちはる）・田安慶頼（よしより）・山内豊誠（やまのうちとよしげ）（高知藩主分家）・足利聡氏（としうじ）（喜連川（きつれがわ）藩）の四名が地所蔵米、浅野長厚（広島藩主分地）ほか八名が蔵米を支給され、知藩事と同列とされており、これらの総数は二八六名に上（のぼ）るから、一応、「三百」との概数把握もできよう。

近世の諸大名は、時期により、その数にかなり変動がある。加えて、そこには本分家や本支藩の関係がすこぶるややこしく存在するが、新政府は、それらを区別せず、諸侯に列している。したがって、幕末において、将軍に直接臣従する「万石以上」の領主の数は、右の数よりも内輪に見積もっておく方が無難であろう。

旗本と御家人

旗本は、一万石未満の領主の総称であり、その出自では、三河以来の譜代、滅亡した武田氏や小田原北条氏の旧臣、関ヶ原以後に臣従した外様大名の一族などがいる。石高が高い旗本には外様系が存外に含まれており、そのことは幕府瓦解時の旗本の去就動向とも無関係ではない。また、旗本は、将軍への拝謁が許される「御目見以上」とも称され、それが認められない「御目見以下」の御家人とは、城中での格式でも区別されていた。

旗本の数は、寛政期には約五二〇〇名で、そのうち知行所を領有する「地方知行」の者が二二六〇名おり、他は幕府の米蔵から俸禄の米を支給される「蔵米取」である。地方知行（知行取）の旗本の内わけは、石高三〇〇〇石以上が二四六名、以下、一〇〇〇石以上が五七三名、五〇〇石以上が七九三名、五〇〇石未満が六四八名であり、その総石高は約二六三万石だった。蔵米取の俸禄は、大半が五〇〇俵未満である。

旗本が就任できる幕府の役職は、天保期には両番を始めとして一八二あった。しかし、全体の約四割程度は役職に就けない無役で、彼らは、三〇〇〇石以上ないし布衣以上の役職経験者が「寄合」組、それ以下が「小普請」組に配属された。旗本の最上層には、前述した高家の他に、大名並みの待遇を受け、知行所での居住を許されて参勤交代を行なう「交代寄合」がおり、幕末には高家が二六名、交代寄合が三三名いた。

御家人は、正徳期には約一万七二四〇名おり、その大半は蔵米取だった。もっとも、そのうち一七二名は知行取で、その石高は合わせて三万三八五六石あった（深井一九九〇）。

幕府の財政的慣行では、地方知行の標準年貢賦課率を四割として、知行高一石の収納を四斗と見積り、それを四斗入りが標準の蔵米一俵に相当させていた。つまり、石高一石は、禄高一俵に相当するのである。

飯島千秋の研究によれば、文久四・元治元年（一八六四）における、蔵米取に支給される三季切米と、諸役人の役職手当である役料は、合わせて、米方(こめかた)歳出では二六万二三六三石、金方(かねかた)（金銭）歳出では六八万八三二二両に上るという（飯島二〇〇四）。三季切米というのは、年三回に分け、「米切手」という証券で支給される俸禄である。江戸に居住する幕臣は、浅草にある幕府の米蔵の周辺、蔵前(くらまえ)に軒を連ねる札差(ふださし)に、これを米や金銭と交換してもらっていた。

元治元年における三季切米の換金基準となる、一〇〇俵当たりの張紙値段（公示価格）は、四二～四三両だから、仮に四二両で金方の分を米方に換算すると、六五万五五四四石七斗六升となる。したがって、役料をも含んだ数値だが、蔵米取の旗本と御家人に給付される俸禄の総計は、九一万七九〇七石七斗六升になる。

二　石高制の機能不全

石高制

近世の国制は、将軍・幕府と諸大名や旗本・御家人との間に結ばれた主従関係が基軸をなしていた。それは、その主従関係の証である軍役が、国内の統治でも、対外的な備えでも、非常時の軍事的な作用のみならず、平時の行政的な作用においても、国家の機能にとって基幹的な役割を演じているからである。

この軍役の基準をなす「石高」は、将軍や諸大名・旗本などの領主が領有する「領知」を数量表示するとともに、その領民である百姓の「高請地」の規模を表す数値でもあった。高請地は、領主が検地を行って作成した検地帳に登録された地所である。検地帳には、田畑などの地所について、その一区画（「一筆」という）ごとに、その石高と反別（面積）、それを耕作し、その石高に一定率で賦課される年貢諸役を負担する、名請人が登録されている。

したがって、この高請地の石高は、領主が「領知」するものであるとともに、百姓が「所持」するものでもある。このように、同一の地所に対して、石高でともに数量表示された、領知と所持という、二つの法的権能が重なって成立している、近世特有の土地制度を「石高制」という（奥田二〇〇一・〇四b・〇七）。

石高制の問題点

石高制は、一見、大変によくできた制度のように見える。しかし、元来、大きな問題点を抱えていた。

第一に、領知の石高は将軍・幕府、所持の石高はその領主が、それぞれ認定した数値であるから、両者の石高は、かならずしも一致してはいない。これは、領知宛行や検地実施の以後における、米の生産の変動によって、いよいよ増幅されていく。つまり、石高は、当初から二重基準（ダブル・スタンダード）だったのである。

第二に、米の数量である石高で表示された、領知にせよ、所持にせよ、その地所で生産される米の数量を専ら意味しているわけでない。畑の作物は陸稲（おかぼ）に限らない一方、百姓の家屋敷にも石高が付（ふ）されている。畑や家屋敷の石高は、それらの経済的な価値を評価し、それを米の価値に換算して付されたものである。

領知の石高の場合、対馬（つしま）藩は当初から一〇万石、蝦夷地（えぞち）の松前（まつまえ）藩は享保四年（一七一九）に五万石以上の格とされているが、いずれの領分も、それだけの石高の米が生産できるわけではない。対馬藩は朝鮮国、松前藩はアイヌとの交易の独占が認められ、その交易規模の経済的な価値を石高で評価したものである。

これらの、いわば「みなし石高」を決めた所の、領知なり、所持なりの、経済的な価値の評価は、その評価対象自体が常時変動する市場経済と関わる場合が多い上に、米の市場価値の方も変動するから、石高決定当初の評価数値を固定することに、そもそも無理があったのである。

第三に、領知の地所のすべてが高請地ではない。例えば、三都と呼ばれ、最も経済的な価値が高いはずの、江戸・京都・大坂には、石高が付されていない。これは、諸大名の城下町なども同様である。

これらの土地で、町人が居住を認められ、そこで営業することを許された、「町地（まちち）」と呼ばれる地所は、町人が「所持」するものではあるが、石高は付されておらず、当然、年貢も賦課されない。勿論、町人には、その土地の領主によって、一定の役儀（やくぎ）の負担が求められる。しかし、これは、町人の職能に対する課役であって、彼が所持する地所に対して賦課されるものではない。

　また、三都や城下町などには、領主である武家、皇家・公家などが自用に供した、城郭・武家屋敷（武家地）、御所・公家屋敷などがあるが、これらは、いずれも石高が付されていない。さらに、これらの町のみならず、村にも、寺院や神社の境内などの寺社地がある。この寺社地には石高が付されているが、領知である寺社領や、高請地であっても、年貢諸役の負担を免除された「除地（じょち）」となっている場合が多い。

　第四に、石高は、米の数量を表しているが、米の種類・品質・銘柄など、性質による違いは問題にされず、日本全国どこでとれた米も、一石は一石で、皆同じ経済的な価値だ、とされている。「石盛（こくもり）」と言って、高請地には等級区分がなされていたが、それも米の収穫量の差異による区分だった。したがって、同じ石高であれば、領知であれ、所持であれ、地所は交換できることとなっていた。実際、幕府と藩の間、幕府が認めれば、藩と藩の間でも、同じ石高の領分を交換する「領知替（りょうちがえ）」が頻繁に行われていた。

　こうした石高制が元来、抱え込んでいる問題点は、その成立事情に起因していよう。石高制は、豊臣政権が太閤検地や刀狩り、人掃令（ひとばらい）による兵農分離（へいのうぶんり）などの諸施策を講じて構築した制度である。豊臣秀吉は、織田信長の夢想的な構想を継承して、東アジア世界の征服帝国建設構想とも言うべき「唐入り」（村井二〇一六）を実現し、政権継承の正当化をはかろうとしたと見られる。そのため、国内に賦課し得る軍役と、それを支える年貢の総量を掌握すべく、右の諸施策を講じたようである。ちなみに、そこで町人には、それぞれの職能に応じて、所要の対価が支払われるものの、武具の供給や兵粮米の輸送などの役儀が求められていた。

このように様々な問題点を、元来、抱え込んでいた石高制だったが、その最大のものは、石高によって土地の経済的な価値を数量表示する仕組みだった。ここに、領知も所持も、その制度を成り立たせる根幹があったから、これがうまく機能しなくなると、近世の国制も危うくなって来ざるを得ない。

農林・水産業の成長

大坂の役の終結以来、一世紀に及ぶ泰平（「徳川の平和」）の下で、大小の河川の治水事業と新田開発が大いに進み、耕地と人口は、一六世紀の水準と比べると、ほぼ倍増した。山野の植林、漁場の開発も進んで、建築用の木材、燃料用の薪炭の供給も飛躍的に増大した。農産物も、食糧の米や麦などの穀物のみならず、中世までの主軸衣料だった麻に取って代わった、木綿となる綿や、照明用の灯油となる菜種など、農産加工品の原料となる商品作物（換金作物）の生産も増えた。それに伴い、購入肥料（金肥）である魚肥の干鰯などの需要も増大し、網漁の技術と漁場の開発が進んだ。

一八世紀初めには、幕臣に加え、参勤交代制度の下で諸藩の家臣も集まり、彼ら士分の生活を支える商工業者などで、江戸の人口は一〇〇万人に達したという。その生活物資の多くは、大坂から廻船で運ばれていた。この廻船が帰途、九十九里浜で生産された干鰯を大坂へ運び、それが畿内一帯の綿作や菜種作などに投入されたのである。

近世前期における米穀の増産を牽引した新田開発は、幕府が諸藩を動員するなどして実施した、関東平野の利根川や荒川をはじめとする、大河川の流路変更（付け替え）を伴う大規模な治水・灌漑事業によるものが多かった。しかし、一八世紀に入ると、こうした領主主導の新田開発（代官見立新田）は開発対象地が少なくなり、新田開発の対象は、自給肥料である草肥や厩肥を採取している入会地、堅固な築堤などで川幅を狭めて得られた元の河川敷、干拓した元の湖沼などが主となる。また、享保改革での奨励策もあり、開発主体も豪商や豪農へと変わっていく。これらの新田では、その開発自体によって自給肥料の採取源が縮小される傾向にあったこともあり、金肥の投入は不可欠だった。

また、近世前期の新田開発は、自給肥料源を確保・拡大する必要があるため、里山の草地化を随伴したが、その結果、大量降雨時の土砂災害を各地で頻発させた。そこで、幕府は、諸藩も動員して、植林を奨励し、草地化を制限する措置などを講じている。この防災事業もまた、金肥の導入を促進する結果をもたらしたのである。

新田開発の動向に伴う、こうした一連の金肥導入の趨勢は、それが可能な農家や地域と、そうでないものとの間の格差を広げていった（水本二〇一五）。

金肥の導入は、換金作物の生産の増加、それと相即的な関係にある農村手工業の発達、さらには農村で金肥、換金作物や農産加工品などの流通を担う、在郷商人の成長などと相俟って、農村における市場経済（商品経済）を発展させていく。それは、他面、遠隔地間と一定地域（局地）内部の双方に社会的分業の発達と経済的格差の拡大を生じ、また農民間の分業と階層分化を進展させる過程でもある。そして、一九世紀を迎える頃には、農村の秩序に否応なく動揺をもたらしていくこととなる。

市場経済の発展と石高制

近世前期における農林・水産業の急激な成長は、各地の土地の様相と、その経済的な価値を大きく変貌させていった。幕府や諸藩は、検地を実施することで、そうした変化を石高の数値に反映させ、掌握しようとしていた。しかし、元禄・享保期を経た、一八世紀半ば以降、このやり方では通用しなくなって来る。

宝暦八年（一七五八）一二月、美濃国郡上藩金森家が改易（取り潰し）される。その原因は、やや複雑だが、領民が領主の苛政を度々、幕府に訴えたことが大きく影響していると見られる。郡上藩では、幕府の享保改革で年貢増徴政策を推進し、「百姓と胡麻の油は絞れば絞るほど出るもの也」と言い放ったと伝えられる、勘定奉行神尾春央の指揮下にあった幕府勘定所の役人の指導を受け、検地を行って年貢増徴を企てて、この騒動を惹起したのである。幕府の評定所でこの事件の審理を主導したのが、田沼意次だった。彼は、郡上藩改易による事態の収拾の功績もあって、やがて幕閣の中枢へとのし上がっていく（大賀一九八〇）。

　このような経緯もあり、田沼幕閣や、その時期以降の諸藩では、幕府が享保改革で始めた、一般商品物価（諸色）の規制を目的とし、問屋に仲間・組合を組織させる政策を、商品流通そのものの規制へと拡大していく。さらには、その仲間に株立てさせ、その保有者のみに営業を免許し、その代償として、冥加や運上と称する課金をなすまでに進む。そして、ついには会所や座を設立して、そこへ参加する限られた商工業者にのみ営業を許す、専売制までも設けていく。その結果、幕府や諸藩の財政は、増加傾向にあった年貢諸役の代金（銀）納に加え、そうした課金収入が次第に増えて、金方が米方に匹敵するほどの歳入構造となっていくのである。

　こうした特権的な問屋仲間を介した商品流通の間接規制は、大坂周辺農村で広汎に展開していた綿や菜種などの換金作物の生産者や、それらとかなりの部分で重なる、それらを原料とした木綿や灯油などの農産加工品の手工業生産者の間に、強い反発を生み、一八世紀後半以降、それらの商品の自由な流通を求める、合法的な訴願が摂津・河内・和泉三ヶ国で一〇〇〇ヶ村を超える規模で組織されていく。いわゆる「国訴」である。この運動は、商品流通の一部自由化を、幕府に認めさせるまでに至っている（津田一九七七）。

　商品流通への課金は、結局のところ、物価に上乗せされざるを得ないが、「国訴」のような生産者の抵抗が強まれば、その傾向は一層促迫されていくだろう。そして、物価の上昇は、近世社会で最大の最終商品消費者群である、士分の生計に打撃を与えずにはおれない。

これが、田沼幕閣が天明末期に逢着した経済・財政政策の行き詰まりだったと言えよう。しかも、そもそも、その種の政策は、市場経済の発展と石高制の矛盾それ自体に、何ら手を着けるものではなかったのである。松平定信幕閣の寛政改革では、こうした市場政策に一定の修正が施されたが、一一代将軍家斉の長期政権の下で、再び冥加や運上などの課金収入への依存が強まっていった。

加えて、金銀貨の改鋳が頻繁に繰り返され、新古金銀の改鋳差益（「出目（でめ）」と言う）も臨時収入として重きをなすようになっていった。元禄、正徳、享保、元文の各期、さらには田沼幕閣の時期に実施された貨幣改鋳は、その効果の程は様々に議論されているところだが、その主たる目的が経済政策にあったことは、多額の改鋳差益をもたらした元禄改鋳も含め、今日では大方に異論のないところだろう。しかし、化政期の改鋳目的は、専らその差益にある点で、それ以前の改鋳とは歴史的な性格を異にしていると言わざるを得まい。

これは、米価操作についても同様で、「米将軍（公方）」とまで陰口を叩かれるほど、熱心に米価操作を行った八代将軍吉宗ではあったが、その目的はあくまで経済・物価政策にあった。しかし、化政期のそれは、米価操作による投機利益の獲得が主目的で、肥後（熊本）藩のように、その餌食となり、多額の藩債を背負い込む羽目になった例もある。

これが天保改革に至るまでの、幕府の経済・財政政策の大雑把な概要である（津田一九七五）。そこで一点、明白なことは、市場経済の発展と矛盾を来している、石高制の現状を修正する何らの手だてもなされてはいないことである。

石高制の機能不全

天保一一年（一八四〇）一一月、幕府は川越・庄内・長岡三藩に三方領知替を命ずるが、一二月、庄内藩領民が領知替に反対して江戸に出訴するなど、その実施をめぐって紛糾し、翌年七月、折から天保改革に着手していた幕府はこの三方領知替を撤回する（津田一九七五）。同一四年（一八四三）六月、幕府は、「内憂外患」の情勢を打開する改革の決定打とも称すべき、江戸・大坂周辺および新潟の上知令を発する（江戸・大坂周辺の上知令は『幕末御触書集成』第二巻、史料番号一六五四〈以下、幕末二―一六五四と省略〉）。

しかし、大坂周辺の諸村から強い反対の動きが起こる（『天保上知令騒動記』）。さらに、上知される地域に領知を有する御三家の紀州藩や、幕閣内部でも次席老中の土井利位が異論を唱えるに及び、閏九月、江戸・大坂周辺の上知令については撤回のやむなきに至った（幕末二―一六五七）。そして、同年閏九月一三日、老中首座の水野忠邦が罷免され、改革自体もその主導者の失脚によって頓挫する。

ここには、大名・旗本などの諸領主の領知を進退する幕府の権能が弱体化ないし麻痺している事態を読み取ることができよう。と同時に、同等の石高を交換する領知替が拒否された背景には、社会的富の数量表示としての石高に対応する諸実態が、経済的価値において同一性をもち得なくなってきている事情があると言えよう。

こうした事態は、主たる収入を石高に準拠して賦課される年貢諸役にあおぐ領主財政を悪化させる一因であり、領主側では早くから様々に対策が講じられてきた。しかし、同じくこの天保期には、そうした領主側の対策を実施可能とする、個々の領主が領知を支配する権能それ自体も機能不全に陥りつつあったと見られる。

検地は、石高と経済的価値との乖離を是正する上で、最も有効な対策と言えるが、天保一三年(一八四二)一〇月には、近江国甲賀・野洲・栗太三郡三〇〇余ヶ村の幕府領で、石高の増加を狙った検地の実施強行に反発して大規模な一揆が起こっている。検地見分役の幕吏を宿場に襲って逃亡させ、結局、幕府はこの検地を撤回せざるを得なくなっている(松永一九六二)。

その一方、常陸国水戸藩では、天保一〇年(一八三九)四月に「検地条目」を布令して領内の検地に着手し、同一三年一二月には完了している。同時期の肥前国佐賀藩の「均田制」(小野一九二八)と併せて、両者をともに「封建的土地所有」が本来の権能を発動した「封建反動」ととらえ、この天保期にもそれが強靭に貫徹していることを示すものだ、という見解もある(芝原一九六五)。

しかし、水戸藩領検地の場合、確かに畑方代金納は倍増になっているものの、諸運上や諸掛などは廃止されており、また藩が幕府に届け出た検地結果では石高が一一万八〇〇〇石も減少している（長野一九八七）。この検地は、大量の離農ないし離村者を出して深刻な荒廃に見舞われていた領内の村々を復興させるべく、石高、したがって年貢諸役を大幅に減らすことに目的があったと見られる。

近江幕府領検地の挫折と水戸藩領検地の成功という、一見対照的な両者の間には、領民の多数を占める耕作農民の利益を少なくとも損ねないという一点で、間違いのない共通項がある。それは、地主の所持を取り上げて耕作農民に再配分した佐賀藩の「均田制」にも共通する。つまり、この共通項に着眼すれば、この時期における領主権の発動と、それによる石高と経済的価値との乖離の是正の可否が、領民多数の利害に左右されていることがうかがえるだろう。

このように、石高規範の解体を同根として、一方では個々の領主、幕府自身さえをも含む彼らの領主権の機能不全を引き起こし、また他方では、前述した庄内藩領民の領知替反対の動きに見られるように、それもまた促迫要因となって、幕府による諸領主の領知に対する進退権能を機能不全に陥らせているのである。後者の機能不全は、領知を媒介とした、幕藩関係という国制の根幹構造にも、容易には修復し得ないような腐食が、この天保期に確実に進んでいることを物語っていると言えよう。

しかも、天保期には、異国船の来航とその「開国」の要求という外圧が、アヘン戦争によって、対外戦争の脅威までも伴って迫って来るに至ったのである。

第二章　世界の再発見と日本の再定義

一　近世の儒学とその変容

世界の再発見と日本の再定義

幕末維新の変革を経て、わが国の「近代」が始まる。それは、この列島上に生きる人びとが抱いていた、わが国自身と、それを取り巻く外的な環境に関する認識や理解が、大きく変わっていく過程でもあった。

そこでは、欧米諸国の「外圧」に直面して、それまでの世界像が大きな変貌を余儀なくされ、それに連動して、日本の自己認識や自画像も変わらざるをえなかった。幕末維新の変革は、それに先行、随伴（ずいはん）、雁行（がんこう）など、さまざまな形態をとりながら、世界が「再発見」され、日本が「再定義」される過程でもあった。

幕末維新期の政治的な変容、そして動乱は、単に政治的な変革であるだけではなく、日本列島上に生きる人々の、こうした意識面での変革、さらにはそれを囲繞し、それと相互に影響し合って進む、社会経済面での変容の、一連の過程でもあった。

この幕末維新の変革がどうして起こってくるのかを追跡するのが本書の主題だが、その背景にまで踏み込んで考えようとすれば、幕末維新期に先立つ時期に遡及して、その事情を探る必要がある。本章では、そうした背景事情を、学問・思想の領域について考察していきたい。

林家の儒学

幕府や諸藩がその政治理念とし、士分の子弟に教育する、近世の国制において「官学」とも言うべき地位を占めた存在は、儒学だった。

幕府が儒者を幕臣として抱えたのは、徳川家康の初めからだが、当初は臨済宗の僧侶とともに、主に外交の分野で、漢文の文書の作成や解読、朝鮮からの使節などの応接にあたらせることが目的だった。林羅山（信勝）は、やがて家康から内政面でも諮問を受けるようになっていく。もっとも、その内容は、家康自身が重んじ、幕下に弘めようとする、「忠義」を重んずる儒学の政治思想と、かつては臣従した豊臣家を討伐する実際の政治行動との関係を、どう整合的に説明するのかといった、政治理念上の問題に止まっていた。

「鎖国」によって、外交事務という主な勤めが後景に退いた、林家の活路は、徳川家による天下統一を正統化する立場で、わが国の歴史を編纂する『本朝通鑑』の修史事業だった。その完成後、最初の養子将軍となった綱吉の権威強化策の一環で、林家は、朝廷で教学を司る官職だった大学頭へ叙任され、また、上野・忍岡から湯島への屋敷替えに伴う、孔子を祀る聖堂（湯島聖堂）の「公造」と、その管理の一任、そこに付設された家塾での教育事業への経費補助という僥倖を手にして、近世儒学界の頂点に立つ制度上の地位を獲得したのである（奥田一九八二）。

古学と『大日本史』

しかし、聖堂付設の林家の家塾には聴聞者がなく、閑古鳥が鳴く有り様だったという（奥田一九八二）。

元禄・正徳期には、儒学は近世最初の隆盛期を迎えるが、その主流は林家が奉ずる朱子学ではなく、京都の伊藤仁斎、江戸の荻生徂徠に代表され、後に「古学」と汎称される近世日本固有の儒学だった。そして、徂徠とその門下は、漢詩や漢文を創作する詩文や、「経世済民」の論策の分野で活躍し、幕府・諸藩の政策形成にも少なからぬ影響を及ぼしていった。

もっとも、修史は朱子学者の独擅場の観があった。だが、そこでも、世の有識者の関心を惹きつけていたのは、江戸城の紅葉山文庫（維新後は太政官文庫→内閣文庫→現在の国立公文書館）に所蔵された林家編纂の『本朝通鑑』ではなかった。

朱子学者による修史の目的は、個々の史実や人物に道義的な判定を下して、後世の鑑戒とする論賛にこそあった。その点で、儒学的徳目との合致の有無を基準とし、そこに事の成否の究極的な要因を求める正名論と、その論理必然的な一帰結である、徳をもって人々を導く「王道」の政治を尊び、武力を背景にして人々を従わせる「覇道」の政治を斥ける、「尊王斥覇」思想に忠実な、御三家の水戸藩が編纂を進める『大日本史』（その編纂理念を前期水戸学という）の方が注目されていた。

博物学の形成

ところが、新井白石は、朱子学者でありながら、『読史余論』で、そういったやり方をとらず、皇家から公家、公家から武家へと政権が移る過程を、時期区分しつつ捉える方法を用いて、わが国の歴史の全体像を概括的に理解する見方を提示している（『読史余論』）。

この新井白石は木下順庵の弟子だった。この順庵の門下（木門）の方が盛んで、朱子学でも林家は主流たり得なかった。木門の白石や稲生若水らは、国内外の文物や言語の実証的な研究を進めて、実学としての博物学、さらに蘭学の成立へと道を開いていった。

こうした状況の下で、大学頭の林鳳岡（信篤）は、「林家の講義を聴聞せよ」との触を出して欲しいと幕府に泣きつくが、将軍の吉宗は、「学問は法令で強制してやらせるものではなかろう」と、相手にしなかったという（「有徳院殿御実紀」付録巻十（『徳川実紀』第九篇））。その吉宗からオランダ語習得を命ぜられた一人である青木昆陽は、膨大な日本博物誌『庶物類纂』を編んだ、稲生若水の門人である。

二　蘭学の登場

幕府天文方の設置

近世の朝幕関係が確立したのは、幕府が五代将軍の徳川綱吉、朝廷が霊元上皇と東山天皇の時期と見られる。幕府が進めてきた朝廷諸制度の改変が一応、この時期に収束し、以後、一世紀余の間は大きな改変が見られなかったことが、その理由である。例えば、朝廷・公家関係の諸領知も、綱吉によって一万石が増献され、禁裏御料が三万石となり、以後、幕末までそのまま固定されている（奥田二〇一二）。

もっとも、この時期に行われた制度改変には、朝廷が中世、さらには戦国期、織豊政権の時期にも保ち続けた、国制上の重要な権能を、全部ではないにしても、幕府へ実質的に委譲したものも含まれている。改暦と、そのための幕府期間である天文方の設置も、その一つである（嘉数二〇一六）。

他には、幕府儒臣の林家当主（信篤）の大学頭叙任、その湯島邸内における孔子像を祀る聖堂の「公造」（幕府経費による建設）、そこに付置された林家の家塾での儒学教育への補助という一連の措置による、幕府「官学」機関の創置（奥田一九八二）がある。また、歌学方を設け、北村季吟に勤仕を命じたことも挙げられよう。

編暦と天文学の歴史的意義

「時間」の掌握―管理は、国家による人民の掌握と統治にとって不可欠であることは、あらためて多言を要しまい。そもそも、わが国における政治・統治組織を指す、「朝廷」なる古来の語句が、払暁(ふつぎょう)に指導者たちが会合して、その日にさせる人民の仕事と、それを指揮する段取りを決める場を意味するところから生まれた、とされることでも分かるように、一日、一月、一年といった「時間」の管理は、支配領域の「空間」の管理とともに、人民を掌握し統治するための、アルファでありオメガだった。そして、それを誰よりも正確に把握することが、指導者に求められることは言うまでもなかろう。

そのような事情をふまえれば、わが国の指導者が、その「正確」さにおいて格段のレベルにあった「暦」と、それを定める上で基礎となる「天文」の認識と理解を、中国に学んだ時期が、「律令」という整備された法と政治・統治組織の体系をそこから導入した時期と前後しているのは、あまりにも当然のことだったと言えよう。もっとも、そこには「天文占」という付随物もあった。それは、物事の予知や吉凶の判断の基準を天体現象に求め、指導者が渇望(かつぼう)してやまない「先見の知恵」を授けるものだった。

かくして、太陽や月の運行の観測による編暦に加えて、「天文占」からも天体観測が必要となる。そして、日食や月食の正確な予知が天体運行の認識と理解の「正確」さを検証する役割を演じ、そこに天文学形成の営みが開始されるのである。その意味では、天文学は、経験的実証によって仮説的理論を「真理」へと漸近させていく点で、人間の内なる自然を対象として、治療―快方という同様の認識と理解の回路を有する医学と並ぶ、その外なる自然の可視的相貌を対象とする、人類が最初に生み出した「科学」だったと言えよう。

陰陽寮は、律令国家から王朝国家への移行が進む一〇世紀に、「暦道」を賀茂（のち幸徳井）家、「天文」を安倍（のち土御門）家が世襲家職化し、以後、貞観四年（八六二）に採用された宣明暦が八〇〇年以上も使い続けられ、天体現象との食い違いが生じても改暦されなかった。この決定的な事実は、人民の掌握と統治において、この間の国家がどのような実質にあったかを考える上で、一つの重要な手がかりを与えていよう。

貞享の改暦

この長い停滞を打ち破ったのが、貞享の改暦だった。幕府の碁方を勤め、将軍の御前で囲碁を披露する安井家の継承者で、一時は父の名を襲って二世算哲と名乗り、天文方勤仕を命ぜられた後に改姓した渋川春海が、京都の自宅から東下して御前囲碁を行う合間に学んでいた天文学を認められ、宣明暦の改暦作業に取り組むこととなる。春海は、経度差を考慮して中国（元）の授時暦を補正した「大和暦」に基づく改暦を主張し、天象との合致から、それに賛同した朝廷側の土御門泰福の協力を得て、幕府と朝廷双方を説き伏せ、貞享元年（一六八四）一〇月、改暦を実現する（翌年より実施）。

こうした改暦の経緯では、第一に、渋川春海という民間学者の登用によって実現したこと、第二に、天象との合致が改暦実施の決定的な条件となっていること、第三に、幕府主導とは言えず、むしろ朝廷との共同事業だったことが注目されよう。これらの特徴は、わが国におけるその後の天文学の展開と、改暦事業とを方向づけていくこととなろう。

西洋天文学の導入

貞享の改暦が行われた一七世紀末までに、中国では、明や清の王朝が、布教のため訪れたイエズス会宣教師に中国名を与えて登用し、西洋の天文学書を漢訳させていた。わが国では、それらを咀嚼（そしゃく）して著された中国の天文学書が輸入され、貞享の改暦後に、春海もそれに接している。春海は、同じく長崎に輸入された望遠鏡も使っている。しかし、春海にはその両者とも生かすことはできなかった。

中国に導入された西洋の天文学は、イエズス会宣教師が伝えたものだから、当然ながら、カトリックの宇宙観、つまり天動説に立っている。とはいえ、前述したような天文学の「科学」としての性格から、天動説といっても、天体現象と齟齬（そご）を生じないよう幾重にも補正を施したものだった（田中二〇一五）。したがって、カトリックのドグマとは無縁なわが国の天文学者が、天体現象とより簡明な形での実証的整合性を有する、地動説を受容するのは、時間の問題だったと言えよう。

享保五年（一七二〇）、八代将軍の徳川吉宗は、キリスト教に直接関係しない、漢訳洋書の輸入を解禁し、やがて、それが洋書それ自体の輸入へと拡大され、蘭学を登場させることとなる。吉宗の意図の一つは、彼自身が江戸城内に天文台を設けて天体観測を行うほどの熱の入れようでもわかるように、より「正確」な暦を求めることにあった。しかし、西洋の天文学を導入した改暦は、その生前には実現せず、また、その遺志を継承した幕閣の要請に、渋川春海を継いだ天文方の面々では応えられなかった。

そこで、西洋の天文学を研究していた、大坂の民間学者である麻田剛立の登用が企てられる。しかし、剛立はそれに応ぜず、門下の高橋至時と間重富が東下して改暦作業に当たることとなる。至時は大坂城番の下級幕臣、重富は質商だった。ここでも、民間学者が決定的な役割を演じていくのである。至時と重富は協力して寛政の改暦を実現し、新暦は寛政一〇年（一七九八）から実施される。

高橋至時と地動説の導入

至時は、天文方登用後、終生そこに勤めた。一方、重富は、寛政の改暦後、帰坂し、自宅の天文台で天体観測を続け、江戸の天文方の天文台で観測する至時に、そのデータを提供し、ときには協力して同時観測を行い、データを突き合わせて検討し合ったりしている。さらに、至時は、重富の協力を得て、門下の伊能忠敬に全国を測量させ、各地の経度を確定して天体観測の精度を高めることを企てる。これが伊能図成立の起点だった。
また、至時指導下の天文方は、オランダ出身の天文学者でパリ天文台長などを勤めた、J－J・L・ラランドが著し、フランス革命前後の一七七四～八〇年に刊行された、当時の西洋の天文学の到達点を示す天文学書の翻訳事業も始めている。もっとも、至時は、ラランドの著書を抄訳し、地動説の合理性を認めつつも、それを全面的に受け容れはしなかったという。

こうした一連の動きは、当事者たちがどれほど自覚していたかはさておくとしても、近世日本の「時間」と「空間」を、グローバルな水準で「正確」に把握しようとする営みだったと言えよう。そもそも、「時間」と「空間」は、I・カントが説くように、経験的な認識にとって先験的(アプリオリ)な形式であり（カント二〇一〇～一二）、その認識の「正確」さの追究こそが西洋近代の「科学」の目標だった。わが国の蘭学は、フランス革命と同時点で、その先端において、西洋近代の「科学」の到達点を認識するところまで来ていたのである。

さらに言えば、イエズス会宣教師に翻訳させて、自らは「翻訳」という異文化の認識と理解の作業、そして、その作業の前提をなすが故に、不可避的にそれに随伴するところの、人類的かつグローバルな「普遍」の方法的自覚の形成という機会を逸した中国と、その作業に「鎖国」下で取り組み、文字通り自力で成し遂げていった、わが国との差異は、単に西洋近代「科学」導入史上のそれに止(とど)まらないものがあるだろう（丸山・加藤一九九八）。

至時以後の天文方

至時の長男は景保、次男は渋川家を養子相続した景佑で、ともに天文方を勤めている。

景保は、天文方の翻訳事業を天文学以外に拡大するため、蛮書和解御用の創置を幕府に建議して認められ、その後における蘭学、さらには洋学の全面的な展開へと道を開いた。この機関が開国後に開成所となり、維新後、新政府の下で東京大学へ発展することになる。開成所から新政府に出仕した神田孝平や加藤弘之らは、議事機関の設置に中心的な役割を演じ、「開化」諸改革を提議していくのである（奥田二〇一六）。

しかし、景保は、長崎和蘭商館付き医師のP・F・シーボルトに伊能図を密かに与えたことが発覚して、文政一一年（一八二八）に捕らえられ、翌年、刑死（実際は牢死）する。このシーボルト事件で、高橋家は二代で断絶した。

景佑は、実兄の刑死後も、天文方に留まり、フランドの天文学書の翻訳事業など、至時以来の天文方の諸事業の資料を整理・編纂する一方、天体観測の対象を金星などへも拡大していった。そして、天保一三年（一八四二）年に改暦を行っている。その際、寛政の改暦の際にも行われた、朝廷側の土御門家による検証作業を、同家の反対を押し切って省略させ、実質的に天文方のみで改暦を実施している。その意味では、この天保の改暦によって、改暦の実質的な権能が幕府側へ完全に移ったと言えるが、それがまた近世最後の改暦ともなった。

景佑の嫡男の敬直（通称は六蔵）は、幕府の天保改革を進めた老中首座の水野忠邦の主要ブレーンの一人となり、忠邦の失脚に連座して九州・豊後国の臼杵藩に配流され、ほどなくその地で亡くなる。しかし、景佑は、この折も天文方に留まり、安政開港直前の時点で、次男に天文方を継がせている。

天文方の終焉

至時と景佑、そして、その後の天文方は、結局、地動説を公然と認めるには至らなかった。勿論、そうしなくとも、天体観測や改暦の作業実務には支障がないほど、西洋の天文学の水準をマスターしていたようだが、地動説に立つ宇宙観によって人々を「啓蒙」する思想変革的な役割を積極的に担うことはできなかったのである。

そうした抑制的な姿勢の故もあってか、天文方は、維新後の新政府によって、開成所とは異なり、継承されることもなく、廃止されてしまう。所謂「政体書」に定められた新政府の組織には、「守辰」という編暦を担当する下級職員が見える（奥田二〇一六）。おそらく、これは土御門家の者が任ぜられたと思われるが、廃藩置県後に本格化する「開化」諸改革の中で、天保の改暦以来の旧暦と運命を共にしたと見られる。そして、わが国の近代天文学は、東京大学でお雇い外人教師に破格の高給を支払い、一から構築し直さねばならなかったのである。

蘭学の成立経緯については、ともすれば、『蘭学事始』史観とも言うべき、医学先導説が通説的地位を占めている。だが、その実際の経緯や、それが演ずる国制上の役割や位置、その政治的な背景や影響などを考慮すれば、実際に先導したのは天文学だった、と言えそうである（嘉数二〇一六）。

しかし、維新後、新政府が天文方を継承する措置をとらなかったため、今日、伝存しておれば、「世界遺産」級の史料群である一五〇年余に及ぶ天体観測記録をはじめとする、天文方の関係文書のほとんどが廃棄されてしまったという。そのため、歴史の実態に即した、蘭学―洋学成立経緯の歴史的理解を行っていく史料上の条件もまた、失われたと言えよう。

その代わりに、千住の刑場での「腑分け」（屍体解剖）に始まる、大変にインパクトのある杉田玄白の回顧談（『蘭学事始』）に加え、近世との組織的かつ人的な連続性がある医学分野を中心とした歴史像を、同分野出身の福沢諭吉が玄白の回顧談を引照して説いた（『学問のすゝめ』）ことなどもあり、医学先導説が通説化して今日に至っていると見られる。

三　新たな文化創造主体の形成

文化交流と新たな担い手

一七世紀末以降、「正確」な暦が求められるようになった、その歴史的背景の一つには、それまでのわが国では経験したことのなかった、社会経済の空前の発展があった。

一七世紀には、耕地面積と収穫量をほぼ倍増させた農業をはじめ、諸産業が大きく発展を遂げ、人口も倍増した。もっとも、一八世紀に入ると、米穀生産の「成長」は「停滞」へと転ずる。しかし、商業や手工業などは引き続き発展し、都市の膨張も止まらなかった。商品と貨幣の流通は人々の移動と不可分であり、当然ながら、それは学問・文芸・美術などの諸分野で、文化的な交流を伴った。

　こうしたコミュニケーションの発達を支えたのは、読書算の能力であり、その習得のための修学需要は、量のみならず、質的にも拡大していった。これが、前述した儒学界の隆盛をささえた背景であったことは間違いなかろう。そして、そればかりではなく、士分以外の諸身分、さらには女性の中からも、文芸や美術、学問や思想などの諸領域で、新たな創造主体を生み出していくこととなる。

加賀の千代女

　一八世紀における文化交流と、その中から登場した、新たな創造主体の一人に、「朝顔や／つるべとられて／もらひ水」（中学校・高等学校の国語教科書では「朝顔に」となっている）の発句で知られる、加賀の千代女がいる。千代は、加賀国石川郡松任町（現・石川県白山市）の表具師「福増屋」に元禄一六年（一七〇三）に生まれ、安永四年（一七七五）に七三歳（数え年、以下同様）で没している。当時としては長命で、一八世紀を初めから四分の三ほどの期間、生きている（山根二〇一〇）。千代は、一二歳頃から俳諧を学び始め、天才少女ぶりを発揮していた。松尾芭蕉の門人「蕉門十哲」の一人、各務支考は、訪れた金沢でそれを聞き、松任の千代宅に赴いている。その折、千代は、「行春の／尾やそのままに／かきつばた」などの二句を即興で詠み、支考を感心させている。その後、支考が「名人」と折り紙付きで紹介したこともあり、千代は全国の俳人に広く知られるようになった。

一八歳で加賀藩の足軽に嫁いだが、僅か二年で夫に死別し、金沢から松任の実家へ戻っている。その後、両親も没し、家業の表具師を差配していたが、夫婦養子を迎え、五二歳で出家して、千代尼となっている。

その間も、家業などとの関係もあり、関わり方の濃淡はあるものの、終始、俳諧を続け、その句作が句集に採録され、自身の句集も出していく。また、京都、奈良、吉野、伊勢、尾張、越前の吉崎などを訪れ、各地の俳諧仲間と交流し、また、金沢を訪れた他国の俳諧仲間とも交流を重ねている。こうして、千代は、当時の俳諧文化を担う町人女性の創造主体の一人として、全国の仲間たちに知られるようになっていったのである。

宝暦一三年（一七六三）、六一歳のとき、加賀藩主の前田重教が、徳川家治の一〇代将軍襲職を慶賀するため、朝鮮国から派遣される通信使の接待役となった。その際、千代は、藩から、通信使への贈るため、その筆蹟を差し出すよう命ぜられ、それぞれ一句ずつ認めた懸物六幅と扇子一五本を納めている。

この折、千代は、「仰向いて／梅をながめる／蛙かな」の一句を詠んでいる。「梅」は藩主（梅鉢が紋所)、「蛙」は千代である。外国使節へ贈る作品の献納は、当時(おそらく現在でも)、文化の創造主体にとっては最高の栄誉だろうが、そこでも、品位を損ねない程度に抑制された、諧謔を作品中に微分的に含有させる、芭蕉以来の「俳諧の精神」は微動だもしていない。

千代自身が好んだ自作の一句に、「百生や／蔓一すじの／心より」がある。「百生」は瓢箪のことで、秀吉の馬印の「千成瓢箪」が想起され、そう解すれば、芭蕉の「夏草や」の一句同様、叙事的性格をも併せもつこととなろう。しかし、そうではなく、「百生」としているところから、秀吉のような野心は抱かずとも、志をしっかり持ち続ければ、自ずと道は開けてくる、と解せよう。そして、これは千代自身の信条を表白した一句と思われるが、如何だろうか。

千代は、安永三年(一七七四)、七二歳のとき、京都の与謝蕪村から、彼が女性の発句を集めて編んだ句集『玉藻集』の序文を乞うてきた。病床にあった千代は、苦心して序文を寄せている。これは、直截的には、蕪村が千代を、当時における女性俳諧の第一人者と見たところによろう。と同時に、俳諧文化の歴史において、女性による創造営為総体と、千代という一人の創造主体とが、芭蕉と蕪村を繋ぐ、ともに欠くべからざる存在であったことを物語っていよう。そして、こうした文化創造の主体形成をもたらしたのは、千代の秀でた才能であるとともに、それを見出し、困難な条件の下での、彼女の処世を精神的に支え続けた、全国の俳諧仲間のネットワークだと言えよう。

文化創造主体としての女性

一八世紀に、女性が創造主体として、広い裾野をもって形成されてくるのは、俳諧文化ばかりではない。

曲亭馬琴は、自作の中には一〇〇〇部以上、出版されたものもあると、天保四年（一八三三）一二月から翌年一月にかけて執筆した、自身を含む、近世後期の江戸文壇史で述べている（『近世物之本江戸作者部類』）。当時の読書界では、書籍は購読する以上に、貸本商からの借覧が大きな比重を占めていたので、実質的な普及部数は出版部数の数倍に上ると見てよかろう。

馬琴が同書で詳述しているところから察するに、一九世紀に入った時点で、同時並行的に、多数の作者が、硬軟両様の教養から歴史・恋愛・滑稽・空想などを主題とした、実に多種多様な書籍を読書界に提供しており、江戸市中だけでも相当な部数の書籍が購読ないし借覧されていたと思われる。それだけの読書の需要、したがってまた能力が、士民の間に形成されていたと言えよう。

それは、単に文化享受の域に止まるものではなかった。馬琴も前書で取り上げている、式亭三馬の作品『浮世風呂』は、江戸市中で数多く営業していた銭湯を舞台に、そこに集まる男女の入浴客たちが繰り広げる滑稽な会話を描いている。その一段に、銭湯で出会った「かも子」と「けり子」の会話がある（『浮世風呂』三編巻之下、文化九年（一八一二）出版）。

「かも子」は、『宇津保物語』の写本を読み返しているが、版本を入手したので、校合しているという。それに対して、「けり子」は、賀茂真淵の『源氏物語新釈』（五四巻、別に二巻）と本居宣長の『玉の小櫛』（九巻）を手引きにして、書き入れをしながら、『源氏物語』を読んでいるという。両人の名前が、和歌などに用いられる助詞の「かも」と「けり」から採られていることは明らかだろう。

両人の古典文学談義はまだ続くが、その内容は、今日の大学や大学院で古典文学を専攻する学生に、おそらく匹敵する水準だろう。最早、これは、文化の享受者の域を踏み越えた、その創造主体と言ってもよかろう。しかも、それが女性であることに注目したい。三馬は、これを「本居信仰」の「いにしえぶりの物まなび」と揶揄しており、彼の創作になる全き虚誕な滑稽談ではなく、当時の実相の一面を活写したものだろう（白石二〇一〇）。

自国語の探究と認識

こうしたわが古典への関心の裾野の広がりが、その研究の進展をもたらすのは、当然の趨勢である。本居宣長の学問と思想については後述するが、古典理解と、それを規範とした和歌や文章の実作を目指した国学が生み出した学問的な成果の一つとして、わが言語に関する認識の深化が挙げられよう（時枝二〇一七）。

契沖に始まる国学者の『万葉集』研究は、そこに収録された和歌を、当時の人々が詠んだ通りに復元し、そこに詠歌の規範を見出そうとするものだった。もっとも、そうした探究は、早くは平安期に始められていたが、それがわが言語の学問的な探究へと本格的に展開したのは、国学者の営為に俟たれる。

右の復元作業では、漢字を用いて表記された（「万葉仮名」の）和歌が、「万葉人」にどう発音され、その個々の言葉にはどのような意味があり、その言葉遣いにはどのような文法があったのかなどの究明が求められる。この音韻（字音）・語彙（品詞と語義）・語法（文法）などの研究は、いずれも言語学の基本をなす諸分野である。

それらの探究は、本居宣長・春庭父子、富士谷成章、鈴木朖、義門らによって進められ、「五十音」の構造、語彙の分類（品詞）、活用の法則などが、『万葉集』のみならず、平安期の和歌や物語などを包含し、用例を博捜して、そこから帰納する実証的な方法によって、精力的になされていった。その結果、古典の文法は、今日の理解と遜色のない水準まで解明されたという（時枝二〇一七）。

こうして、わが言語が整然たる法則性を帯びたものであることが究明されて来ると、「万葉人」が持していた言語思想である、「言霊」の思想が平田篤胤らによって、自国認識を構成する柱の一つとして復活されていく（同上）。

「言霊」の思想は、一度、言葉が発せられると、祝いにせよ、呪いにせよ、その言葉の意味するところが実現する、言葉にはそうした力が宿っている、という信念である。それは、裏返せば、言葉を発するという行為には、それだけの重みがあり、それ故に、発する言葉には、それ相当の慎重さと責任感が求められる、という言語観である。篤胤らは、そのような言語観を持すること、さらには、かかる言語を有する人間集団であることに、矜持を見出していったのである。

自国語への自覚と自負が「民族」意識の成立にとって、重要な契機の一つであること（アンダーソン一九八七）は、周知の通りである。わが国の場合もまた、その例外ではなかったと言えよう。

もっとも、オランダ語の文法書が輸入・翻訳され、それに依拠する自国語論も登場して来る。鶴峯戊申は、国学者の研究を一定評価しつつも、到底、西洋言語学の学問的水準には及ばないと考え、その鋳型に国学の研究成果をはめ込んで、わが言語を理解しようと試みている（時枝二〇一七）。ここには、維新後の「啓蒙」と「欧化」の思想的な原像の一つが認められよう。

『雨月物語』の貧福論

全国の文化交流が盛んとなり、その中から新たな文化創造の主体が、身分や性別の如何にかかわらず形成されてくると、そこでの主体の意識のあり方にも、当然ながら、変化が生じてこよう。ここでは、その一例として、上田秋成の場合を見てみよう。

秋成は、享保一九年（一七三四）、大坂の曾根崎に生まれ、四歳で紙と油を商う上田家の養嗣子となった。五歳のとき、天然痘を患い、右手の中指を失い、左手の人差し指も短くなる。その後、養父母を亡くし、家業を継ぐが、それにはあまり熱心ではなかったらしい。しかし、文芸への関心は強く、やがて自ら創作を始め、明和三年（一七六六）、三三歳のとき、「浮世草子」と呼ばれるジャンルの文芸作品を出版している。同八年（一七七一）、三八歳のとき、火災で破産し、以後、医業で生計を立てた時期もあったが続かず、世間にはその文筆活動を通じて知られるようになっていった。文化六年（一八〇九）、七六歳で京都に没した。前出の千代と同様、古稀を超える長命で、三〇年ほど雁行して生きた、大坂町人の文筆家である。

秋成は、安永五年（一七七六）、「剪枝畸人」の筆名で『雨月物語』を出版し、怪異な世界の中でさらけ出される、生身の人間の生き様を描き出している。戦後、溝口謙二が九話からなる本作から抜粋して、一つのストーリーに仕立てた同名の映画を作り、高い評価を得たことや、国語教育の教材としても取り上げられたので、本作は今日でもよく知られていよう。

その掉尾の第九話が「貧福論」で、秋成は、吝嗇な武士のところに訪れた貧乏神に、彼自身の金銭観、人間に富裕と貧困の差異が生ずる原因論を語らせている。そこで、貧乏神は、自分は神でも仏でもなく、単に「非情のもの」、つまり人間ではないものにすぎないから、人間が信ずる「善悪」や「因果」に囚われず、時節や機会をうまく捉えた者や、蓄財に努める者のところに、財貨が集まるのは当然だ、と語る（『雨月物語』巻之五）。

ここでは、人間が富裕や貧困になるのは、儒学が説く、「天理」を基準として裁断される、各人の言行の「善悪」や、仏教が説く、各人が前世から背負っている、「宿業」に由来する「因果」の故ではなく、当人の機会や努力の有無によるものだ、との考え方が表明されている。要するに、人間の生活経験を超越した一切の「価値」を認めず、あくまでも、当人が、直面した状況の中で、どのような生き方を選択したか、に帰されるのである。
これは、秋成が、それまでの自身の人生を顧みて自得したところを、貧乏神に語らせたと見てよかろう。それは、徹頭徹尾、世俗的・経験的な世界観、社会観、人生観である。そこには、あれこれの価値観を信条にし、それとの合致を目指して生きる、「価値合理性」の意識（ヴェーバー一九七二）は一欠片も見出せまい。「精神の近代」は、すぐそこまで来ている。

四　世界の再認識と新たな自国像

本居宣長の登場

元禄期に急成長を遂げ、近代では財閥の筆頭に数えられるまでになった、三井家が誕生したのは、上方と江戸を結ぶ経済的な大動脈の中に位置する、伊勢国松坂である。この松坂の木綿商人の子として、享保一五年（一七三〇）に生まれたのが、小津富之助、後年の本居宣長である。前出の式亭三馬の揶揄対象となった「信仰」の本尊であり、上田秋成が痛烈に批判した町人学者である。

前出の「本居信仰」の「けり子」が読んでいる『源氏物語』は、近世の儒学的倫理観の立場からは、到底、推奨されない作品だった。

柳亭種彦の作品『偐紫田舎源氏』は、『源氏物語』の設定を足利義政時代の室町幕府に置き換えて翻案し、将軍家斉の大奥生活に取材して登場人物を描写する、いわばゴシップ的趣向をも盛り込んだ、江戸戯作の一頂点をなす長編作品である。その主人公「光氏」は、『源氏物語』の藤壺女御に相当する女性に接近する筋立てまでは同じでも、それは正義の目的ための方便であり、「光源氏」のような恋愛行動ではない（『修紫田舎源氏』）。この一点では、種彦の筆も、結局のところ、儒教的倫理観の制縛からは逃れられなかったのである。

宣長は、宝暦一三年（一七六三）六月に成稿した『紫文要領』で、『源氏物語』の著者・紫式部をその文学的表現力において「和漢無双の妙手」と絶賛し、この作品の文学的本質を「大よそ此の物語五十四帖は、物の哀れをしるといふ一言にてつきぬべし。」と喝破して、「物の哀れ」を描き、読者にそれを感ぜしめる一点に尽きる、とした。しかも、これを単に『源氏物語』論のみに止めず、「物語」一般、文学作品評価一般に及ぼしたのである（『紫文要領』）。宣長の主張は、当時にあっては、まさしく超絶したものと言えよう。

では、「物の哀れ」とは何か。「世の中にありとしある事のさまざまを、目に見るにつけ耳に聞くにつけ、身にふるゝにつけて、其のよろづの事を心にあぢはへて、そのよろづの事をわが心にわきまへ知る、是れ事の心を知る也、物の心を知る也、物の哀れを知るなり。」とし、今風に言えば、心象風景とでもいうことになろうか。

この「物の哀れ」を描くことを目的とする「物語はさやうの教誡の書にあらねば、儒仏いふ善悪はあづからぬ事にて、たゞよしあしとする所は、人情にかなふとかなはぬとのわかちなり。」

として、「物語」は道徳書ではないのだから、儒学や仏教が問題にする言行の「善悪」による倫理的な価値評価とは無関係であり、作品の評価はその文学表現が「人情」にどれだけ叶っているか、によると説いている（相良二〇一一）。今風に言えば、人間がどれだけ描けているか、ということだろう。

こうした宣長の「物語」論は、その成立後における、寛政・天保の両度の幕政改革における出版統制と、「勧善懲悪」を標榜して創作活動を行う、曲亭馬琴に代表される江戸文壇の大勢に対する根源的な批判となっている。宣長の方法論はまずもって文学論として、しかも幕府と文壇に対峙する形で、成立していたのである。

宣長の人間観

宣長は、この『紫文要領』を執筆したとき、まだ無名の一町人書生にすぎなかった。その成稿の前月、宝暦一三年五月に、賀茂真淵との著名な邂逅（「松坂の一夜」、子安二〇〇一）があり、以後、彼の『古事記』を中心とする独自の方法による、わが古典研究が展開されていく。

その研究に向かう基本姿勢が、『紫文要領』の冒頭で、既存の『源氏物語』論を批判して、高位高官の論者の説を無批判に受容する世の風潮に対し、「大よそ学問といふ物は、諸道共に（どの分野も）貴賤をもて勝劣（優劣）をわかつ物にあらず。」として、学問の評価は身分の上下とは無関係だと宣言している。

つまり、宣長は、その本格的な学問的営為の出立において、既成の倫理観にも身分制度にも囚われないと決意を固めていたのである。こうした宣長の思想の根底には、その心情に対する透徹した洞察に立脚する人間観があった。『紫文要領』には、こうある。

> 武士の戦場におきていさぎよく討死したる事を物に書くとき、其のしわざを書きてはいかにも勇者と聞こえていみじかるべし。其の時のまことの心のうちをつくろはず有りのまゝに書くときは、古里の父母も恋しかるべし、妻子も今一たび見まほしく思ふべし、命も少しは惜しかるべし。是れみな人情の必ずまぬがれぬ所なれば、たれとても其の情はおこるべし。其の情のなきは岩木に劣れり。(中略)唐の書は、そのまことの有りのまゝの情をばかくして、つくろひたしなみたる所をいへば、君のため国のために命を棄つるなどのやうの事ばかりを書けるもの也。

武士の戦場での討ち死の「物語」を書くとき、その勇ましい行為の有様だけを描けば、いかにも「勇者の物語」となろう。しかし、彼の「まことの心」の内側を、飾らずに、ありのままに描けば、故郷の父母も恋しいだろう、妻子にももう一度だけでも逢いたいだろう、命も少しは惜しいだろう。これらは、誰しもがその「人情」から必ず抱くはずの感情である。そうした感情を起こさないのは、岩や木に劣る者で、人間とは言えない。中国の書物は、そうした「まことの心」を覆い隠して、飾り立て、主君のため、国家のため、命を捨てる、などというようなことばかりが書いてある。

宣長は、こうした「素直」な心情理解に基づく人間観に立って、実際には、生身の人間を十重二十重に囲繞し制縛している、既成の倫理観や身分制度に囚われない学問を志したのである。と同時に、そこでは、主に儒学を念頭に置き、それらの基礎にある、忠君や報国の観念を善美なる至上の徳目とする、中国から伝来した思想を峻拒する見地が、早くも登場している。これは、後年、宣長の学問方法上の第一原理となる「漢意」排除論となっていくが、それがこうした人間観に由来していることには留意しておきたい。

宣長の世界認識と「皇国」論

宣長は、延享二年（一七四四）、一六歳（数え年）のときに、京都、さらに江戸へ旅する。翌年、江戸から松坂に戻った宣長は、「大日本天下四海画図」と名付けた、極めて詳細で、しかも大画面の日本地図（一二二センチメートル×一九五センチメートル）を製作している。これに先だって、宣長は、一五歳のときに、一〇メートルにも及ぶ長巻の「神器伝授図」を、彼特有の細字で書写し、中国における帝位継承の断絶と、わが皇位継承の連続と対比している（本居宣長記念館ほか二〇〇四）。

宣長による日本の再定義は、これらの作業を通じて獲得された、歴史と地理の双方の認識から開始された、と見てよかろう。もちろん、宣長は、後年ではあるが、天明三年（一七八三）の京都・大坂で刊行された「地球一覧図」を所蔵し、同五年（一七八五）にまとめた上田秋成との論争書で、秋成の批判に応えて、わが国土が小さいことを知らない者があろうかと述べ、日本と世界に関する客観的な地理認識を披瀝している（同上）。

宣長は、そうした客観的な歴史や地理の認識をふまえ、なお、その上で、世界に数ある「国」の一つとして、わが国を理解する方法を、「漢意」であるとして却け、わが国を「皇国」と呼び、他に類比し得ない国として再発見し、再定義したのである（『宣長選集』）。ここでは、世界の「国」々全体を包括的に理解する、「国」一般の「普遍」的な概念は成立し得ない。上田秋成は、それを夜郎自大の僻見と見て、批判の矛先を向けたのである（小椋二〇〇二）。

こうした宣長の見地は、明和元年（一七六四）に本格的に着手される『古事記』研究を導き、またそれによって確認されていく。宣長は、精密な言語分析を媒介として、『古事記』から読み出した「事蹟」（歴史的な出来事）のうちに、世界の中で日本にのみ伝わった、人間が生きる「まことの道」（人間本来の生き方）を見出し、結局のところ、それは天皇の「しろしめす道」（天皇が統治する政治のあり方）であると捉えた。そして、『古事記』から読み出された、そうした「事蹟」が事実であるか否かを思議することを「漢意」として否定したのである（「うひ山ふみ」『うひ山ふみ・鈴屋答問録』）。

それは、天皇・朝廷を尊崇し推戴することを政治の正道とする点では共通するものの、儒者の「尊王」論のような、「国」の相異を超えて成立し得る、「普遍」的な倫理観や国家論に発する見地ではない。むしろ、それを意識的に拒否して、世界を、元来、日本を中心として、一体、一個のものとして捉えることで成立する、「皇国」論だった。明治以降、その点に拘る向きは、宣長的な見地を、儒学流の「尊王」論と峻別して、「尊皇」論と称している（三上一九四一）。ただし、宣長は、この「皇国」論を基準に日本と世界の現状を理解しようとはしたが、わが近世の国制の現状を批判し変革しようとしてはいない。そこから、将軍による国政を、天皇からの委任によるものとして理解しようとする見地（「大政委任」論）も出て来ることとなる（『宣長選集』）。この極めて微妙な一線を踏み越えたとき、「国学」は、現状の批判、さらに変革へと向かっていくこととなろう。

もっとも、宣長は、「国学」の語で自らの学問を呼ぶことを拒否し、単に「物まなびの道」でよく、敢えて言うならば「皇朝学」とでも称すればよかろう、としている（「うひ山ふみ」）。宣長は、自らの学問を、世界の国々それぞれが固有する学問、例えば中国の儒学などと同列視され、それらの学問の一つとして相対化されることを忌避したのである。「まことの道」と、自らの学問とが、日本のみならず、世界で唯一無二の、本来の、人間の生き方、そして政治・統治のあり方であり、それを究明し得る学問だと言うのである。

これだけことを言い切るには、よほどの確信があったと見てよかろう。問題は現実との甚だしい乖離である。それもよく承知している宣長は、「まことの道」の実現を、「五百年後、千年後」に期すると述べている（同上）。しかし、実際には、宣長の予想、また、おそらくは本意に反して、早熟に、その実現を目指す動きが起こってくることとなる。

蘭学の展開

一方、同時期の江戸では、杉田玄白や前野良沢らによる『解体新書』の訳業も進んでおり、安永三年（一七七四）に、それは刊行された。ここに、蘭学による、もう一つの日本と世界の再発見、再定義の動きも表面化しつつあった。

蘭学は、在来の医療技術に対して、臨床面とともに、その基礎をなす生理学や薬学の分野において優位性が認識されていったが、当初は翻訳による導入の域に止まっていた。西洋諸国の紹介も、本多利明・工藤平助・林子平らによってなされてはいるが、蝦夷地周辺の実踏調査を行った工藤を除き、輸入書が情報源だった。しかし、文政六年（一八二三）七月、長崎・出島のオランダ商館へ、P・F・シーボルトが医師として赴任し、ほどなく長崎奉行の許可を得て、出島外への往診・治療、さらに鳴滝に設けた塾舎への出講がなされるに及んで、蘭学の性格は一変した。

それは、西洋人教師の下で直接に修学するというばかりでなく、シーボルトの来日目的がわが国の博物学的研究にあり、医学教授はその資料収集の手段だったことにもよる。彼は、鳴滝の塾舎に集まった、小関三英や高野長英らの俊英に、わが国に関するレポートをオランダ語で書いて提出させ、帰国後、これらに拠って一連の日本研究書をまとめている。

シーボルトは、前述したように、文政一一年（一八二八）、帰国の際に、幕府天文方の高橋景保から贈られた、伊能忠敬の精密な実踏調査になる日本地図を持ち出そうとしたことが露見し、翌一二年（一八二九）九月、国外追放となる。この事件は、彼の門弟はもとより、蘭学者全体に大きな衝撃を与えたが、鳴滝の塾舎での修学のあり方は、蘭学として導入された西洋近代の実証科学の方法による、世界と日本の認識や理解へと道を開いていった。

蛮社の獄

渡辺崋山（名は定静、通称は登、崋山は字）は、幕府代官の江川英龍（通称は太郎左衛門）の依頼を受け、小関三英と高野長英が翻訳した西洋の地誌書に拠って、「外国事情書」（江川が題名を付けた）を執筆することとなる。同書の成立事情は以下の通りである（佐藤一九六四・七二）。

幕府は、後述するように、文政八年（一八二五）二月、「異国船打払令」を発していた。天保八年（一八三七）六月、日本人漂流民の送還と通商の許可を求め、わざわざ武装を解除して浦賀に来航した、アメリカ商船のモリソン号を、浦賀奉行は、同令に定められた通り、砲撃して退去させた。

幕府内部では、この措置の妥当性をめぐって議論がなされる一方、江戸湾の海岸防備（海防）を強化するため、目付の鳥居忠耀（通称は耀蔵、大学頭林述斎の四男）と江川に現地巡視をふまえた取調（実態の調査報告と改善提案）が命ぜられた。江川は、この取調書に添付する、西洋諸国の動静を中心とした国際情勢の概観の執筆を、崋山に依頼したのである。

しかし、江川と彼を支援する蘭学者たちの動きを忌避する鳥居が、「蛮社の獄」をフレーム・アップする。崋山は、天保一〇年（一八三九）四月二三日以前に「外国事情書」の原稿をまとめていたと見られ、その浄書稿は江川の手許で作成されていた。だが、鳥居の告発を受けた幕府は、同年五月一四日、崋山や長英らの逮捕を命じた。

逮捕された崋山の家宅捜索では、「外国事情書」の草稿や、その別稿「西洋事情書」の初稿、「慎機論」の草稿などが発見された。崋山は、それらによる幕政批判の罪で、同年一二月一八日、在所（三河国田原）蟄居に処せられたのである。

三英は、早晩、自分にも累が及ぶのは必定と考え、同月一七日に自殺する。長英は、一旦は逮捕を逃れたが、その翌日、一八日に自首した。崋山は、天保一二年（一八四一）一〇月一一日、蟄居していた田原で自刃する。長英は、永牢（無期禁固）に処されたが、天保一五年（一八四六）六月晦日、獄吏に放火させて脱獄する。そして、諸国を逃亡した後、薬品で顔を焼いて面貌を隠し、江戸に潜伏していたが、嘉永三年（一八五〇）一〇月晦日、幕吏に見つかり、服毒自殺する。

崋山や三英・長英が文字通り一命を賭すこととなった、蘭学の世界認識を示す「外国事情書」を、江川は、鳥居の脅迫を受け、結局のところ幕閣に上申しなかった。しかし、そこには、文久期に出現する、加藤弘之らの西洋諸国理解（奥田二〇一六）の先駆をなす認識が提示されていた。

「外国事情書」の世界認識

崋山は、ヨーロッパ諸国の「治体」を、①「独立ノ国」（一人の君主が権力を独占し、王家と政府が一体化している国）、②「守盟ノ国」（従属国）、③「共治国」（「賢才」を推挙して、一国を公に統治する国）

の「三道」に分ける一方、アメリカを「会議共治」の国と紹介している（読み仮名は崋山による）。

ここには、独立国と従属国、また専制君主制・立憲君主制・民主共和制の政治制度の差異が西洋諸国の間にあることが確認されている。もちろん、崋山、そして執筆を依頼した江川の関心が、そうした西洋諸国が繰り広げる非西洋地域への進出の動向にあることは、その記述内容から明白である。しかし、そこでは、右のような西洋諸国の国制と、その国勢の発展や対外進出とが結びつけられて理解されているわけではない。さらに、その反射として、わが国の現状への批判的な認識や、その論理必然的な帰結として、その改革の構想を提示するまでには至っていない。

とは言え、水戸藩主徳川斉昭が、天保八年（一八三七）二月に大坂で起きた大塩平八郎の乱や、前述した同年六月のモリソン号事件などを憂慮し、翌九年（一八三八）八月に起草した意見書（「戊戌封事」と呼ばれる、後出）に示された、「内憂外患」論のような、内外の政治情勢認識には止まらないものが、そこにはあろう。それは、わが近世の国制について、西洋諸国と比較して批判的に考察し、その改革を構想していく上で基礎をなす、世界認識だと言ってよかろう。

ちなみに、ここで崋山が用いた「治体」の語は、夙に、山鹿素行の講義録に見える（『山鹿語類』第一、巻第九、寛文五年（一六六五）成立）。素行は、国土の分割統治の必要性、そのための「封建」と「郡県」の二制度、ついで、首都と城郭、王宮と儀礼制度、内外からの朝覲、武備の充実などの必要とあり方といった、一連の政治・統治制度に関わる問題群について、彼が理想とする儒学的見解を提示する際、「治体」という語句を、論及対象の総称として用いている。

崋山は、「治体」のこうした用法から、その儒学的内容を捨象し、政治・統治制度一般を示す「普遍」的な用語として再定義して（丸山・加藤一九九八）、転用したわけである。三谷太一郎は、儒学的素養を有する識者による、この種の言語操作がわが「近代」化過程において、西洋の学知や技術などを導入する際に汎用されていることに注目し、その方法的性格を機能主義と看做（みな）している（三谷二〇一七）。崋山は、国制論の領域における、その先駆者と言えよう。

五　『日本外史』の成立

頼山陽とは

わが近世の国制は、それを支える文化、とりわけ思想や学問などの領域でも、一九世紀を迎える前後の時期から、既成の観念に揺らぎが生じて来る。本書の冒頭で述べた、国学や蘭学の台頭は、その端的な現れだった。それに止まらず、近世の国制を思想・学問、そして倫理の領域で護持する役割を演じて来た、儒者の間にも、世界を再発見し、日本を再定義しようとする向きが現れてくる。

前述したように、近世の儒者の学問的な営みは、四書五経（ししょごきょう）などの経典（けいてん）に注釈を施す訓詁（くんこ）、為政者に政策的な提言を行う論策（ろんさく）、為政者や世人に鑑戒（かんかい）の素材を与えるための修史（しゅうし）、漢文の作文能力錬成（れんせい）を兼ねた詩作（しさく）など、多面的である。近世後期で、その後への影響という点で、傑出した業績を遺したのは、論策では後期水戸学の儒者たち、修史と詩作では頼山陽である。彼らはいずれも、本居宣長や杉田玄白らに雁行して登場した。

鞭声粛粛夜過河／暁見千兵擁大牙／遺恨十年磨一剣／流星光底逸長蛇
（鞭声粛粛夜河を過る／暁に見る千兵大牙を擁するを／遺恨なり十年一剣を磨く／流星光底長蛇を逸す）

頼山陽の名を識らずとも、この詩章は人口に多く膾炙するところであろう。山陽、頼襄、字は子成、文化九年（一八一二）、三三歳（数え年）のときの詠史の傑作「題不識庵撃機山図」（『頼山陽詩選』）（不識庵〔上杉謙信〕、機山〔武田信玄〕を撃つの図に題す）である。

山陽は、近世を代表する史家として著名である。その大著『日本外史』は、朱子学の正名論と「尊王斥覇」の歴史観によって貫かれ、あたかも長大な叙事詩の如きその名文で、歴史の情景と登場人物の心情を生き生きと描写して、公武、士民の間に多くの読者を獲得し、そこで用いられた語句の辞典まで出版されているほどである。やがて、それは幕末維新期には、身分の高下、勤王・佐幕を問わず、「国民」的な必読書となり、明治以降は国定教科書をはじめとする「国史」叙述の典拠となっていく。

山陽自身は、修史よりも詩作にこそ自分の得意があると自認しているように、まずもっては詩人とすべきだろう。もっとも、これは漢詩文の常道である。詩作によって、用いる語句を可能な限り削減する一方、古典における語句を多用して、引照と類推・比喩の効果で文意を可能な限り増幅させるという、簡明・含蓄を旨とする作文の力量を養っていく。近世の儒者は、いずれ一家を成すとき、訓詁、論策、修史などと、その得意とするところは分かれようが、入り口は一様に詩作である。

これは、古来、漢字文化圏の読書人・文人一般に言えることで、彼らの一部が儒者となるのである。さらに、隋代以降の中国では、科挙で作文能力が問われたので、なおさらだった。詩作は、素読に次ぐ漢文修学の基礎課程だったと言ってよかろう。

問題は、その詩作の文学的境地が、訓詁、論策、修史などと同等、あるいはそれ以上の水準に達し、漢詩文の母国である清の文壇でも高い評価を受けるに至ったかどうかである。清で評価された近世日本の儒者は、訓詁家としての荻生徂徠と、詩人としての山陽くらいであろう。

実際に、山陽の詩作は、その書画と一対となり、高い社会的評価を受け、青年時の「奇行」により廃嫡され、以後終生、俸禄とは無縁となりながらも、鴨川沿いの自宅の書斎「山紫水明処」が近世文壇有数のサロンとなり、公武の貴顕や豪農商のパトロンをも含む、門弟を少なからず擁して、妻と子ども二人を養い、雇い人四人を抱えていけるだけの、生活が営めている。そうなるにはそうなるだけの、歴史的な背景があろう。

芸州藩儒頼家の誕生

安芸国竹原で紺屋（染物業）を営む「頼兼屋」の当主が、京都の歌人に入門して和歌を学び、屋号に因んで「頼」の姓を名乗り、子息三人をいずれも大坂に遊学させた。長男が山陽の父となる春水、次男が春風、三男が杏坪で、三人とも儒学を学んだ。春風は、医術に進んで後に実家を嗣ぎ、その家は現在も竹原にあり、著者もかつて訪れたことがある。ちなみに、竹原からは、「ニッカ・ウヰスキー」の創業者である竹鶴政孝も出ており、竹鶴家は酒造業を営んでその地に現存している。ＮＨＫの朝の「連続テレビ小説」で、この政孝夫妻を主人公に取り上げたので、竹原を存じ寄りの向きも少なくなかろう。頼家の三男・杏坪は、後に芸州藩浅野家に仕官し、郡奉行の要職を勤め治績を挙げている。

長男の春水は、大坂で朱子学者として著名となり、開塾して門人を抱えるとともに、京坂周辺の文人たちとも広く交流する一方、妻同士が姉妹の尾藤二洲や、その盟友の柴野栗山らと結んで、朱子学再興へと動き、山陽が生まれた翌年の天明元年（一七八一）、芸州藩に儒臣として迎えられる。かくて、竹原の紺屋は、芸州藩儒の頼家へと、まさしく「上昇転化」を遂げたのである。

しかし、頼家が例外だったわけではない。同様、藩儒となったケースに、水戸藩領の町人出身の学者で、藩主の徳川斉昭に見出された藤田幽谷がいる。幽谷の祖父は百姓身分だったが、父が帰商して成功し、産を成したという（『幽谷遺談』〔『幽谷全集』付載〕）。幽谷と、その子の東湖は、斉昭の謀臣として活躍し、正名論と「尊王斥覇」思想を換骨奪胎して「尊王攘夷」を呼号する後期水戸学の旗手となっていく。

蓄積した富を学知に転化し、それをもって武士の身分を獲得する。このような身分上昇の動きは、より一般的には、豪農商層が諸藩の郷士（例えば、龍馬の坂本家〔松浦二〇〇八〕）、幕府の御家人などの「株」を金銭で取得する形をとって、あるいは旗本知行所の村役人層が領主の用人に登庸される形をとる〔高橋一九九六〕などして、近世後期には広汎に見られた。

「新参」武士の中には、武士とは何か、武士はどう生きねばならぬか、を説き、進んで士風の粛正と振起を領導した、頼春水がその典型であるように、先祖代々の「古参」武士よりも、武士であることに殊更に拘り、誰よりも一層武士らしく生きようとした向きもある。

その一方で、同じ時期には、「古参」の武士の中からは、大老を出す譜代門閥大名家に生まれ、その後継に擬されたこともある身でありながら、他家へ養子に入って大名となることを忌避し、市井の絵師として、その生涯を閉じた、酒井抱一（忠因）のようなケースすら出て来る。とりわけ、軽輩武士の間には、藤沢周平が庄内藩士をモデルにして、いささかオーバー気味の感さえあるほどに描き出したように、都市最下層の貧民同然の生活を余儀なくされ、武士であることが生きる上でかえって桎梏であるような向きも、少なからず見受けられる。そうした武士の典型の一人には、福沢諭吉が挙げられよう。

幕末維新の思想的状況は、一面、こうした「新旧」武士の葛藤でもあろう。「新参」武士には、戊辰戦争を戦い続けた新選組の隊士や、戊辰戦後に、解散に反発して脱隊騒動を起こした奇兵隊士ら〔奥田二〇一七〕のように、あくまで士道を貫き、武士であろうとする人々もいた。他方、「古参」武士の中からは、福沢のように、武士に止まらず、身分制度そのものの揚棄へと突き進んでいく向きも現れて来よう。

山陽は、父の春水との葛藤の中で、父とは異なる生き方を選んでいくこととなる。

寛政改革と学問吟味

天明七年（一七八七）、田沼意次の幕閣が倒れ、松平定信の寛政改革が始まると、栗山、次いで二洲が幕府に儒臣として迎えられる。彼ら「朱子学＝正学」派（頼一九八六）の主張を採用する形で、定信は学政改革に乗り出し、寛政二年（一七九〇）には「寛政異学の禁」が発せられ、聖堂付設の林家塾で、朱子学以外の講義が禁ぜられる。さらに、学問吟味が、栗山や二洲らを試験官として開始され、成績優秀者を幕府の役人として登庸することとなる（奥田一九八二・八五）。

こうした一連の幕府学政改革の背景には、定信らが問題視した幕臣の士風頽廃があった。定信らは、それが幕府諸役人の綱紀弛緩、賄賂横行、情実人事を蔓延させ、天明大飢饉の非常事態に際し、適時に有効な対策を講ぜられず、江戸などでの打ちこわしの大騒動を招いた、と見ていた（『宇下人言』、竹内二〇〇八）。ところが、幕臣に士風粛正の途を教え導く大本締めである林家自体が、士風頽廃の手本のような状態にあったのである。

幕府は、聖堂「公造」に伴い、その施設維持や教育事業などのために聖堂領一〇〇〇石を設け、その管理を林家に委ねていた。林家では、それを私領同然に扱い、天明五年（一七八五）には、大学頭の信徴が聖堂領の武蔵国久良岐郡の井土ヶ谷村などの村々に年貢の先納を命じている。

村々は、折柄の不作続きでその工面に苦しみ、隣接する同郡日野村の名主から借金して、どうにかこの年貢先納金を納めた。しかし、返済する約束の六年（一七八六）も飢饉で、一年繰り延べてもらう。七年（一七八七）に、林家の当主は信敬に代替わりするが、彼は「先代の時のことは聞いていない」と、年貢先納の事実を認めず、それを踏み倒して、当年分の年貢の皆済（全納）を命ずる。聖堂領の村々からこの次第を伝えられた日野村の名主は、幕府の評定所に出訴して、返済を求めるに至ったのである（奥田一九八二）。

実は、この日野村の領主は、評定所でこの一件の審理に当たった勘定奉行の久世広民だった。久世は、定信がその自伝『宇下人言』の中で、その寛政改革に積極的に協力した幕吏の一人に数えている人物である（『宇下人言』）。また、日野村の名主家は、後年、久世家の知行所全体を村方サイドで統括する「郷目付」に任ぜられているほど、領主との結びつきが深かった。これらを勘案すると、この先納金一件の経緯は、日野村の名主から久世、久世から定信へと伝えられていた、と見てよかろう。

それだけではない。定信は、巷間では「隠目付」などと呼ばれていたが、隠密を江戸市中などに放って、各種の情報収集に当たらせている。その報告書と見られるのが『よしの冊子』である。その中で、この一件を聖堂領の「一揆」とし、その背景に林家の乱脈な家政がある、と指摘されている。それによれば、林家の拝領屋敷の仲間部屋では賭博が行なわれ、そこには林家の先代や当主の母親たちまでもが加わっている、という（『よしの冊子』）。こうした情報が定信の耳に入っていたとすれば、その学政改革の経緯も納得できよう。
つまり、先ず、栗山ら「朱子学＝正学」派を幕府の儒臣に取り立てる。次に、当主の信敬の反対を押し切って、栗山らの主張を取り上げ、「寛政異学の禁」を林家に達し、その実施を栗山らに監督させる。「異学の禁」は、聖堂付設の林家塾での教育内容を、栗山らに掌握させる手段だったと言えよう。その上で、そこでの教育内容に基づく学問吟味を開始し、その結果如何で幕吏登庸へと途を開き、栗山ら「朱子学＝正学」派が解釈権を握る朱子学を幕臣たちに学ばせていく。実際、市井の文人として活躍していた大田南畝（蜀山人）は、学問吟味を経て幕吏に登庸され、その筆を折っている。

こうなると、閑古鳥の鳴いていた林家塾にも入門希望者が増え、「論語」などを暗唱させる素読吟味で、その選抜がなされようになる。さらに、寛政九年（一七九七）には林家塾が収公され、幕府直轄学校の「学問所」（いわゆる昌平坂学問所、昇平黌）が成立するに至る（奥田一九八二）。

こうした趨勢は諸藩にも波及し、それまで隆盛を誇っていた古学や折衷学などは私塾の世界に封じ込まれ、藩校の教育も大方は朱子学一本槍となっていったという。

青年山陽の挫折

かくて、朱子学の古典である四書五経の素読は、武士の子弟教育の基本となっていった。山陽の父の春水は、外様大名家の一介の儒臣ではなく、幕閣のお覚えめでたい「寛政の三博士」（栗山・二洲と岡田寒泉、寒泉の幕府代官転出後は古賀精里）の盟友、いまや「官学」に位置づく「朱子学＝正学」派の大学者である。春水の親友の菅茶山が、天明八年（一七八七）に広島の頼家を訪問したとき、目にしたのは、熱心に素読する九歳の山陽の姿であった。その山陽が、叔父の杏坪に伴われて江戸へ遊学し、「三博士」の教えを直接に受けることとなったのは、「学問所」が成立した寛政九年（一七九七）である。

「学問所」には、優秀な者は、陪臣や浪人、士分以下の者でも入学を許されたが、山陽は翌年、早々に帰国している。以後、山陽が再び江戸の地を踏むことはなかった。山陽の研究者には、その間の事情を山陽の「躁鬱症」悪化の故ではないか、と想像する向きもある。そうだとしても、問題は、何故、その「躁鬱症」が悪化したかである。著者は、山陽の江戸遊学の目的が「学問所」入学にあったと見ている。そして、素読吟味を経ての入学、というプレッシャーが「躁鬱症」を悪化させた可能性をも含め、要するに入学に失敗したための、急遽帰国ではないか、と推定している。いずれにしても、この出来事が春水の顔を潰す形となったことは間違いあるまい。

帰国後、山陽の操行はにわかに乱れ、遊所に入り浸るようになる。結婚という父母の苦肉の対策も失敗して、遂に突然の出奔、京都での潜伏、叔父の春風による連れ戻し、自宅の座敷牢への三年にわたる幽閉、離婚と廃嫡、やがて隣国の備後神辺にある茶山の廉塾への寄寓、そして京都への移住、という一連の出来事が継起していく。

原爆投下で失われた山陽の幽居は、現在、広島にある頼山陽記念館に復元されているが、ここで『日本外史』の初稿は成った。また、その風物(ふうぶつ)をこよなく愛し、終(つい)の棲家(すみか)とした、京都への移住後に、父母の手で育てられた最初の妻との間の長男・都具雄(とくお)（元協(もとただ)、聿庵(いつあん)）を伴った上坂した父と再会し、一応は和解したが、山陽が父との葛藤、トラウマから、とにもかくにも解放されたのは、父の死後である。

山陽は、父の葬儀に参列するため帰郷した広島から、そのまま九州を遊歴する二年間もの長途につき、長崎から鹿児島まで足をのばし、豊後(ぶんご)では田能村竹田(たのむらちくでん)や広瀬淡窓(ひろせたんそう)を訪れ、その途次に詩作の才を文字通り開花させて幾多の傑作をものし、「耶馬渓(やばけい)」の命名という余禄(よろく)まで残している（『頼山陽詩選』）。そして、帰京後、一〇年ならずして『日本外史』は完成し、また、山陽の詩人としての文名もゆるぎないものとなっていく。

これを要するに、山陽の修史にせよ、詩作にせよ、昇平黌入学の失敗に始まる、父・春水への負い目から解き放たれるための営為だった、と言えよう。近世儒学の泰斗にして、明治国家の国定史観＝「皇国史観」の祖と仰がれた巨人・山陽の「偉業」が、エディプス・コンプレックスの所産とは、なんとも人間臭い、微笑(ほほえ)ましい話ではあるまいか。そして、この一事は、山陽の人格と、その業績とを、何ら貶(おとし)めるものではなかろう。

「生活詩人」山陽

山陽の詩業を一覧したとき、彼が、万葉詩人の山上憶良に引けを取らぬ、生活詩の名手でもあったことがよくわかる。

山陽は、大変な酒豪にして美食家だったようである。酒は、「剣菱」を愛飲して、それを礼賛する詩を残し、その醸造元が門弟になっているほどである。また、京都の名産である、春の筍と、秋の松茸が如何に美味かを詠じた詩もある。山陽はとくに松茸を好んだようで、その調理法を「吾が家に制度有り」と大袈裟な調子で紹介している。それは要するに焼き松茸で、これをその調理法の第一等に置くことには、著者も全く同感である。

山陽は、来訪した知友や、上洛した母の梅颸（大口編二〇〇一）を伴って、京都の料亭や妓楼、周辺の景勝地で幾度となく酒宴を張り、詩によってその情景を彷彿とさせている。もっとも、体調を崩した際、「お父さんは贈られた酒を飲み過ぎるからだ」と息子にたしなめられて閉口している様も、正直に詠んでいる。この京都で生まれ、ませた息子の一人が、後年、安政の大獄で刑死する三樹三郎である。

生活詩の中には、来客を断って書斎での読書に耽る山陽に対し、二人の子どもと四人の雇い人を養う家計のやりくりの愚痴をこぼして、「文人稼業」にもっと精を出すよう迫る、妻の姿と、それに直面して当惑し、少しは充電させて欲しい、との心情を、詩にぶつける外に術のない、山陽自身の姿とが、対照的に詠じられたものもある。

山陽の生活詩の白眉は、やはり父母や息子、妹などの血縁者への思いを詠んだものであろう。中でも母・梅颸への思いには格別なものがあり、父の死後は何度も広島まで送迎して京都へ母を迎え、歓待を尽くしている。そこには、父・春水にはできず、また当時としては当然だろうが、させてもらえるはずもなかった、孝養の分までも含まれていよう。また、先立った、京都で生まれた第一子の息子や、妹への永訣詩も、胸に浸みるものがある。

そして、広島に捨てた長男・都具雄との邂逅。大阪での気まずい再会や、廃嫡された自分に代わって芸州藩に仕え、江戸との往復の途次に京都の山陽を訪れた際に見た、その成長した姿への感動の情景を詠んだ詩は、あたかも映画のワン・シーンを観ているかのようである。

「尊王家」山陽の実相

本領とされる歴史的な事件や人物を詠んだ詩作である、詠史の部類には入らないのだろうが、九州遊歴の際に逗留した長崎での見聞を詠んだ「荷蘭船行」は、戦前から傑作と評されている詩の一つである。詩作としての文学的評価は、ここではさておこう。この詩の趣旨は、幕府の長崎警衛の過大さ、とりわけオランダ船入港時の警戒の過大さを批判したものである。問題は、文政元年（一八一八）の作だということである。

文化五年（一八〇八）にフェートン号事件、一三年（一八一三）にワルデナール来航事件が相次いで起こり、これらのイギリスによる長崎出島商館接収の企ては、いずれもオランダ商館長ヅーフの巧みな対応によって失敗に終わっている。山陽の来崎に先立つところ一〇年の間に生じた、この二つの極めて際どい事態が、いずれも「オランダ船」に偽装した船の入港時に起こっていることに鑑みれば、幕府の警戒は当然であろうし、むしろその虚仮威しの備えこそが批判されるべきだったろう。

山陽の詩は、幕府の対外的な怯懦と軟弱ぶりを嘲笑している点で、戦前は尊王思想の発露として賞賛されたわけだが、現在、近世後期―幕末の海防史研究によって明らかにされたところをもって見るならば、山陽の嘲笑は、彼我の関係の実態を知らない、文人的な感想の域を出ないことは明らかであろう。

さらに言えば、山陽は、前述した江戸遊学・昇平黌入学失敗以後、一度も江戸の土を踏んではいない。そして、独立後、終生にわたり京都に居住し、その風物や文化を、偏愛とも言えるほどに、詩文や書画で賞賛し続けた。この辺に、「尊王家」山陽誕生の秘密の一つがありはしまいか。著者は、昇平黌入学の失敗が、それが招いた父・春水との葛藤とともに、父もその側に立つ、江戸と幕府への反発を生んだ、と見ている。

『日本外史』の歴史的位相

『日本外史』は、文政一〇年(一八二七)、その求めに応じて、松平定信に献呈されている。定信は、寛政五年(一七九三)には一一代将軍の徳川家斉(いえなり)とその実父の一橋治済(ひとつばしはるさだ)に幕閣首班の座を追われ、さらに追い打ちをかけるように、文化七年(一八一〇)には大きな財政負担を強いられる江戸湾の海防まで押し付けられている。定信と家斉との間には、幕末政治の発火点をなす、徳川一門内部の確執に連なる、政治的関係の影が見え隠れしていよう。

一方、『日本外史』の掉尾は、家康さえ在世中にはなし得なかった、太政大臣の兼職を、この文政一〇年に実現した家斉への、読みようによっては皮肉ともとれる叙述で、こう締め括られている（『日本外史』（下））。

源氏・足利氏以来、軍職（征夷大将軍）に在って太政の官（太政大臣）を兼ぬる者は独り公のみ。蓋し武門の天下を平治すること、ここに至ってその盛を極むと云ふ。

征夷大将軍と太政大臣に、在世中、ともに叙任された唯一の先例は、足利義満である。しかし、義満の場合も、応永元年（一三九四）一二月一七日に将軍職を子の義持に譲った上で、同月二五日に太政大臣に任官しており、兼職したわけではない。山陽が両職兼任者を「独り公（家斉）のみ」としたのは正しい。勿論、その後もなく、家斉は空前絶後の栄職者となったのである。この一点をとれば、たしかに山陽が記すように、武家政治は「極盛」に達した、との評価もできよう。もっとも、山陽は、それを「と云ふ」と、「世評」を記す形で表現しており、自身の評価として記してはいない。ここに、醒めた皮肉の眼が感ぜられよう。

そればかりではない。朱熹（朱子）と呂祖謙が、周敦頤ら先学四名の語録を編纂した『近思録』には、「古より泰治の世は、必ず漸く衰替に至る。」（『近思録』（中）、巻八の六）とある。朱子学者にとって、「泰平の世」は国家の衰退と王朝の交替を予兆する、いわばマイナス・シグナルなのである。山陽が家斉の治世を天下「平治」の「極盛」と評しても、まともに朱子学を学んだ者ならば、それを幕府当路への阿諛追従と受け取る虞はなく、むしろ世に警鐘を鳴らしたと読むだろう。山陽にとって、その辺は当然、織り込み済みだったと見てよかろう。

けだし、『近思録』は、「衰替に至る」理由を、「安逸に狃習するに由り、因循して然るなり。」としている。家斉の治世に、「安逸」に狎れ切った姿を見る識者は、その子沢山（男子二六名、女子二七名）を、著書の中で「北海の鱈」と揶揄して罰せられた、寺門静軒のみならず（『江戸繁昌記』）、少なくなかった。また、「因循姑息」は幕末政治の中で既成秩序批判の常套句となっていく。

これらを勘案すると、定信と山陽の間に、心情的に相呼応するものがあった、と推測できるのではあるまいか。

儒者に限ってみても、江戸と幕府に反感を抱く向きは、山陽以前にも少なくない。しかし、山陽は、その感情を、正名論と「尊王斥覇」思想の論理へと昇華し、「忠臣」の悲劇と、その言行の善美とを、詩文の才を大いに発揮して、極めて高い文学的完成度をもって描く、一大叙事詩とも言うべき『日本外史』に結晶させたのである。しかも、それは、あたかも徳川一門内部にすら亀裂を生じつつある時点に登場し、幕府政治の論理的正当性と歴史的正統性を二つながらに疑う根拠を提示する形となった。この歴史の邂逅こそが、「尊王家」山陽を誕生させたのだろう。

山陽の詩作と史眼

九州遊歴時の詩で興味深いものの一作に、鹿児島での見聞により、往年と比較して、薩摩藩士の軟弱振りを容赦なく暴露した「後兵児謡」があり、その内容はまことに仮借ない。山陽は、鹿児島の気候や風土も気に入らなかったようで、その分も加わって、そうした弾劾の詩が生まれたのか。これは、当然ながら、薩摩藩士の耳目にも入るわけだから、彼らの間にそれ相応の反発や反省を惹起させたことだろう。「春秋の筆法」ではないが、幕末へと向かう政治過程において、山陽の筆誅が薩摩藩士の奮起を促したところがあるやもしれない。もちろん、これは、山陽の企てたところではよもやあり得まいが、歴史の狡知の一例ではあろう。

薩摩では、文禄・慶長の役で朝鮮から捕虜として連れてこられた、朝鮮陶工たちの村も訪れている。故国から遠く引き離されたまま、日本の陶土で高麗茶碗を焼いて、異国の地で生きていくほか術のない、彼らへの憐憫の情を素直に詠じている。そこには、人間国宝の陶芸家・沈寿官を主人公に据えた、司馬遼太郎の短篇の優品「故郷忘じがたく候」（司馬二〇〇四）の世界に通ずる、ヒューマンな文学的感性が垣間見えよう。

山陽は、前出の士風の退嬰をはじめ、当時の薩摩藩領の独特の風土や社会を詩作によって捉え、辛辣な批評や率直な感慨を忌憚なく、その中に込めている。薩摩で詠んだ、そう多くはない、それらの詩作の一篇に朝鮮陶工を取り上げているのは、その目配りの点でも、やはり流石と言うべきだろう。もっとも、こうした率直な言動は、田能村竹田が感じたように、倣岸不遜な人柄とも受け取られたらしい。しかし、これまた、文人にありがちな一面でもあろう。

詠史から一つ紹介しておこう。河内の金剛山を訪れて、楠木正成について詠んだ詩の末尾にこうある（『頼山陽詩選』）。

悠悠六百載／姦雄迭起踣／一時塗人眼／難洗史書墨

（悠悠たり　六百載／姦雄　迭ひに起踣す／一時　人眼を塗るも／洗ひ難し　史書の墨）

正成以降の六〇〇年間、「姦雄」たちが角逐し、彼らが一時、世の耳目を幻惑させ得ても、歴史上の評価は消し去ることはできない、というのである。正成の時代から「六〇〇年間」とは、山陽の生きている現在までの間ということになる。誰々が「姦雄」なのかは語らず、そこは読者に判断させようという姿勢である。これは、やはり「尊王家」の詩と読まれて、当然だろう。もっとも、山陽によれば、徳川家康は、愚直に尊王を貫いて滅びた新田氏の「遠裔」（支族の子孫）であり、「天運」が復し、足利氏に代わって興った、とされているので（『日本外史』（上）、新田氏論賛）、おそらく、この「姦雄」たちには含まれないだろう。

いずれにせよ、山陽は、ここで、そうした歴史的評価を下す立場に自らを置き、世人はいざしらず、自分の眼はごまかせないぞ、と言い切っているのである。この詩は、文政八年（一八二五）、四六歳の作である。前年、畢生の大作『日本外史』を完成させており、その成果への自信が生み出した詩作と言えよう。

このように、山陽の詩作と修史は、先行する本居宣長とは別の途を辿って、近世日本の国制と社会を、歴史的にも、論理的にも相対化する思惟へと、世人、さしあたっては有識者を導いていった。それはまた、近世日本への外圧が日増しに強まる時期と邂逅していたのである。

第三章　幕末政治のジレンマ

一　「鎖国」パラダイムの成立

ロシア使節の来航

寛永期以後、わが国へ国交樹立を求める使節を最初に派遣して来たのは、ロシアである。寛政四年（一七九二）九月、ロシアの使節A・K・ラクスマンは、当時、同国領だったアリューシャン列島に漂着した大黒屋光太夫らを伴い、蝦夷地（えぞち）の根室（ねむろ）に来航した。そのとき、わが国はどのような状況にあったのだろうか。

光太夫らがロシア領に漂着した天明三年（一七八三）七月には、浅間山が大噴火を起こし、その火山灰は成層圏まで打ち上げられて漂い、北半球全域の日照を長期にわたって遮（さえぎ）り、わが国では天明の大飢饉をもたらした。幕府や諸藩の対策は後手に回り、耐えきれなくなった人々は、村方では騒動や一揆、町方では打ちこわしを起こしていった。とりわけ、天明七年（一七八七）五月に、江戸や大坂などで起こった大規模な打ちこわしは、松平定信幕閣を成立させた。その下で進められていた寛政改革の最中に、ロシアの使節が来航したのである。

幕府は、ラクスマンの来航に先立つ寛政四年五月、林子平に蟄居（自宅軟禁）を命じ、その著書『海国兵談』を絶版にしていた。子平が、そこで「江戸の日本橋より唐（中国）、阿蘭陀まで、境なしの水路」と指摘し、長崎にのみ海防を施していることを問題視したのを咎めたのである。

しかし、その一方で、定信は、幕閣に初めて「海防掛」を設け、自らそれに就任し（井野邊一九二七）、北辺対策を専管して、同年七月には評定所一座にその措置を諮問している（『楽翁公伝』）。さらに、ロシア使節が来航すると、根室でラクスマンと幕吏との折衝を開始する一方、来航の翌月、一〇月には、一一代将軍徳川家斉へ、以下のような江戸湾の海防策を建議している（同上）。

第一に、伊豆・安房・上総・下総の諸国の小領主を他へ移封させ、大名や、五〇〇〇石内外の寄合衆クラスの大身旗本をその跡に配置して、伊豆国の下田、相模国の三崎・走水などの要地の海防を担当させる。

第二に、伊豆大島などに幕府の船手番所を増設し、その費用は改革で改易（取潰し）となった関東郡代伊奈忠尊の旧知行所からの年貢を充当する。

第三に、将軍家斉が親しく海防の現地を巡視して奨励する。

さらに、一二月には、定信自ら、房総・伊豆・相模の海岸を巡視している。これらの一連の迅速な対応は、林子平が説く外圧への警戒、海防の必要を、定信が十二分に理解していたことを物語っていよう。しかし、将軍・幕府は動かなかった。

「鎖国」パラダイムの成立

寛政五年（一七九三）六月、幕府は、ラクスマンに「要望があれば、長崎に来航せよ」との信牌（文書）を交付して退去させた。彼に与えた「諭書」の冒頭には、「兼て通信なき異国の船、日本の地に来る時は或は召捕又は打払ふ事、いにしへより国法にして、今も其掟にたがふことなし」とある（『通航一覧』第七）。

ここでは、「通信」関係（国交）のない異国の船舶が日本に来航した場合、拿捕するか、または打ち払うことが、古来の「国法」であるとして、今回の穏便な措置が例外的なものであることを強調している。これについて、次の三点に注目し、確認しておかねばなるまい。

第一に、「通信」国以外から来航した異国船に対する措置について、拿捕または打ち払いを原則としていることである。たしかに、寛永期には、キリシタン（キリスト教）の禁教と対外貿易の幕府管理とを二大基軸とする、幕府の対外政策が確立した。とはいえ、実際には、『徳川実紀』を見ても、寛永期以降でも、シャム（タイ）などからの船舶が来航した事実があり、それらの船舶に対して、拿捕または打ち払いという措置はとられてはいない。三谷博が指摘するように、この措置はこのとき定められた、と見るべきだろう（三谷二〇〇三）。

第二に、それを古来の「国法」だ、と闡明していることである。

第三に、異国船が来航したのは、松前藩の領分である蝦夷地の根室ではあるが、それを「日本」への来航と受け取り、幕府が直接、応対・折衝していることである。こうした対外的な応対・折衝を幕府が直接に行うのは、従来、長崎以外では見られなかった。「通信」国である朝鮮は対馬藩、琉球は薩摩藩が、それらとの応対・折衝を役儀として、それぞれ負担していたのである。もちろん、幕府は、今回の根室での応対・折衝は例外措置であり、今後は長崎以外では応じない、とこの「諭書」では宣言している。しかし、実際には、相手側がそうしなければ、来航した地点で、幕府は応対・折衝せざるを得なくなるだろう。

この寛政五年の時点で、幕府は以上の三点からなる対外政策を、寛永期以来の対外政策を解釈(第二)し、維持(第一と第三)する政策として打ち出したわけだが、この両者を一体不可分な対外政策の原則と見るのが、幕末政治で問題となる「鎖国」のパラダイムであり、それがここで成立したのである。

その普及に介在したのが、長崎のオランダ通詞志筑(しづき)忠雄が享和元年(一八〇一)八月に訳出した書物だった。同書は、元禄三年(一六九〇)、長崎のオランダ商館に医師として着任したドイツ人の博物学者E・ケンペルが、同五年(一六九二)に帰国した後、著した『日本誌』の中で、寛永期に確立した幕府の対外政策を、肯定的に論じた部分を翻訳し、『鎖国論』と題したものである(『鎖国論』)。

この『鎖国論』によって、寛永期に確立した幕府の対外政策のみならず、寛政五年に闡明された、その解釈（古来の「国法」）と、維持の方策（「通信」国以外からの来航船は拿捕または打ち払いが原則、「日本」への来航には幕府が長崎で応対・折衝）が、それと一体の政策として、それを「鎖国」と概念する思考が、幕府当局者をも含め、一般に広まっていったと見られる。それはまた、「寛永の『鎖国』」という歴史認識の成立でもあった。

海防の政治課題化

幕府が寛政五年（一七九三）に打ち出した対外政策のうち、第一と第二は、以後の幕末政治で問題となる、「鎖国」の実質的な内容を構成する要素である。そして、第三は、幕府自らが定めた「鎖国」の実質的な内容を、「日本」の立場で守るのが、他ならぬ幕府自身の責任であることを明示したのである。そして、「鎖国」の実質的な内容を是が非でも、幕府が守り抜こうとすれば、海防は不可欠の要件となる。

しかし、よく考えてみれば、第一の拿捕または打ち払いを宣言したのだから、第三の応対・折衝可能な来航地（長崎）の指定は不要なはずである。実際、寛永一七年（一六四〇）六月、前年七月に来航を禁じたポルトガル船がマカオから長崎に来航した際には、同船を拿捕し、船を焼き、乗組員六一人を処刑している。おそらく、これが第一の政策の歴史的な前提をなしていよう。問題は、問答無用で、この第一の政策だけで押し通すことが、この時点でできたかである。

幕府は、すでに、キリシタン禁教政策を強める中、寛永九年（一六三二）六月には船手（船手）

頭・船手奉行ともいう）の向井忠勝に命じて安宅丸という大型戦艦を建造し、一一年（一六三四）に完成した同艦を向井に預け、有事に備えていた。そして、寛永一七年の措置後は、向井らの幕吏を派遣して、全国の海防態勢を巡視させている。つまり、第一の政策だけで押し通すには、それ相当の海防態勢の構築が不可欠だったのである。

しかし、寛政五年の時点では、それだけの海防態勢が備わっていないことも、林子平の指摘を俟つまでもなく、また明らかだった。そこに、来航船への現実的な対処策として、第三の政策が必要になる所以があろう。

前述した定信の一連の対応は、彼がその辺の事情をよく認識していたことを示していよう。その定信は、ラクスマンを退去させた翌月、七月、提出した将軍補佐役兼老中首座の辞表を受理される。定信は、将軍家斉の信任を確認するため、在任中、再三、辞表を提出しては慰留され、撤回する、ということを繰り返していた。今回は、その手法を逆用されて受理されたわけで、実質は罷免だった。

定信がこの時点で罷免された直截的な要因は、将軍の実父である一橋治済を江戸城西丸に居住させ、実質的に大御所（隠居した前将軍）扱いにする措置を、定信が阻んだことへの将軍父子の反発だったと見られる。もちろん、改革の緊縮政策への士民の不満が日増しに高まっていたことは、定信の許へ提出されていた江戸市中の風聞探索報告を綴った『よしの冊子』にも、如実に見て取れる（『よしの冊子』）。加えて、定信の江戸湾海防策が構想する、大名の領知替や上級旗本の土着配置による海防担当への反発が、将軍父子による定信排斥の肩を押したのであろう。
しかし、政治課題化した「鎖国」と海防の問題は、それを認識する者を斥けたところで、消え去りはしない。

蝦夷地周辺の緊張

外圧への備えを説く定信を斥けても、外圧がなくなるわけではない。文化元年（一八〇四）九月、ロシア使節のレザノフが、ラクスマンに渡した信牌を携えて長崎に来航する。レザノフは、足かけ七ヶ月も長崎に居座って執拗に国交樹立を求めるが、翌二年（一八〇五）三月、空しく引き揚げる。

しかし、ロシアはこれで諦めたわけではなく、以後、蝦夷地周辺で日本側との紛争が頻発するようになる。幕府もその再来を予想し、三年（一八〇六）一月、ロシア船来航時には穏便な措置をとるよう諸大名に布達する。先のロシア使節へ与えた「諭書」で表明した、「通信」国以外から来航する異国船について、拿捕または打ち払うのが対応措置の原則である、という方針を修正した「文化の異国船撫恤令」である（『御触書天保集成』下、史料番号六五三五〈以下、天保下―六五三五と省略〉）。

ロシアとの紛争頻発に直面した幕府は、四年（一八〇七）二月、松前藩から西蝦夷地を上知して直轄化する。同年五月には、ロシア人が蝦夷地の利尻島に侵入して、幕府の用船を焼く事件が起こる。ここに至って、幕府は、奥羽諸藩に蝦夷地出兵を命じ、翌月の六月、若年寄堀田正敦、大目付中川忠英らを現地に派遣する。

このとき（四年六月）、幕府は、京都所司代を通じて、蝦夷地周辺の事態と幕府の対策について、朝廷に報告している。これは、幕府が外交、というより国政に関わる問題で、朝廷に報告した嚆矢をなす。「鎖国」の動揺は、確実に国制の動揺へと連動し始めている。

フェートン号事件

幕府が蝦夷地周辺でのロシア対策に大わらわの最中、文化五年（一八〇八）八月一五日、長崎で大事件が勃発する。フェートン号事件である。当時、ナポレオンとの戦争中であったイギリスは、ナポレオンに敗れたオランダのアジア貿易の各拠点の制圧を企て、前述したように、オランダ船に偽装した軍艦フェートン号を長崎に侵入させ、出島の商館接収を企てたのである。

オランダ商館長の巧みな交渉で、その企ては阻まれたが、何らなす術のなかった長崎奉行松平康英は、フェートン号が退去した同月一七日の夜、引責自刃した。また、警備担当の肥前国佐賀藩の家老など数名も自刃している。さらに、同年一一月、幕府は、佐賀藩主の鍋島斉直に蟄居を命じている。ちなみに、斉直の跡を継いだ長男の斉正（維新後、直正と改名）は、「均田制」を実施し、後述するように、反射炉を築造して西洋式の銃砲製造を進めるなど、一連の藩政改革を行っている（木原一九九七・二〇〇九）が、その背景にはこの事件がある。

もはや、幕府も江戸湾の海防を等閑に付することはできなかった。七年（一八一〇）二月、幕府は、いずれも陸奥国の家門である、会津藩に相模国、白河藩に安房・上総両国の海防を命じた。白河藩主は、ほかならぬ松平定信だった。定信の江戸湾海防策を斥けたにもかかわらず、いよいよそれをやらざるを得なくなると、定信にそれを押し付けたのである。

ロシアとの紛争は、八年（一八一一）六月、日本側がロシア船長ゴローニンを国後島で捕縛する一方、翌九年（一八一二）八月、ロシア側が高田屋嘉兵衛の乗った船を国後島沖で拿捕して、転機を迎える。この九年の六月には、ナポレオンのロシア侵攻が始まっており、国家存亡の瀬戸際に立ったロシアは、日本と蝦夷地周辺で小競り合いを起こしている場合ではなくなる。一〇年（一八一三）九月、抑留中にロシア語を学んだ高田屋嘉兵衛の仲介により、国後島で日露両国間の交渉が行われ、国後・択捉両島以南を日本領と確定して、妥結する。一一年（一八一四）一〇月、幕府は、蝦夷地周辺の緊張が緩和したと判断し、箱館・松前を除き、フェートン号事件直後の五年一二月から陸奥国の南部・津軽両藩に課していた同地の警固役を解き、両藩の守備兵を撤収させる。

しかし、イギリスの動きはおさまらなかった。文化八年には、オランダのアジア最大の貿易拠点であるバタビア（ジャカルタ）を制圧し、前述したように、一〇年六月には、ワルデナールを長崎に派遣して、出島商館の接収を再び試みている。一三年（一八一六）には、ナポレオン戦争の終結に伴い、イギリスは、バタビアから撤収することとなるが、以後も東アジアへの進出の動きを強めていく一方だった。

イギリス近代史家の近藤和彦によれば、ワルデナールが来航した際、従来、輸入されていたインド産の更紗ではなく、「本国更紗」がはじめてもたらされたが、この「本国更紗」とは産業革命が進むイギリスで製造された機械制工業の製品だという。そして、インド更紗の輸入は文政一二年（一八二九）を最後に途絶え、以後、輸入される更紗はすべて「本国更紗」となる。近藤は、わが国が開国以前にすでに、イギリスが牽引する近代資本主義の世界市場へと引き込まれていたのだ、と指摘している（近藤二〇一三）。まことに、もっともであろう。

頻発するイギリス船の来航

文政元年（一八一八）五月にも、イギリス人のゴルドンが浦賀に来航して、通商を求める。その前年、文化一四年（一八一七）九月にも、イギリス船が浦賀に来航していた。浦賀は、江戸湾に出入りする船舶を入港させ、その積荷を検査する浦賀奉行が置かれており、江戸湾の喉元とも言うべき要地だった。それまで、浦賀奉行は江戸の役宅から現地の与力らの奉行所役人を指揮していたが、これで間に合う状況ではなくなった。翌二年（一八一九）二月、幕府は、浦賀奉行を二名に増員し、一名を現地に駐在させる態勢に切り換えた。

さらに、江戸湾の海防態勢を再編制する。三年（一八二〇）一二月、会津藩の相模海防担当を解除し、浦賀奉行がそれを担当し、武蔵国の川越藩（家門）と、相模国の小田原藩（譜代）にその加勢を命じた。六年（一八二三）三月、白河藩（藩主は松平定永、定信の子、家門）を伊勢国の桑名、桑名藩（藩主は松平忠堯、譜代）を武蔵国の忍、忍藩（阿部正権、譜代）を白河へそれぞれ移封する三方領知替を実施し、白河藩の安房・上総両国の海防担当を解除した。これらの措置により、江戸湾の海防は幕府が前面に立つ形とはなったが、元来、積荷検査の役所にすぎない浦賀奉行所には、特段の軍事的な備えがあるわけではない（西川二〇一五）。

一方、イギリス船の動きは次第にエスカレートしていく。七年（一八二四）五月、イギリス捕鯨船員が水戸藩領の常陸国大津浜に上陸し、捕縛される。水戸藩では、その後、領分の漁民たちがイギリス船と交易していた事実を摑み、関係者三〇〇人を逮捕している。同年八月には、イギリス捕鯨船員が薩摩国の宝島に上陸し、島民を鉄砲で威嚇し、農耕用の牛を略奪している。

二　幕末政治のジレンマ

「異国船打払令」

頻々たる異国船、とくにイギリス船の来航に業を煮やした幕府は、文政八年（一八二五）二月、「異国船（無二念）打払令」を発した（天保下―六五四一）。これは、ロシア船の来航を想定して出された「文化の異国船撫恤令」を撤回し、寛政五年（一七九三）にロシア使節へ与えた「諭書」で闡明した、「通信」国以外から来航する異国船について、拿捕または打ち払うのが対応措置の原則である、という方針を復活させたものである。

そればかりではなく、清船のように船形で区別のつかないオランダ船も、長崎以外への入港を禁じてあり、仮に間違えても差し支えないので、来航し、退去命令に応じない西洋船は、あれこれ迷うことなく（「二念なく」）、打ち払い、事後に幕府へ報告すればよい、とまで付け加えたのである。

最近の研究では、この布達の内容を長崎・出島のオランダ商館を介して西洋諸国へ伝え、その威嚇効果により異国船の来航を抑止するところに発令の狙いがあり、幕府の真意は避戦にあった、と見る向きもある（上白石二〇一四）。そうだったとしても、諸国間の修好と自由な通交を「国際法」の「正義」とする、イギリスなどの西洋諸国に、この種の夜郎自大的な威嚇がどれほど通用するかは、頗る疑問だろう。

それにも増して問題なのは、退去命令に応じない異国船を、幕府の事前許可なく、打ち払っても構わない、とした点である。国政を独占し、寸毫も容喙を許さなかった諸藩に、外国との交戦状態への突入という、国の安危存亡に関わる、これ以上に重大な国政上の問題はなかろう事柄での判断を、丸投げしてしまっているのである。

前述したように、この「異国船打払令」発令の二年後に、将軍家斉は太政大臣の兼職という前人未踏の栄爵を手に入れ、武家政治の「極盛」を実現している。その「極盛」は、頼山陽が皮肉を込めて見ていた以上に、中身のない、危ういものであったと言えよう。

国体論の成立

「異国船打払令」発令のきっかけの一つとなった、イギリス船員と領民の交易という、藩の浮沈にも関わる大問題を抱えた、水戸藩の儒臣会沢安（正志斎）は、同令が出された翌月、文政八年三月、『新論』を成稿し、大凡、次のように論じた。

わが国は、天地を創造した神の子孫が、地上世界を永久に支配・統治せよとの「天壌無窮の神勅」によって日本列島に降臨（天孫降臨）し、その子孫たる万世一系の天皇を戴き、中国や蛮夷（欧州諸国）のように放伐・弑逆による易姓革命（王朝交替）を経験することなく、君臣不易の歴史を閲して今日に至った、全世界に比類のない万邦冠絶の「国体」を有する。元来は全世界を支配・統治（八紘為宇）すべき国柄であるから、蛮夷の外圧に屈して開国するなど以ての外だが、二百年の泰平に慣れ切った現状の下で、攘夷（異国船の打ち払い）を行うには、士風振起の改革が不可欠の課題となっている。

会沢の「国体」論は、頼山陽が修史の基礎とした、朱子学の正名論と「尊王斥覇」思想を、本居宣長の「皇国」論を摂取して修正したもので、「君臣不易」（＝皇統の「万世一系」）の一点で、わが国が世界の他の国々と類比し得ないとともに、世界創造の元基であるが故に、元来、世界を統治すべき立場にある、と説いたものだった。

そこから、この「国体」を脅かす不遜な「外夷」を打ち払って、その尊厳を保つことを訴える「尊王攘夷」論が導き出されてくる。したがって、「攘夷」によって「国体」を守ることが「尊王」なのだから、既成の国制を構成する朝幕および幕藩関係の政治秩序を改変する必要は、何らないのである。むしろ、「攘夷」を確実にやり遂げるためには、弛緩した既成秩序の再強化、直截的には水戸藩の軍備強化に繋がる、藩士の意識改革などが急務だとする。

しかし、開国後、「攘夷」の実行が覚束ないことが次第に露呈してくると、「尊王」の意味内容が、前述した宣長的な「尊皇」へと変容し、既成の朝幕、さらには幕藩関係の政治秩序を改変しようとする動きを惹起していくこととなる。もっとも、その段になっても、会沢は『新論』での自説のパラダイムを墨守し（『会沢正志斎書簡集』）、守旧派視されていくこととなる。

ちなみに、内務省神社局が大正一〇年（一九二一）一月に刊行した『国体論史』には、わが「国体」に論及した諸家の諸著述が丹念に収集・紹介されている。これを繙いても、会沢の『新論』ほどの、世界観、国家論、内外政策論を貫串する体系性をもつ国体論は、それ以前には見出し難い。尾藤正英の所説（尾藤二〇一四）に従い、『新論』を以て、国体論の成立と見てよかろう。

ここで留意しておきたいのは、この誕生したての国体論の第一課題が、外交や軍事などの対外政策ではなく、「異国船打払令」の虚勢と士風の現実との矛盾の克服という内政改革、それも藩政改革のレベルでの、士分の意識改革だったことである。これは、水戸藩儒という会沢の立場と、「泰平」を謳歌する化政期の政治状況との下における、許容範囲内での言説だと言えよう。と同時に、この士風振起こそは、「異国船打払令」に先立つ寛政改革の政治目標の一つでもあり（竹内二〇〇八）、寛政期以降の幕府・諸藩に共通する政治課題だった。そこに、この国体論が流布する、外圧と並ぶ、もう一つの背景があったと見ることができよう。

士分の現状

「異国船打払令」が出され、『新論』が成立した、同じ文政八年の七月、四世鶴屋南北（大南北）七一歳の傑作「東海道四谷怪談」が江戸の中村座で初演されている（渡辺二〇〇九）。周知のように、幕臣の家に起こった実話を下敷きにして、忠臣蔵の外伝として仕立てた、彼の代表作である。その粗筋は次の通りである。

塩冶家の家臣だった民谷伊右衛門が、主家没落の際に公金を拐帯し、それを知って娘お岩との縁談を解消した、同じく塩冶浪人の四谷左門を口封じのため殺害する。その敵討ちをしてやると嘘をついて、お岩と夫婦になるが、主君の敵髙師直の家臣である、隣家の伊藤喜兵衛の孫娘お梅に懸想され、喜兵衛は、産後の肥立ちが悪いお岩に、その薬と偽って毒を盛り、離縁させようとする。伊右衛門は、これ幸いに、喜兵衛が差し出す金子を受け取り、主君の敵師直への仕官を条件に、お梅との縁談を承知する。そこで、邪魔になり、毒薬で面相の変わったお岩を離縁するため、出入りの按摩宅悦に不義を仕掛けさせ、遂に死に追いやる。

色と欲との二筋道の前には、忠孝・貞節・仁義など、四民の首位に立つ士分が、進んで守って民に範を示すべき道徳律が、ここでは一顧だにされていない。士風頽廃を極北の姿で演劇化した、この作品に世人が喝采した事実は、あり得ない話だからではなく、さもありなん、だからであろう。しかも、この作品が士分を侮辱したとして、取り締まられたわけでもない。士風頽廃は、当時、士分自身も含め、世人公知の現実だったと見てよかろう。

居候する旗本

実際に、士分の現状はどうだったのだろうか。禄高五〇〇石クラスの中堅的な旗本の事例で見てみよう（太田二〇一四）。

三河以来の譜代の旗本である浅井氏は、武蔵国多摩郡中和田（現・東京都多摩市）・寺方（同上）・下田（同日野市）・清水（同東大和市）の四ヶ村に五四六石の知行所をもち、戦時には将軍の親衛隊となり、平時には江戸城警衛に当たる、書院番や小性組番を勤める「両番筋」の家柄だった。「鬼平」こと長谷川宣以（のぶため）（平蔵）が禄高四〇〇石で、御先手弓頭（おさきてゆみがしら）などを勤める家柄だから（滝川一九九四）、禄高・家柄ともに、浅井氏は平蔵より上位の旗本である。

文化元年（一八〇四）一二月、当主の元知が重病となり、実子がないので、母の実家から養子を迎え、家督を継がせた。ところが、この養子の元豹は、身持ちが悪く、文政二年（一八一九）閏四月、幕府から不行跡（ふぎょうせき）の廉（かど）で隠居・差控（さしひかえ）を命ぜられてしまう。その後、二代を経て、弘化三年（一八四六）の時点では元義が当主となっていた。

弘化三年一月、浅井氏の知行所四ヶ村から同氏の親戚へ、以下のような驚くべき願書が差し出されている。

浅井氏は、大方の旗本同様、一八世紀には財政が逼迫し、知行所に年貢の先納を命じたり、各種の名目で御用金を度々課し、そのため、知行所の村々は、近隣から借金を重ねて、それに応じていたが、遂には融通の道も途絶えた。そこで、浅井氏は、江戸で借金し、その返済を知行所の村々が保証する、これまた多くの旗本が用いた「郷借(ごうがり)」という常套(じょうとう)手段をとった。

幕府から隠居させられた元豹のときには、遂には住んでいる居屋敷(い)まで失い、以後の歴代当主は、親戚の屋敷に居候生活するはめになったのである。知行所の村々では、近隣諸村から「居(い)候(そうろう)地頭之百姓(じとうのひゃくしょう)」と侮られ、面目を失っている。また、居候先の親戚の屋敷では、隠居の元豹や当主の元義ら九名が六畳一間に押し込められ、屋敷の武家奉公人である中間(ちゅうげん)・小者(こもの)にまで雑言(ぞうごん)を浴びせられ、衣服にさえ事欠く始末である。そこで、親戚一同が支援して、屋敷を持たせてほしい、と願い出たのである。

この願書には浅井氏の家計支出簿が添付されており、同氏の財政逼迫の過程で、知行所の村々が領主財政を管理する所謂「庄屋賄い(しょうやまかない)」の状態に入ったと推定される。ここまでならば、近世後期以降の旗本には、さほど珍しい状況ではない。しかし、居屋敷まで失い、親戚の屋敷の六畳一間に一家九名が生活するという、当時の江戸の最下層の庶民（吉田一九九一）同然の住生活状態に陥っていたというのには、驚かざるを得まい。

居屋敷喪失の歴史的意味

諸大名や旗本など幕臣が江戸の市中とその近郊に保有する武家屋敷には、取得経緯や利用状態などにより種々の形態があるが（『諸向地面取調書』）、土地制度の面から大別すれば、将軍（幕府）から賜与された居屋敷・拝領屋敷と、自身が購入した町屋敷・抱屋敷（当該地所が高請地ならば年貢諸役を負担する）とに分けられる。幕臣の中には、町屋敷や拝領屋敷を町人などに貸して地代を得たり、そこに家作や長屋を建てて家賃を稼いだりしている者も少なくなかった（岩淵二〇〇四）。しかし、借金の末に、居屋敷まで失ってしまうというのは、士分の現状が重大な事態に立ち入りつつあることを物語っていよう。

そもそも居屋敷・拝領屋敷とは、将軍などの主君が家臣に宛行う領分や知行所と同様の、領知である（石井一九八九、奥田二〇〇一）。維新後の新政府も、東京府管内にあったそれらの武家屋敷について、一ヶ所に限って無償で下賜し、他は上地（新政府は「上知」より「上地」を多用した）ないし低価で売却する措置をとっている（奥田二〇一二・一三）。この新政府の措置も、居屋敷・拝領屋敷が領知であることが前提となっている。

大名は、いかほど借金しても、そのために領知を失うことはなかった（諸藩の財政状態は土屋一九八一、廃藩時の藩債は奥田二〇一六）。そこに、わが近世の領主制の特徴の一つがあることは確かだろう。戦後歴史学も、こうした近世の領主的土地所有の強靭さを認め、その由来を国家的土地所有と重畳する特質にあると考えている（津田一九七九、佐々木一九八四・八五）。

しかし、その領知の一種である居屋敷を借金のために失い、江戸の最下層民同然の住生活を余儀なくされた旗本が現に存在し、その知行所の領民が見かねて救済に動き出しているのである。もはや、これは、士分の頽廃といった倫理問題に止まらず、近世の国制の根幹に腐食が生じつつあることを示しているだろう。

こうした士分の現状で、どうして外圧を撥ね除けられようか。外圧への軍事的、政治的、思想的な対抗力についての不安は、松平定信や会沢ら、一部の有識の為政者やその知謀の臣にとって、すでに抜き難いものとなっていたと言えよう。会沢が案出した国体論は、遂に登場した、その本格的なイデオロギー的打開策であるとともに、幕末政治が抱える「内憂外患」のジレンマの、最初の思想的表現であったと考えられる。

徳川斉昭の幕政容喙

幕末政治のジレンマを表現した「内憂外患」という語句は、周知のように、水戸藩主徳川斉昭が、天保九年（一八三八）八月に起草し、翌一〇年（一八三九）六月二〇日に、一二代将軍徳川家慶へ呈した意見書（「戊戌封事」、前出）で用いたものである（『水戸藩史料』別記上、以下、水戸―別上と省略）。

書翰の交換を通じて、政治的な情報や意見を交流する手法は、一般に広く見られるものだが、そのレベルに止まらず、姻戚関係を利用して政治的な影響力の行使をはかるところまで突き進む点に、政治手法における斉昭の特徴があると思われる。斉昭は、その夫人が有栖川宮織仁親王の第一二女・吉子で、将軍家慶の御台所（正夫人）の喬子がその姉（同親王の第八女）である関係を利用して、大奥経由で家慶への入説を、それ以前から試みていたと見られる。

先の「戊戌封事」は、それが起草された前年の八年（一八三七）二月の大塩平八郎の乱や、六月のモリソン号事件などを捉えて、幕政改革の必要とその内容に関する持論を説いたものだった。ここに見られるように、右の手法による、斉昭の政治的工作は、天保改革開始以前から始まっており、そのねらいが自説を幕政に反映させるところにあったことは明白だろう。

ところが、「戊戌封事」提出の翌年、一一年（一八四〇）一月に御台所の喬子が死去してしまった。その後も、斉昭は大奥経由での将軍家慶への入説を続けたようだが、はかばかしい効果は得られなかったようである。

山稜修復・復古問題

徳川斉昭の入説は、諸大名や幕府・将軍に対するだけではなく、京都の朝廷へも及んでいた。斉昭は、姉の清子が関白鷹司政通の夫人である姻戚関係を利用して、書翰の授受を積み重ね、政通との間に、幕政に関わる問題を論じられる政治的関係を徐々に作り上げていったと見られる。現在、史料上で確認し得る書通の初見は、天保五年（一八三四）にまで遡る（水戸―別上）。

斉昭は、かねて徳川光圀の遺志を継承し、畝傍山の「神武天皇陵」の修復を考え、腹心の藤田彪（東湖）に諮り、彼の意見をふまえ、水戸藩独力での修復事業着手を幕府へ提議し、それを起爆剤として、国家的事業へと発展させる方針を固め、動き出していく。

五年九月一三日付で、当時の一一代将軍家斉の老中青山忠裕へその旨を上申する一方、同じく老中首座大久保忠真（松尾二〇一五）へも書翰を送り、来る子年（天保一一年〈一八四〇〉、庚子）が神武天皇即位二五〇〇年にあたるので、その前に山陵を修復すべきである、との考えを伝え、賛同を求めた。これに対し、忠真は、同年九月二六日付に続き、一一月一〇日付で返翰し、実施困難との幕閣の意向を伝えている。斉昭は同月一七日付の忠真宛書翰で再考を求めるが、忠真は一二月一九日付の返翰で、再考の余地がないことを回答している。これで、畝傍山陵修復問題は頓挫した形となる。

ところが、同年一一月一九日、上皇が崩じ、その報が同月二五日に斉昭の許へ伝わる。即日、斉昭は政通へ発翰し、従来の仏式による葬礼（火葬と京都・泉涌寺墓所への埋葬）と諡号（戒名の院号）の廃止、山陵埋葬と諡号の復古を建言する。これが史料上で確認し得る、政通との政治的な内容での書通の最初である。政通は、一二月三日付で返翰し、仁孝天皇の強い意向もあり（藤田二〇一三）、諡号復古の件は京都所司代へ申し入れた旨を回答した。

これに力を得た斉昭は、同月付で将軍家斉の老中水野忠邦、将軍継嗣家慶付きの西丸老中太田資始、寺社奉行脇坂安董、大阪城代土井利位（同年四月一一日まで寺社奉行）宛で、山陵・諡号復古を建言した。水野らは、同月二五日付で、将軍家斉に伝える旨の請書を斉昭へ送っている。しかし、家斉は動かなかったようである。

天保改革と徳川斉昭

将軍家斉は、天保八年（一八三七）二月に大坂で大塩平八郎の乱が起こると、同年四月二日、将軍職を家慶に譲って大御所となったが、その後も、幕府の実権は手放さなかった。しかし、家斉は、天保一二年（一八四一）閏一月三〇日に没する。もっとも、これは幕府が喪を発した日であり、『文恭院殿御実紀』（『続徳川実紀』第二篇）の同年一月二一日条に、その発病の記事があるので、実際に没したのはその辺と見られる。

周知のように、将軍家慶と水野忠邦幕閣は、家斉の死を機に、幕府の天保改革に着手する（藤田一九八九）。一方、家斉発喪に先立つ三日前の、同年閏一月二七日、朝廷は、先年崩じた上皇の「光格天皇」という諡号を決定するのである。

諡号復古という自説が実現したことで、再び徳川斉昭は動き出す。同年八月一六日付で、畝傍山陵に加え、荒廃している歴代天皇陵の修復を、幕閣へ提議する。そこでは、家康を祀る日光・久能山・江戸城紅葉山の東照宮や、歴代将軍の墓所がある寛永寺・増上寺に対する手厚い扱いを引き合いに出しながら、歴代天皇陵の荒廃にまかされた現状を「慨嘆之至（がいたんのいたり）」だとしている。

折しも、同年一一月一〇日、泉涌寺で火災があり、その報が同月下旬に斉昭の許に達する。そこで、同月二九日付で水野と政通へ発翰し、泉涌寺再建の停止と山陵復古を求める。一二月一二日付で、政通は、斉昭に答書し、山陵復古は望むところだが、寺院勢力との関係で、その実現は困難との見方を伝えて来た。この回答を得て、斉昭は、翌一三年（一八四二）一月一一日付で、再び水野に発翰し、山陵復古の幕閣による評議と回答を督促している。しかし、水野幕閣は思うようには動かなかった。

斉昭は、天保一四年（一八四三）一月一九日付の政通宛の書翰で、水野幕閣が日光社参（にっこうしゃさん）を優先して、一向に山陵復古問題を取り上げようとしない状況を報じている。この日光社参とは、水野幕閣が、天保改革の成否にかかわる一大事業として準備を進めていた、諸大名を動員して行う、将軍家慶の日光東照宮参詣である。

政通は、同年二月一二日付で斉昭へ返翰し、畝傍山陵修復や山陵復古の問題での、彼による年来の「周旋（しゅうせん）」に謝意を表している（『維新史料聚芳』）。しかし、そこには、斉昭が期待したであろう、この件での朝廷の動きに関する言及は見られなかった。

そして、後述するように、斉昭は、翌一五年（一八四四）五月六日に、隠居・謹慎処分となる。その背景には、水戸藩内における斉昭側近ら改革推進派と守旧派との党争や、後述する藩領内の寺院整理・梵鐘鋳潰などの政策強行への反発とともに、将軍家慶が斉昭の言行を「驕慢（きょうまん）」だとして、嫌悪（けんお）していたことがあるという（久住二〇〇九）。

江戸湾口迂回物資輸送路の確保策

天保一〇年（一八三九）末に始まったアヘン戦争は、外圧と、それに対抗する海防政策とを、否応なく幕政＝国政の喫緊課題の一つとした。

一三年（一八四二）七月、水野忠邦幕閣は、従来の「異国船打払令」を撤回して「天保の薪水給与令」を発し、来航した異国船は食糧や燃料の薪や飲料水を給与して穏便に退去させる方針に転換した（幕末六―六〇三三）。しかし、それでもなお退去しない場合は打ち払うとした。

問題は、実際に打ち払うことが出来るのか、またその結果、アヘン戦争のような事態を招くことがないか、であった。その前に、そもそも、来航した異国船に退去を求める交渉の長期化に耐えられる態勢ができているのかどうかも、問題だった。当然のことだが、為政者としては、こうしたさまざまな場合を想定して、対策を講ずることが求められよう。

信濃国松代藩主真田幸貫（実父は松平定信）は、天保一二年（一八四一）に老中となり、「天保の薪水給与令」が発せられた、一三年（一八四二）には、次席老中の土井利位とともに幕閣の海防掛となっていた（後藤二〇一五）。その家臣の佐久間国忠（のち啓、象山）は、同じく一三年一一月、幸貫へ意見書を呈し、次のように指摘している（『象山全集』巻二）。

先年、豆州（相州の誤り）観音崎辺へ、（中略）夷船（モリソン号）漂流人を連来り候節、陸より鉄砲を打掛け候へども、恐れ候気色もなく、岸近き巌間を徐々と乗廻し、暗礁へも乗懸ず、引返し候始末にても、本邦の近海不知案内の儀とは存じられ申さず、其の上、本邦の漂流人もその国に

> 数年留まり居り候へば、そのもの共より承り候ても、江戸表の天下輻輳の都にて人戸稠密仕り、その日用の米穀は必らず諸州より海運仕り候事は委細承知仕り罷り在るべく候へば、万一事に及び候節、江戸海運の要路を断截り候謀略にて、最初に大島（伊豆大島）にても攻取り、右を姑らく巣穴と仕り、伊豆沖並びに相房（相模・安房）近辺に数艘の大船を繋け候事も御座候はば、諸州よりの廻米一時に差支へ、（中略）日ならずして江戸表の御差支へは、いふべからざる義と存じ候

ここで、象山は、異国船の来航、あるいはそれとの交戦時において、江戸湾に入航する廻船による物資輸送をどう確保するかが、さしあたっては交渉あるいは戦局の帰趨を左右し、さらには幕府の浮沈にも関わって来る、重大な政策課題であることを指摘している。

食糧をはじめとする、江戸士民の生活物資の多くは、江戸湾に入航する廻船による輸送によって確保されている。来航した異国船が江戸湾口に居座り、その上、交戦状態に入ることにでもなれば、この物資輸送の幹線は途絶せざるを得ない。そうなれば、江戸庶民の食糧・物価暴動（打ちこわし）を惹起するのみならず、諸大名の参勤交代制度の維持はもちろん、幕臣の生活すら保障できなくなる。異国船の江戸湾来航は近世国家の内部崩壊を招きかねない。これが、象山の危惧する最悪のシナリオである。

だからこそ、水野幕閣は、印旛沼干拓を口実に、銚子から江戸湾内奥に通ずる運河の開削を企て、江戸湾口を迂回する物資輸送路を確保しようとしたのである（藤田一九八七）。しかし、前述

したように、この計画遂行にも不可欠な、江戸地廻りの上知に失敗し、天保改革は挫折したのである。

阿部正弘幕閣の成立

水野忠邦幕閣倒壊後の幕政＝国政を担当したのは、阿部正弘幕閣だった。その成立経緯は、このようである。

天保一五年（一八四四）七月、わが国に開国を勧告する、オランダ国王ウィレム二世の書翰を軍艦で長崎へ送致してきた。その際、オランダは、他の欧米諸国による対日開国アプローチの惹起を懸念して、この書翰送致を公開告知しないなど、既存の対日関係を損なわないよう、慎重な配慮を加えている（横山二〇一三）。

そこにも表出しているように、オランダのねらいは、アヘン戦争と、それを受けた幕府の政策転換（「異国船打払令」の撤回＝「天保の薪水給与令」の発令）に接して、日本の開国を必至と考え、他の欧米諸国に先を越される前に、対日貿易の既存利権を確保するなど、自国に有利な形で開国させようとしたものだった、と見られる。

阿部は、天保一四年（一八四三）閏九月一一日、寺社奉行から、若年寄や京都所司代などを経ず、一躍、老中に抜擢された。そのとき、阿部は二五歳（数え年、以下同様）で、天保改革を主導した老中首座の水野が罷免される二日前である。

翌一五年五月六日には、かねて幕政の改革を求め、一二代将軍家慶や、水野幕閣などへ意見書や書翰をしきりに呈し、当時、とくに幕府の許可を得て国元で藩政の改革を指揮していた、水戸藩主の徳川斉昭が江戸へ召還され、退隠・謹慎処分となり、駒込の藩邸に幽閉される。

これで天保改革も潰（つい）えたかと見られたが、同年六月には水野が再起用される。そこに、翌月の七月にオランダ国王の開国勧告が到来したのである。ところが、返り咲いた水野は、自分を裏切った町奉行（南町）の鳥居忠耀（とりいただてる）の処罰や、罷免へと追い込んだ首魁（しゅかい）と見られる次席老中の土井利位の排斥へと動くばかりで、右の勧告にどう対処するか、という肝心な問題を主導する意欲はなかったようである。

天保一五年は一二月二日に弘化元年と改元され、翌年の二年（一八四五）六月、幕府は、長崎商館へ「諭書」を与え、その中で、オランダへ国王への返翰を断り、「祖宗歴世の法」を覆して開国する意思がないことを表明し、今後、再びこうした書翰を寄越さないよう通告し、これをもって回答に代えた（『通航一覧続輯』第二巻）。翌月の七月、幕府は、常置の「海防掛」を設け、老中の阿部と牧野忠雅（ただまさ）、若年寄の本多忠徳（ただのり）と大岡忠固（ただかた）を任じている。右の対処措置は、この面々が中心となって策定されたものと見られる。

海防掛は、同年八月に大目付の土岐頼旨（ときよりむね）、目付の平賀勝足（勝定（かつさだ））と松平近韶が加えられ、その後、勘定奉行の石河政平（いしこまさひら）と松平近直、勘定吟味役の佐々木顕発と羽田（はねだ）利見も任ぜられている。

ちなみに、海防掛は、安政五年（一八五八）七月、前月の日米修好通商条約調印を受けた「外国奉行」の新置に伴って廃止されるが、その間、幕府の外交・軍事政策を策定・実施する主軸となった（後藤二〇一五）。

かくして、弘化二年九月には、水野は再び老中を罷免され、減封・蟄居処分が下され、阿部幕閣が成立するのである。

「異国船打払令」復活問題の評議

海防態勢構築の要とも言うべき、江戸湾口迂回輸送路確保の見通しが立たない上に、前述したように、開国を迫る外圧が日に日に強まっていくため、外圧との正面対決以外に政策的選択肢がなくなって来る。そこで、再三にわたって「異国船打払令」の復活が評議されることとなる（三谷一九九七）。この評議は海防掛を中心として行われるが、その中で幕末政治のジレンマが顕現して来る。

「外患」への対策を政策的に優先させようとする、海防掛の目付などは、「異国船打払令」を復活させて、幕臣や諸藩の危機感を喚起し、それを梃子に海防態勢の強化をはかろうとした。しかし、化政期以降、家門や譜代の諸藩に江戸湾の海防を担当させていたが、三浦半島を担当していた川越藩について後述するように、幕府からの財政支援なしに、その任に当たることは困難だった。したがって、更なる軍事力の強化には、幕府が直接乗り出さざるを得なかった。そうなれば、化政期以降、綱渡り的な運営によって辛うじて持ち堪えて来た幕府財政（飯島二〇〇四）を、一段と膨張・悪化させることは必定だった。

それ故、こうした海防強化策は、その政治的な冒険性への危惧のみならず、それを支える財政基盤の面でも問題があり、海防掛を兼ねた勝手方勘定奉行の松平近直をはじめとする、勘定所サイドからの強い反対を招いたのである。ちなみに、松平近直は、天保一五年（一八四四）八月二八日から安政四年（一八五七）七月二四日まで、一三年近くも在職し、阿部幕閣の財政政策を終始、担当し続けた。

海防を強化しようとすれば財政の膨張を招き、そのつけは年貢諸役の増徴という形で処理する外なく、そうなれば民衆の反発は必至となろう。こうした「内憂」惹起への危惧を政策的判断の基軸に置けば、「天保の薪水給与令」と海防態勢は現状維持に止めざるを得ず、頻度と規模、交渉姿勢の強硬さを急速にエスカレートさせている異国船の来航を前に、その「外患」を撥ね除けることは困難となろう。そして、外圧に屈して「鎖国」を解除すれば、幕権の失墜は避け難い。これが、「異国船打払令」復活評議の中で顕現して来た、幕末政治のジレンマだった。

三　弘化三年五月—六月の危機

弘化三年五月—六月の対外的危機

阿部正弘幕閣が、このジレンマの前に立ち止まってはおれない、最初の事態が生じたのは、弘化三年（一八四六）だった。

この年の三月、阿部幕閣は「異国船打払令」復活問題の評議を開始していたが、その矢先の五月、セシーユ提督の率いるフランス艦隊（軍艦三隻）が琉球に来航し、さらに六月には長崎に回航して、琉球およびわが国との国交の樹立（幕府の用語では「通信」）、貿易の開始（同じく「通商」）、キリスト教の布教許可、つまり「鎖国」の全面解除を要求した。

琉球は、アヘン戦争後、清がイギリスに割譲した香港、欧米諸国に開港した上海などの、中継港ないし退避港が得られる、東シナ海の要地として、欧米諸国から注目されていた（加藤一九九四、小林二〇一七）。天保一五年（一八四四）三月にはフランスの宣教師T・A・フォルカード、また、フランス艦隊来航直前の、弘化三年四月にはイギリスの宣教師B・J・ベッテルハイムがそれぞれ来琉し、強引に逗留している（小林二〇一六）。フォルカードの逗留は、フランス艦隊による本格的な琉球への外交的アプローチの布石であり、彼はその退去に随い離琉した。ベッテルハイムの方は、ペリー艦隊の琉球来航時まで逗留し、その対琉交渉に一役買い、嘉永七年（一八五四）に同艦隊に便乗して離琉している。

弘化三年五月末、薩摩藩主島津斉興（なりおき）は、イギリス船とフランス艦隊の琉球来航を幕府に報告した。それに接した阿部幕閣は、対外的な体勢を強化するため、取り敢えず、閏五月六日、一名に減員されていた、長崎奉行を二名に復す。同月二〇日、斉興は、あらためてフランス艦隊の琉球来航について、幕府に報告し、同藩重臣の現地派遣を申請して、許可されている。

こうして、阿部幕閣が薩摩藩を介してフランス艦隊の琉球来航対策に乗り出した矢先の、同年閏五月二四日、J・ビッドル提督の率いるアメリカ艦隊（軍艦二隻）が遠州沖に現れる。翌二五日、この報が江戸に達し、阿部は、終日、その対策をめぐり、城中で幕閣との協議に追われていたようである。同日夜、帰宅した阿部を、薩摩藩の江戸家老調所広郷（ずしょひろさと）が待ち構えていた。調所は、前藩主島津重豪（しげひで）に茶坊主から登用され、琉球での対清貿易を拡大するなどして、同藩の財政再建に辣腕（らつわん）を振るっていた。調所は、そこで、阿部に重大な進言を行ったのである。

琉球での「通商」黙許と浦賀での「通商」拒否

阿部正弘と調所広郷の夜中の会談から二日後、弘化三年閏五月二七日、アメリカ艦隊は、浦賀に来航し、「通信」と「通商」を要求する。ここに至って、阿部幕閣は、調所の進言を受け容れ、琉球での「通商」黙許の方針を薩摩藩に通達して、同藩の責任でフランス艦隊を退去させようとする方針を決断する。同日、阿部幕閣は、薩摩藩主世子島津斉彬（なりあきら）の国元派遣と対策指揮を達する。六月五日に、斉彬へ下された阿部幕閣の口頭での「内達」は、調所の進言をなぞって、その論理と意図を次のように明示している（『大日本維新史料』第一編之二）。

琉球は外地（がいち）の事に候間（あいだ）、日本地方（ちほう）とは違（ちが）い候条（じょう）、様子（ようす）に依（よ）つてなるたけ手細（てぼ）そに交易取結（とりむす）び候様（よう）これなく候ては相済（あいす）みまじく、此義（このぎ）は表向（おもてむ）き宜敷（よろしき）とは仰（おお）せ出（いだ）されず候えども、御委任（ごいにん）の事ゆえ、それらの儀（ぎ）、機変（きへん）に応じ取計（とりはか）らひ候様、（中略）右（みぎ）の段（だん）、内達（ないたつ）いたし候一方、アメリカ艦隊の要求は全面的に拒否して、その退去を求めた。右の「内達」と同じ六月五日に、ビッドルへ与えた「諭書」には、「此度我国と交易いたし度旨願ふというへとも、我国ハ新に外国の通信・通商をゆるす事、堅き国禁にしてゆるさゝる事也」（『通航一覧続輯』第四巻）とある。

ここには、寛政五年（一七九三）にロシア使節へ与えた「諭書」にあった、「通信」国以外から来航する異国船について、拿捕または打ち払うのが対応措置の原則である、という言明は、もはや見られない。もちろん、その前提には「天保の薪水給与令」がある。

一方、ここでは、「通信」のみならず、「通商」も新たに許すことを「国禁」としている点に注意したい。「通信」には、「通商」も随伴することは、「通信」国である朝鮮との関係を見れば、明白である。しかし、清やオランダとは、「通信」関係はないが、「通商」関係は成立している。したがって、今後、そのような「通商」関係国を新たには成立させない、という方針がここで闡明されたかにも見える。実際には、そうではなかった。

阿部幕閣は、この危機に対処する中で、前述したジレンマから抜け出す、新たな政治的選択肢を二つ編み出したと言えよう。一つは、地域的な限定を付して、そこでの「通商」を黙許し、外圧を回避する方策である。なるほど、琉球を日本の一般の「地方」とは異なる地域と認識した上で、例外的にとられた措置ではあったが、従来の「鎖国」政策を部分的に解除する決断を下したことには変わりない。今後は、解除の幅をどこまで拡げるかという、質ではなく、量の次元の問題になったのである。もっとも、その政治的なリアクションは全き未知数ではある。

もう一つは、薩摩藩という外様の大藩に、これだけ重大な外交案件の処理を、交戦の可能性も全くは否定せずに、その提案に従って、全権委任したことである。従来の「将軍―譜代門閥」政治構造では、外交・軍事の領域で、もはや対応しきれず、外様の大藩をその対策に引き入れざるを得なかったである。それは、阿部幕閣の主観からすれば補完策ではあったろうが、客観的に見れば、その実質的な解体に繋がるものと言わざるを得まい。しかし、この時点では、それ以上の事態の進展を見なかった。

アメリカ艦隊は、メキシコとの戦争（米墨戦争は弘化三年四月に開戦）という事情を抱え、交渉の長期化、ましてや軍事衝突の惹起は回避する方針をとっており、幕府の拒否回答を受け取った二日後の、六月七日、浦賀を退去した。

また、フランス艦隊も、一旦、離琉し、六月七日に長崎へ回航したが、薪水の給与と漂流民の救護を求めたのみで、二日後の九日には退去した。七月に、再び琉球へ軍艦一隻が来航したが、程なく退去した。フランス艦隊は、偶然にも艦船が琉球で座礁したことや、琉球国による通報と「請願」に対応した清の動き（岡部二〇一〇）もあり、薩摩藩が交渉に入る前に、退去したと見られる。

島津斉彬の登場

阿部幕閣の指名で下国して対策の指揮に当たった、島津斉彬は、フランス艦隊への応対を「軍役」と認識する見地を表明し、「鎖国」維持の強硬姿勢で交渉に臨もうとしていたが、最初からそうだった訳ではない（『斉彬公史料』第一巻）。

斉彬は、当初、調所広郷と同様、琉球での「通商」の許可を幕府に求め、それによって事態の収拾をはかろうとする立場だった。アメリカ艦隊が江戸湾に入航した、三年閏五月二四日付の水戸前藩主徳川斉昭宛の書翰では、次のように述べていた。

国元（鹿児島）から派遣する兵力もありますが、大砲は少なく、藩内は前述しましたように（頼りにならない状態なので）、防御態勢は覚束ない状態です。また、兵力を増派するにしても、（当方が）海上（の航行）が不自由なのに対し、異人（フランス艦隊）の方は海上（の航行）が自由ですから、（鹿児島から琉球の薩摩藩兵への）命令も十分には行き届きません。

右のような事情ですので、今度、異人（フランス艦隊）が望む三ヶ条（「通信」、「通商」、布教）のうち、「通商」については許可しない訳にはいかず、（そうしませんと）琉球国は滅亡するでしょう。もっとも、「通商」は、琉球では行わず、清の福建省か、琉球の属島（先島諸島カ）のどこか行う線で交渉し、「通信」と布教は断ることができるのではないでしょうか。

幕府の既成法令通りに、（フランス艦隊の要求を）全面的に断り、打ち払いたいとは強く思いますが、何と言っても（琉球は）遠海である上、前述したような（防御態勢の）状態ですので、それはできません。大変に残念ですが、前述したように（対応方針を）考えた次第です。

斉彬は、同年七月二五日、鹿児島に着城するが、彼の到着以前にフランス艦船の琉球での座礁事故が起こっており、琉球に残っていた一隻のフランス艦船も同年八月一一日には出航している。

こうした新たな状況の下で、斉彬の立場は、前引の斉昭宛書翰に示されたものから、大きく変化する。斉彬は、同年八月二八日付で、国元から幕府へ送った下国（げこく）（帰国）届において、フランス艦隊が退去したことを報告した上で、次のように述べている。

来年、琉球へ派遣する家来（の薩摩藩士）ならびに（鹿児島から）帰国する琉球人らに対し、（フランス艦隊が再来して、再要求が予想される）三ヶ条はいずれも拒絶するよう、強く指示して（現地へ）趣かせます。（中略）ようやく生計が成り立っている状態の琉球ですが、折悪しく、昨年は天候が悪く、穀物や砂糖などの農産物も大変な不作で、尚更、（生計が）成り立ち難くなっております。そこで、藩主島津斉興から兵粮米や救済（のために配布する）米を送っていますが、何分にも荒波の遠海を隔てての輸送であり、その経費も通常の倍になります。藩主斉興の財政も大変に苦しく、現在、その改革の最中ですが、（フランス艦隊の来航という）予想外の異変が起こり、はなはだ迷惑しておりますが、これは（琉球の海防は）「軍役」ですので、異議を申し立てずに相勤める所存です。そして、近年、日本各地へ異国船が漂着・来航し、また海防を整えよ、との幕令も度々出されておりますので、今回、領内の山川港はじめ、海岸各所を巡見し、砲台の台場などを視察して、大砲その他の武器を点検し、（海防態勢を）厳重にするよう指示してまいりました。

このように、幕府への届の中で、斉彬は、フランス艦隊に対する強硬な対応姿勢を示し、また領内の海防強化に陣頭指揮で当たっていることを、殊更に強調している。その背景には、この機会を捉えて阿部幕閣の信頼をかちとり、斉興・調所との政治的確執において、それを自らにとって有利な材料にしようとする狙いがあったものと見られる。まかり間違えば、重大な事態を招きかねない、この冒険的な方針は、フランス艦隊の再度の来航がなかったために、実行には移されなかった。

しかし、前述したようなジレンマを抱える、阿部幕閣には、進んで海防強化に当たり、異国船の打ち払いも敢えて辞さない姿勢を強調する、斉彬が随分と頼もしく映じたことであろう。一方、斉彬がとろうとしていた強硬な交渉姿勢の背景には、この機に琉球での対フランス貿易を策す、父の藩主斉興や調所らとの政治的確執が伏在するか、とも考えられる。

嘉永元年(一八四八)一二月、阿部幕閣は、薩摩藩が管轄する琉球での貿易の実態を問題視して追及し、調所を引責自刃に追い込んでいる。周知のように、これが、嘉永四年(一八五一)二月の斉興退隠・斉彬襲封への道を開き、それからまもないペリー来航前後における阿部と斉彬の政治的蜜月を可能としたのである。

「海防勅書」

鹿児島へ下る斉彬に対して、一二代将軍徳川家慶は、弘化三年六月一日、「琉球国へ異国船渡来之処、彼地之儀ハ、素ヨリ其方一手之進退ニ委任之事故、此度之儀モ存意一杯ニ取計、尤国体ヲ不失、寛猛之所置勘弁之上、何レモ後患無之様及熟慮、取計向等機変ニ応シ、取計可申」との上意を直々に下していた（『大日本維新史料』第一編之二）。

フランス艦隊が斉彬到着以前に退去したので事なきを得たが、将軍家慶直々の上意の形で幕府が斉彬に下命した、「寛猛」（「寛」は通商の黙許、「猛」は打ち払い）いずれの「所置」をとるにせよ、幕府が求めるように、「国体」を失いかねない事態を回避することは難しかったろう。

弘化三年五月―六月の仏米両国艦隊同時来航が衝撃をもたらしたのは、幕府や関係諸藩だけではなかった。同年二月に践祚したばかりの孝明天皇とその朝廷も、大きな衝撃を受けたものと見られる。国家の危難は君徳の足らざることへの天譴、と捉えるのは当時の儒学的常識だったから、新帝践祚が瑞祥ではなく、「外患」を招いたとなれば、一大事であろう。朝廷は、前述した、文化四年（一八〇七）六月に、蝦夷地周辺におけるロシアとの紛争に関する報告が幕府からなされた前例をふまえて、幕府に事態の報告を求めた。その上で、同年八月二九日付で、以下の「海防勅書」を幕府へ下し、「神州之瑕瑾」となるようなことなきよう、頻発する異国船来航への対策に万全を期すことを求めた（『大日本維新史料』第一編之二）。

> 近年、異国船が時々、来航するとの風説を、（孝明）天皇がお聞きになられる。しかし、文武

ともに充実している時節であり、とりわけ海防は厳重であると、かねがねお聞きになり、安心しておられた。ところが、最近、また、その風聞に接し、あれこれ心配なされている。なお今後とも、武家の面々は、西洋の野蛮人による（＝国法）である「鎖国」に対する）些細な侵犯だと侮らず、あるいは（彼らの武力を）誇大視して恐れず、適切な対応措置を講じ、「神州」（日本）の傷とならぬよう、（将軍・幕府は）全力で（武家の海防を）指揮して、一層、天皇を安心させてほしい。この件に付き、（将軍・幕府は）適切に措置されたい。

徳川幕府開闢以来、随分と婉曲な表現ではあるが、天皇・朝廷が外交、国政に関わる問題で、幕府に施策上の注文をつけたのは、これが最初である。

ここで注意しておきたいのは、公的言明上の文言のレベルでは、会沢の国体論を、天皇・朝廷ではなく、将軍・幕府の方が先に受容している、という事実である。もちろん、「海防勅書」に出てくる「神州」の語句には、国体論の世界観と国家論を前提とした、わが国の尊称であるから、そこに国体論が伏在していると見て間違いあるまい。しかしながら、斉彬への将軍上意の方が、公的言明の文言のレベルでの、「国体」という語句の明示的登場という点では先んじている、という事実のもつ歴史的意味の吟味は必要ではあるまいか。

これを要するに、弘化三年五月―六月の仏米両国艦隊同時来航は、阿部幕閣による①「鎖国」政策の地域的ないし部分的な解除、②外様大藩への軍事的、さらには外交的な依存、③朝廷への報告などの対処のあり方において、後年のペリー来航時の政治的対処策の先蹤（せんしょう）となったことは間違いなかろう。問題は、このとき、来航国側の事情で、①と②が不発に終わり、それ以上の事態の進展を見なかったため、この対処策がどのような政治的リアクションを起こすかを計測する機会を得なかったことであろう。

徳川斉昭の動き

このとき、実はもう一つの厄介な問題も起こっていた。この危機を機に、水戸前藩主徳川斉昭が活発に動き出したのである。

斉昭は、天保一五年（一八四四）一一月に、水戸藩政への関与と江戸城への登城は許されないものの、謹慎は解除されていた（藩政への関与解禁は、嘉永二年〔一八四九〕三月）。斉昭の謹慎解除は、老中阿部正弘が、難色を示す幕閣を説得して実現したものだという。阿部は、斉昭に何らかの政治的に期待するところがあり、また政治的にコントロール可能であると判断したのであろう。だが、斉昭はそれほど甘い人物ではなかった。

弘化三年（一八四六）年六月一七日付で、斉昭は阿部に書翰を送り、自分が「兼々先見、上書・建白致し候通り」の事態になったとして、①異国船応接の内容開示、②艦船建造による海防強化、③異国船への物品供与の停止、④「夷狄」を一切近づけないことなどを求める（『大日本維新史料』第一編之二）。

③は「天保の薪水給与令」の停止、④は「異国船打払令」の復活を求めたものである。もっ

とも、④は、それに止まらず、モリソン号事件などを機に、天保九年（一八三八、干支は戊戌）八月に起草し、翌同一〇年（一八三九）六月二〇日付で将軍家慶へ呈した「戊戌封事」（水戸―別上）で開陳されている、長崎貿易の廃止をも含意していよう。

　阿部は、同年七月八日付で斉昭に返翰し、将軍家慶に経緯を報告し、その指示を得ての措置であるとして、アメリカから到来した国書と、同国宛の「諭書」を提示し、また、琉球での対仏応接を薩摩藩に一任する方針を説明し、さらに、斉昭の意見に対する幕閣の見解を開陳した。見解の大要は、①「異国船打払令」復活は現状の海防体勢では困難である、②軍艦の建造は緊要で、斉昭の意見には同感である、③異国船への必要品供与は継続する、というものである。阿部幕閣は、軍艦建造の必要は認めたものの、海防体勢の不備を理由に、「異国船打払令」を復活せず、「天保の薪水給与令」を継続する方針だった。

　この回答を受け取ると、斉昭は、翌九日付で阿部に書翰を送り、幕閣と直接、意見交換したいと申し出る。阿部は、同月一二日付で返翰し、直接の意見交換を断り、文書での意見提出を求め、それを幕閣で検討したいと応えた。すると、斉昭は、翌一三日付で、早くも長文の意見書を阿部に送るのである。

　そこでは、異国船来航対策の問題は「十ヶ年来、（将軍・幕府の）御為と存じ、恐れ入りをも顧みず、苦心之義共、存分ニ度々申し上げ、又ハ建白も致し候」ところだとし、先のアメリカに加え、フランスから到来した国書の開示と、脱獄した高野長英の捜索状況の報知とを求めるとともに、①国内人心収攬のための飢饉対策の必要、②「異国船打払令」の復活、③オランダ長崎商館長を介する、その対外周知、④浦賀・長崎・薩摩・松前などの海防担当諸藩と幕府の艦船建造、⑤艦船建造の経費の見積もりと財源案、⑥「琉球王」の大名取り立てと薩摩・大隅国内への転封、薩摩藩による琉球の直轄支配と海防強化、⑦貿易不許可を絶対的条件とする、琉球における対外応接の薩摩藩への一任、⑧諸藩による大船建造の解禁と、その平時・有事の活用、⑨異国人漂流民の長崎への護送と送還、⑩御三家の軍艦建造許可などの意見が表明されている。

ここでの主張の核心は、第一に、幕府・海防担当諸藩・御三家による軍艦の建造、さらに広く諸藩による大船建造を解禁し、その上で、第二に「異国船打払令」を復活することである。第一の大船建造の解禁と異国船の打ち払いとは、前出の「戊戌封事」以来の意見であり、「十ヶ年来」の献策というのは、決して誇張ではない。

ここで言う「大船」とは、幕府が「武家諸法度」で諸大名に建造を禁じていた、五〇〇石以上の米穀の積載可能な大型の船舶を指し、異国船来航による有事の際は軍艦に転用し、平時は物資輸送に供する、一石二鳥をねらった考えである。もちろん、軍艦も、艦砲を装備できる五〇〇石積以上の大船でなければ、役には立たない。つまりは、諸藩を海防に動員できるようにするため、「武家諸法度」の大名統制条項の一つを解除せよ、という意見である。その採否は、結局、「鎖国」と「武家諸法度」のどちらを重んずるか、という二者択一の判断となるので、阿部幕閣としては容易に回答を出せるものではなかったろう。

また、薩摩藩の琉球貿易には「言うべからざる義」があると、かつて江戸城本丸表御殿での殿席（大廊下間）を同じくした加賀藩主（前田斉泰）と話し合い、「嘆息」したことを紹介し、「寛猛自在」という事実上、無条件での琉球での対外応接の薩摩藩一任を問題視している。その底意は、前出の「戊戌封事」以来の持論である、長崎貿易不要論から、これ以上の対外貿易拡大を一切否認する見地であろう。もっとも、薩摩藩の琉球貿易についての苦言は、前述した阿部幕閣が調所広郷の処罰へと向かう、一つの伏線となったとも思われる。しかし、斉昭の意見の本旨は、この時点では進行中の、島津斉彬による琉球での対仏応接に関する、幕府・薩摩藩合意のうえでの基本方針を覆すものであり、阿部幕閣としては到底、認められようがなかったと思われる。

阿部は、同月二七日付でこれに短く返翰し、長崎でフランスが呈した国書を提示し、長英の未逮捕（嘉永三年〔一八五〇〕一〇月、幕吏に見つかり自殺、前述）を知らせたものの、その意見については、異国人漂流民の長崎護送と大砲鋳造の許容を伝えたのみで、他は幕閣で今後、評議して回答すると応えている。

将軍や雄藩大名への工作

こうして阿部幕閣への働きかけが手詰まりとなると、今度は、江戸城大奥で上臈年寄を勤める姉小路（橋本イヨ〔伊与〕）へ、八月一日付で書翰を送り、阿部幕閣との遣り取りの経緯を説明した上で、将軍家慶に彼の書翰の内容を伝えるよう依頼するのである。そこで、次のように説かれている点が、注目できよう。

> 浦賀・銚子、下官（私、斉昭）国許那珂湊辺へ異船共かけ居り候へば、江戸への廻し米入り候事相成らず候処、江戸は数百万人の人にて、一月も廻し米とどこほり候へば、餓死多く相成り、江戸中にても騒ぎ立候やう相成るは必定、其処へ異国人共攻入り候へば、何の手もなく奪はれ申し候事、只今より鏡に写し見候如くにて（後略）

内容は。前出の佐久間象山の幕府瓦解シミュレーションであり、水野忠邦が考案した、利根川水運を利用した江戸への物資搬入ルートも封鎖される可能性があることを、それに付け加えている。斉昭は、こうした彼なりに増幅させた危機のシミュレーションを示して、「小田原評議」をやっている場合ではない、と阿部幕閣を批判しているのである。

姉小路は、逡巡したようだが、結局、斉昭の依頼に応じる。同月五日付で返翰し、意見があれば、直接、提出せよ、との家慶の意向を斉昭に伝える。これを受け、彼は、翌六日付で家慶へ意見書を呈し、御三家など、海岸に領分を有する諸大名に軍艦を建造させ、海防を厳重にした上で「異国船打払令」を復活する、という自説の勘所をあらためて開陳したのである。

家慶は、その日のうちに斉昭の意見書を幕閣に下して、その評議を指示した。と、姉小路は、同六日夕刻付の書翰で、斉昭に通報している。だが、後述するように、その後、江戸湾の海防体制はたしかに強化されはしたが、結局、斉昭の意見の勘所である、軍艦建造と大船建造の解禁も、打払令の復活も、採用されなかったのである。

このような膠着状況を前に、斉昭は伊予国宇和島藩主伊達宗城に書翰を送り、自説を開陳している。宗城は、同年八月九日付で斉昭に返翰し、軍艦建造と大砲鋳造に賛成しつつも、その実現が難しいことを、自身の経験を披瀝して陳べている。この遣り取りには、斉昭の意見を支持する雄藩大名が現れてはいるが、彼らが共同歩調をとって動き出すところまでには至っていないことが示されていよう。

危機の政治的意義

こうした徳川斉昭の動きをも含め、弘化三年五月―六月の対外的危機を機に、その後における幕末政治のパラダイムと主体がほぼ出揃った観があろう。

琉球・長崎・浦賀へ、欧米から複数国の艦隊がほぼ同時に来航して、「鎖国」の解除を要求する。幕府は、それらへの応接方針を定め、外交交渉に入ることを余儀なくされる。

その過程で、①「鎖国」の地域的ないし部分的な解除、②そこでの琉球の「外地」扱い、③雄藩（ここでは薩摩藩）への軍事的、さらには外交的な依存、④朝廷への報告、⑤それらの所産でもある朝廷や雄藩（ここでは斉昭）の幕政＝国政への容喙など、諸施策とそれをめぐって、将軍家慶、阿部幕閣、孝明天皇、島津斉彬、徳川斉昭らの政治的な言動、そして葛藤が生じて来る。

そこで共通する、政治的な正当化の基準論理としては国体論だった。もっとも、この「国体」が成立する「国土」の範域に、琉球が含まれるのか否かは、一方では、調所広郷や、彼の進言を受け容れた阿部幕閣の、誠に機会主義的な政治的判断もあり得た。他方、斉昭のように、長崎貿易をすら廃止して「鎖国」を純化すべきとする立場からは、当然ながら、それは論外だった。そして、「琉球王」の大名取り立てと「内地」移封、薩摩藩の直轄支配という斉昭の対案は、後年の新政府による「琉球処分」の先駆とも言える構想だろう。

もっとも、ここでの危機から生じた一連の政治的動向もまた、近世の国政の政治的根幹をなす「将軍―譜代門閥」政治が解体へと向かう過程で通過する、そのステージの一つではある。ただ、それが、右の解体がペリー来航後に、俄（にわか）に始まったものではない有力な証左の一つであり、その解体過程において前後の時期を画するに足る歴史的意義を有するものであることは、やはり確認しておきたい。

嘉永二年の「海防強化令」

「海防勅書」は、その末尾に「此段宜有御沙汰候事（このだんよろしくごさたありそうろう）」と記し、幕府に対して新たな異国船対策の発令を求めていた。天皇・朝廷に求められるまでもなく、それは幕府にとっても避けがたい課題だった。阿部正弘幕閣は、翌弘化四年（一八四七）二月、江戸湾の海防態勢を増強すべく、三浦半島側には従来の川越藩に彦根藩を、房総半島側は忍藩に会津藩を、それぞれ追加した。さらに、こうした従来の方策の延長にすぎない弥縫（びほう）策ではなく、抜本的な対策を探るべく、嘉永元年（一八四八）にも、「異国船打払令」復活問題の評議が繰り返されたが、前述したジレンマの前に相変わらず立ち往生していた。

そうしたところに、嘉永二年（一八四九）三月、アメリカの軍艦プレブル号が長崎に来航し、強硬な交渉の末、アメリカ人の漂流民を強引に連れ帰った。さらに、同年閏四月、イギリスの軍艦マリナー号が浦賀に来航して測量し、その後、下田でも同様の動きを示した。測量は、前述したフランス艦隊の琉球来航の経験からも、本格的な艦隊来航の前触れと見られるから、幕府が最も恐れる、アヘン戦争の当事国イギリス艦隊の来航を、いよいよ危惧させることとなった。

阿部幕閣は、この嘉永二年に、三度目となる、「異国船打払令」復活問題の評議を行なった。さすがに、今度ばかりは「結論なし」ではすまされず、いわば中間答申的な、問題解決の糸口がようやく見え隠れしているような方策が立てられたのである。同年一二月、幕府は、近年、「海防強化令」（「御国恩海防令」とも言う）と称されている達を諸大名・幕臣へ発出した（幕末六—五二〇七）。

この「海防強化令」は、相変わらず勘定所サイドの強い反対で、「異国船打払令」の復活措置はとられなかったが、質量ともにエスカレートする異国船の来航を、「国威」と「外聞」の点で、もはや放置できない、との認識を公然と示すことから出発し、海防態勢の強化を諸大名・幕臣に要請したものである。もっとも、その強化に当たっては、「実用」本位であることを強調し、兵農分離という近世国家の国制の身分制的編成原理に抵触することから、それまで解禁に躊躇していたと見られる、「農兵」の採用も許可している。

幕府が「実用」本位を強調する意図は、海防態勢の強化が領主財政に必要以上の負担を強い、その付けが民衆の負担増大に回された場合、領内の「疲弊」、そして「人気不和」を招き、「内憂」を惹起しかねないことを危惧するところにある。そして、はなはだ抽象的な政策理念の闡明に止まるものだが、「内憂」を惹起させずに「外患」に対処する根本的方策が、次のように提示されている。

わが「国威」を侮蔑する「異賊」による外圧への対抗は、二百年来の「昇平」（泰平）の恩沢である「国恩」に報ずるため、諸身分がそれぞれに尽力（＝負担）し、「領内一体之力」、「日本闔国之力」、「総国之力」、「一和之力」、すなわち挙国一致で当たらなければならない。

この新たな政策理念は、近世国家が外圧によって内部崩壊に危機に直面しているとの自覚に立って、その国家の政治的頭部（阿部幕閣）が、散々にもがきながらも、自律的に、遂に見出した解決策だった。しかし、それは、客観的に見れば、もはや、身分制によって人々を分断することによって成り立つ、近世国家の国制の枠内に止まり得る政策ではなく、人々を一つの「国民」としてまとめあげる、近代の「国民国家」のそれであった、と言えよう。

第四章　江戸湾海防の実態

一　江戸湾海防の動員と負担

三浦半島の海防

幕末政治のジレンマが海防態勢の構築に関わって表面化したことは前述したところだが、幕府の海防政策にとって最緊要地であった江戸湾、とりわけ三浦半島の海防態勢は、どのような実態にあったのか。本章ではそれを見ていきたい（奥田二〇〇三）。

前述したように、幕府は、文政二年（一八一九）二月に浦賀奉行を二名に増員し、翌三年（一八二〇）に、三浦半島の海防を同奉行、つまり幕府の直接担当とするとともに、異国船来航時には川越・小田原両藩に加勢させることとしていた。ところが、イギリス船の来航は止まるところを知らず、日本各地に及び、浦賀へも文政五年（一八二二）四月に来航している。これに対して、幕府が八年（一八二五）二月に、主にイギリス船の来航を想定して「異国船打払令」を出すに至ったことは、前述したところである。

川越藩の海防態勢

川越藩は、一五万石の家門だが、異国船来航時の加勢を命ぜられたのに伴い、その翌年の文政四年（一八二一）五月に一万五〇〇〇石余を相模国三浦・鎌倉両郡に領知替されている。折しも、同藩の財政は逼迫しており、御用商人を勘定奉行格に任じて財政の再建を委ね、面扶持制を設けて半知借上（俸禄の実質半減）を実施し藩士の俸禄を大幅に削減するなどしていたが、相州海防加勢の任は藩財政を一段と悪化させた。

そこで、より実入りのよい領知への転封を企てて幕閣に工作し、前述したように、天保一一年（一八四〇）一一月、出羽国庄内への領知替を命ぜられることに、いったんは成功する。この領知替は、川越藩を庄内へ、庄内藩を越後国長岡へ、長岡藩を武蔵国川越へ移す三方領知替だったが、庄内領民の激しい反対運動が起こる。困った幕府は、翌一二年（一八四一）七月、三方領知替を撤回するとともに、川越藩に二万石を加増して事態の収拾をはかったのである。しかし、この加増は確定的な措置ではなかった。

水野忠邦幕閣は、アヘン戦争に衝撃を受けて、天保一三年（一八四二）七月、「異国船打払令」を撤回して「天保の薪水給与令」を出すが、それに伴い、同年八月三日、川越藩に相模国、忍藩に安房・上総両国の備場の警衛を命ずる。江戸湾の海防は、三浦半島側が川越藩、房総半島側が忍藩の専任担当となったのである。川越藩は、加増の代償として、当初、望んでいた海防の担当解除どころか、逆に、その専任担当を引き受けさせられたのである。しかも、それだけではなかった。

それに先立ち、同年六月、川越藩領のうち二万七六一〇石を上知し、代わりに相模に替知として一万九八一九石を与えている。ついで、同年八月、浦賀最寄りの二ヶ村の一七六六石を割戻している。つまり、三方領知替の撤回に伴う加増分のうち、六〇二五石、三割余を削減したのである。結局、相模国内の川越藩領は、それまでの分と合わせて約三万石となった。川越藩は、これを海防のために現地で人と船を動員する土台とすることとなる。

川越藩の財政状態は、領知の加増によってもさほど改善しなかったものと見られる。例えば、相州に赴任した下級藩士は、「畑作・手稼（内職）等仕、細々取続（維持し）」ている家計状態にあり、相州への転勤も「無理々々ニ而出立」し、ようやく到着したが、相州で「米薪等調候積り之金銭迄遣切」り、しかも「土地馴不申処より妻子始手稼」もなく、扶持米を引当てにした借金も「穀屋方」に断られ、その上「諸色（諸物価）高直ニ付、今日之凌方（暮らしのやりくりに礑と当惑」する有様だと、上司に救援を嘆願している（『神奈川県史』資料編10、史料番号六三（以下、県史六三と省略））。

「小身之者」とはいえ、藩士にその日暮らし同然の生活を強いざるを得ない藩財政の状態ではあるが、いざというときの人や船の動員には一定の賃銭を支払わねばならない。もちろん、船の漕ぎ手である水主の差配を任せた名主らに苗字・帯刀を許すなどして、動員の円滑化にも努力している。しかし、何と言っても、いざというときに、人や船を機動的に使うためには、それ相当の賃銭が必要となる。はたして、それが川越藩の財政能力の範囲内で収まるものかどうかである。

弘化三年閏五月―六月の海防動員

前述したように、弘化三年（一八四六）閏五月、ビッドル提督が率いるアメリカ艦隊二隻、ついで翌六月、デンマーク船が相次いで浦賀に来航した。川越藩は、三浦半島の海防の専任担当を命ぜられた直後の天保一三年九月、異国船渡来時の動員計画を立てている。それによれば、海戦の形式ではあるが、戦国以来の陣立てをとり、戦闘員の数と比べて過大とも言える陣夫（武器・武具や兵糧などの運搬人夫）や水主を擁している。そして、戦闘・輸送・連絡に要する船も、陣夫・水主もすべて、現地で徴発する方針をとり、あらかじめその手配を行っていた。

アメリカ艦隊とデンマーク船の来航時には、かねての計画通り、「士大将」に率いられた戦国さながらの陣立てで動員が行われている。現地の大津陣屋から四六〇人、同じく三浦陣屋から一五二人、江戸の藩邸から駆け付けた藩主松平斉典親率の一四一人、川越からの応援部隊の二九四人の四隊、合わせて一〇四七人が出動した。この中には、川越から来た「筆談之者」二人が含まれている一方、藩主親率隊を除く三隊にはいずれも「貝役」と「太鞁役」がいる。法螺貝を吹き鳴らし、太鼓を打ちながら、西洋艦船に立ち向かおうというわけである。動員された番船は大小三一四艘だった。

およそ一〇〇〇人余の兵力の動員そのものに要した費用はわからないが、番船と水主・陣夫の延べ動員数と費用総額は記録されている。日数は、アメリカ艦隊来航の閏五月二七日から六月八日までの一二日、六月二五・二六日の二日、デンマーク船来航の六月二九日から七月一日までの三日の、合わせて一七日である。延べ数で、番船四五一〇艘、水主三万八〇一六人、陣夫三万〇七七九人、飛脚一六人、陣馬二〇九・五四である。一日平均では、番船二五六艘、水主二二三六人、陣夫一八一〇人となる。つまり、一〇〇〇人の兵力を動かすために、その四倍に当たる四〇〇〇人の民衆を徴発している計算となる。これらの番船・水主・陣夫などの徴発費用は、総額金一五九八両、銀一六匁一分七厘五毛に上る。

この記録は、大津陣屋の責任者矢頭庄左衛門が番船・水主・陣夫などの動員数と手当ての額を藩庁に報告したもので、「已後之御為ニも相成可申と奉存候」との意見を付し、手当の支払いを藩庁に求めている(県史八〇)。これらの手当が実際に支払われたかどうかは、この史料だけではわからない。

いずれにせよ、農漁民を生業から引き離し、その生業手段である船を徴発している以上、その代償を全く支払わないというわけにはいくまい。海防の任を果たすためには、まずその背後をしっかりと固めておかねばならない。異国船との対峙が長期化した場合は尚更である。しかし、そうなれば、川越藩の財政が破産することは、火を見るよりも明らかである。兵備体系が膨大な陣夫徴発を要するという事情は、火器を中心とした洋式軍備に転換し、専用の艦船による海軍を構築すれば、解決するだろう。だが、その場合にも、途方もない費用がかかる。しかも、これは、「鎖国」の枠組が自由な貿易を妨げている分だけ、高い物につくこととなろう。

彦根藩の海防参加と川越藩

とにもかくにも、一七万石に満たない領知の川越藩では、有事の際、到底持ちこたえられないことは明らかだった。幕府も、アメリカ艦隊来航の事後対策を検討する中で、川越藩の兵備では不十分だと判断するに至る。幕府は、川越藩に兵備の現状を報告させる一方、目付を現地に派遣して調査させている。その結果、弘化四年（一八四七）二月、三浦半島の海防担当に、領知三五万石（うち五万石は幕府からの預所）を抱える最大の譜代藩、彦根藩が加えられることとなるのである。

彦根藩の登場は、川越藩にとって、かならずしも歓迎すべき事柄ではなかった。藩の面目を失ったばかりか、相模の分領のうち一万四〇〇〇石余が上知されてしまった。その上、兵備の強化を求められ、彦根藩と競争させられる羽目になった。

藩主松平斉典は、現地に直書を下して、「井伊家ハ旧来武功之家柄と申、殊ニ大身なれハ諸事ニ付、彦根を見くらへ、或者物毎張合之義なと致間敷」と、競争を戒めている。そして、その理由として、「自然彦根を見競候様なる義有之候而ハ、不勝手（貧乏）之当家なれハ、此上物入（出費）多ニ相成候而ハ、迚も取続方難渋可及と存候」と述べている（県史八四）。

要するに、逼迫する藩財政を一層悪化させるような彦根藩との競争など、以ての外だ、というわけである。このとき、海防費用として幕府から借入れていた一万両の拝借金を下賜、つまり帳消しにしてもらっているが、焼け石に水といったところだろう。

猿島台場の建設

しかし、民衆の負担はさらに重い。兵備を強化するために、台場の増設が進められるが、その一つに猿島（さるしま）の台場がある。江戸湾の内海奥部への異国船の侵入を阻止するためには、「内海」の入口を扼（やく）する位置にある猿島には当然、台場が必要である。今まで、そこになかったのは、「内海」への侵入を想定していなかったからとも考えられるが、そうであれば幕府の海防政策の底の浅さをこれほど露骨に物語るものはなかろう。ともあれ、ここに至って、猿島台場は建設されることになったのである。

台場建設のため、公郷（くごう）村など八ヶ村の水主、延べ一六六一人が、弘化四年（一八四七）八月下旬から一二月まで投入されている。水主たちは、「暁（あけ）八ッ時又ハ九ッ時（午前二時または四時）より御普請役出張ニ候ヘハ宵詰（よいづめ）ニ致、翌日夜ニ入罷（まかりかえり）帰申候」と、未明から泊りがけで工事のために猿島に渡っており、遠方から動員された者の中には三日かがり（二泊）の場合もあったという。彼らには総額八両の酒代が支給されている（県史八九）。一人の日当としては、まことに僅かなものである。

川越藩の助郷役免除願

嘉永元年（一八四八）六月二九日付で、川越藩は、分領の相模国鎌倉郡小菅谷村など一一ヶ村の東海道戸塚宿の定助郷、鎌倉郡寺分村など三ヶ村の同藤沢宿の定助郷の免除を、幕府に願い出ている（県史九〇）。少しく、その言い分に耳を傾けてみよう。

相州の分領の村々は、海防のため、一般の農村に比べて過重な負担を余儀なくされているという。つまり、「大津を始夫々に陣屋取建、家中数多引越候ニ付、御備場御用ニ而領分多分之人馬継立等も」ある上に、「第一異国船渡来之節、防禦筋之義者兼而心得方厳重ニ申付置、村々一同拾五才以上六拾才以下、不残場所（陣屋や備場）へ相詰」ることになっていた。東海道の戸塚・藤沢両宿では、「諸家御通行之節者多分触当（動員）有之、夫々宿方江大勢成助郷相勤、老人・子供或者病身之者相残居」る状態になる。

そこで、弘化二年（一八四五）二月二六日付で、道中奉行中坊広風（勘定奉行と兼帯）に、助郷役の免除を願い出た。同奉行は、同年三月二日付で、「無余儀次第ニ雖相聞、自余（今後、他）之響（影響）ニ相成、仍申立可被及御沙汰筋ニ無之」と回答してきた。川越藩は、やむなく村々に説諭して、助郷役を「乍難渋」らも勤めさせた。

しかし、アメリカ艦隊の来航によって、状況が変わった。四年（一八四七）八月、「三浦・鎌倉両郡之内五拾ヶ村上知」された上、海防も彦根藩と「相持」となり、兵備も「一段手厚之御備」に強化することが求められた。上知された五〇村から動員可能な「拾五才より六拾才迄水主・陸人足（陣夫）ニ而、弱人相除、用立候者」は七・五〇人であった。上知されたのは、「いつれも人別（戸口）多キ村々」であったが、残った四二ヶ村は「人数少之村々」で、動員可能な者は二八八〇人余にすぎない。そのうち一四ヶ村が助郷役を負担しているわけだが、これらは「高多人少村々」であった。その上、保土ヶ谷宿から平塚宿までの範囲で人馬継立を勤めており、異国船渡来の場合、その日のうちに呼び戻して配備することは難しく、「火急之場合、間ニ合兼、弥以御備難相立」き事態は必至である。

かくて、嘉永元年六月、再び助郷役の免除を願い出たのである。その理由は、「元来不足之人足共ニ御雇候処、御備向者弥以厳重ニ相成、其上助郷相勤候様ニ而者、弥ヶ（ママ）上人足相減、異船渡来之度ニ臨ミ御備難相立、且者村々之義も行立兼」るというものであった。川越藩は、弘化二年の助郷役免除願が他への波及を顧慮した幕府によって却下されているにもかかわらず、分領半分の上知と兵備の強化という新事態を理由として、嘉永元年にそれを再願したのである。

川越藩は、海防と村々の「行立」（成り立ち）との両立を大前提として、願書の論理を組み立てている。ここには、幕府が臣従の証しとして諸藩にその石高に応じて賦課する軍事動員、すなわち軍役の一種である海防が、アヘン戦争後、急速にエスカレートする外圧と、民衆統治との間で挟み撃ちの格好になっている姿が見て取れる。村々の側からこの状況を見れば、外圧が海防を媒介として、その成り立ちを脅かしつつあるとも言える。幕府も、弘化二年の回答の段階で、願書の趣旨を理解している。さすれば、川越藩はもとより、幕府も、上述の状況を知悉しているにもかかわらず、幕藩領主権力総体としては、それを打開する術を見出だせていないわけである。

海防担当諸村の助郷役免除運動

もちろん、こうした状況を領主側が認識するに至る背景には、領民側の運動がある。嘉永元年九月には、三浦郡小坪村駅の定助郷を課されている六ヶ村のうち、川越藩領の久野谷村など三ヶ村が助郷役の免除を同藩に願い出ている（県史九二）。

それによると、高一〇〇石当たりの人足（と馬）の平均人数（と匹数）は、寛政～文化期は二五人（と一匹）、文政～天保期は四四人（と一匹）、天保一四年（川越藩領への編入）以降は六〇余人（と二匹）と、増加する傾向にあったが、弘化四年以降は、二七四人（と三〇匹）と激増し、「旧年之壱ヶ年分者当時之壱ヶ月分ニ相当」る有様になっている。

三ヶ村は、合わせて石高九三七石余、家数一六〇軒余で、一軒平均の持高は五石八斗半と、お世辞にも豊かとは言えない村々である。それでも、「古来小坪村駅之義者平日之御通行纔之儀ニ而、村々一統安堵ニ相続仕、田畑耕作専一ニ営出精」してきた。ところが、「近来、御公役様幷諸役々様方繁々御通行被為在、就中彦根様之御義者古来稀之夫人馬（人足と馬）、御家中様内ニ茂御先触火急之御継出し等ニ而、人馬之触当差急ニ」なった。譜代大藩たる彦根藩の登場、兵備の強化は、助郷役の負担を飛躍的に増加させたのである。その結果、「此上右様年々人馬役銭等相嵩候而者村々衰微、大小百姓共追々困窮仕詰、往々可及退転（離村）仕ニ茂難計」き事態となったのである。

助郷役負担の急激な膨張が村民を困窮させ、その離村さえまねきかねない事態に直面した三ヶ村は、川越藩に助郷役の免除を願い出たわけである。その願書の論理は、「百姓は農具さえもち、耕作専らに仕候へば、子々孫々まで長久に候」（刀狩令）という領主権力のイデオロギーを盾にとった形になっている。つまり、「田畑耕作専一ニ営」み、「農業一派ヲ乍営、重々之御役聊御指閊無之様一図ニ心掛出勤相励」んできたが、このままでは専念せねばならぬ農業に支障が生じ、離村者も出かねない、というのである。意図的であるにせよ、ないにせよ、領民統治の石高制原理の本質に迫る問題を、領民側がここで提起していることは間違いなかろう。

たしかに、深谷克己が説くように、百姓にとって、不可欠かつ最大の生活と経営の手段である、村の成り立ちが脅かされたとの判断が百姓一揆を起動させ、その成り立ちの確保が行動によって獲得すべき目標となる（深谷一九九三）。なるほど、百姓一揆がそうであるように、村の成り立ちを領主権力に要求したからといって、領民が石高制の否定へと向かったなどとは到底言えない。

しかし、村の成り立ちを脅かしている原因を、領主権力の努力、領民統治の方式のあれこれの変更によって除去し得るものならばよいが、外圧は如何ともし難い。前述したように、外圧と領民統治との挟み撃ちに、当面、あわないようにするためには、兵備体系を根本的に変革しなければならないが、それもままならない。こういう手詰まりな状況にあるとき、突きつけられた村の成り立ちの要求は、領主権力をますますジレンマへと追い込んでいくことになるだろう。

二　海防の基盤構築とその挫折

相模分領の穀屋仲間結成

矛盾は領主と領民との間に生じて来るだけではない。幕府と個々の領主との間にも生まれている。ここでは、川越藩が相模分領内の米価の安定と冥加金の徴収のため、在方株の設定を軸とした米穀商の株仲間結成を企てた問題を取り上げてみよう（『逗子市史』資料編Ⅱ、史料番号二九六〈以下、逗子二九六と省略〉）。

まず、弘化二年（一八四五）六月、川越藩相模分領の「町在奉行」矢頭庄左衛門（物頭）が、①相模分領内の「質屋行事」に「穀屋行事」を「兼帯」（兼職）させ、②「廻村」の上、「多分御座候」ようになった「百姓家ニ而、農間穀商内仕候者」の実態を「取調」べて、彼らに「仲真」（仲間＝同業者組合）をつくらせ、（イ）彼らが「区々之相場相立、不同之売買仕」り、「多分之有」る「海辺」の「其日暮之者」を「難渋」させないため、今後「不同之相場」を立てない（＝協定価格をつくる）よう「取締」らせるとともに、（ロ）彼らに冥加金の上納を申出るよう「申諭」させたい旨、藩に願い出ている。この願い出は同年七月九日付で聞届けられている。

ここでは、相模分領内の農漁民の間に、農間に米穀の売買を営む在郷商人的存在が出現する一方、その日暮しの貧窮民もいるという、階層分化が進んでいることがわかる。また、相模分領内の金融については、すでに「質屋行事」が置かれており、当然、その下には在村金融＝在方株をも含めた株仲間が結成されていることが推測できる。この二つの前提に立って注目すべきは、米穀の売買について在方株の設定が明確に政策として打ち出されていることである。

幕府において株仲間の再興が決定されたのは、嘉永四年（一八五一）三月であり、これはそれに六年近くも先立つものであった。もっとも、幕府の方でも、この弘化二年の一二月に、町奉行遠山景元（かげもと）が株仲間の復古を建議している（岡本一九六四）。しかし、このときは、それがないと差支えある品目（＝業種）に限って問屋（＝株仲間）を立てればよい、一般に復古というに及ばず、という議論が幕府内では支配的で、遠山の建議は却下になっている。

その後、老中首座阿部正弘の有力ブレーンである寄合筒井政憲（まさのり）が、翌三年（一八四六）七月、問屋組合の再興を申立てるに及び、幕府内での本格的な検討が始まった。筒井の申立てを機に、遠山や江戸の町年寄が上書し、勘定奉行を含めて検討が進められ、嘉永四年三月にいたって、ようやく「株仲間再興令」が発令されたのである（宮本一九八三）。

そこでは、天保一二年（一八四一）一二月および翌一三年（一八四二）三月の「株仲間解散令」（幕末五―四二五三・四二六三）が物価引下げ効果を現さず、かえって流通・金融を混乱させたとして撤回し、問屋組合の再興を命じている。ただし、株札は下付せず、冥加金の上納には及ばないとし、物価引上げにつながるような商行為をする者を除いて希望者全員加入制がとられている（幕末五―四三二六）。

穀屋仲間の歴史的性格

幕府の「株仲間再興令」が特権的な問屋商人資本を媒介とした商品流通の間接規制への単なる復帰を目指すものなのか、それとも在郷商人層を中核とする農民的商品流通の直接掌握をねらったものなのかをめぐって議論が分かれているが（津田一九七〇・七五、北島一九六九・八四）、どちらにしても在方株の設定を含意するものであることはたしかである。その限りにおいて、弘化二年に川越藩がとった措置は、幕府の「株仲間再興令」と揆を一にし、その先駆をなしているといえる。しかし、①既成特権商人層に仲間の組織化を全面的に依存し、②しかも冥加金を徴収する、という二点は、相模分領内の農民的商品流通の発展度が間接規制を困難とする段階にはいまだ達していないことを物語っていると見てよいのではなかろうか。

もっとも、川越藩は、「穀屋行事」に対し、「廻村」の際、「仲真不入商ひ」する者や、「不同之相場ニ而売買」する者がいたならば、「取調」べて申出るように指示し、そうした者たちはかならず「沙汰」に及ぶ（＝処罰する）と宣言している。また、株仲間への加入にあたっては、「農間穀渡世」の者に「穀行事」および「取締名主」と連印で「請書（うけしょ）」を「御郡代御役所」へ提出させており、在方株の設定が既成の在方支配機構を媒介として進められていることがわかる。

そして、弘化二年九月付のその「請書」の雛型では、「向後（こうご）商ひ相始（あいはじめ）度向（たきむき）」（＝新規営業希望者）は、「訳柄（わけがら）次第」により「穀屋行事」が「添判（そえはん）」して藩に願い出れば、「吟味之上」で許可する、と規定されている。この株仲間は、加入者数にあらかじめ制限が設けられていないとともに、加入の可否の最終決定権は藩が握っているのである。さらに、その「請書」では、相模分領内を三地域に分け、それぞれ基準相場を定め、「御法之口銭（手数料）」を取って「売捌」くことを、「穀商ひ致候者」の「仲間組合」で「儀（議）定」として決めさせることにしている。その地域区分とそれぞれの基準相場は、①「三崎辺ヨリ東浦賀通、久良岐郡村々」は「浦賀表之相場」、②「三崎ヨリ西浦賀・鎌倉・腰越迄」は「藤沢 幷 浦賀両所之相場」、③「古御領鎌倉郡村々」は「藤沢幷鎌倉相場」とされている。

当然、それぞれの基準相場は全国市場の動向や地域的な需給関係などによって変動することになろうが、ともかくその基準相場というものを確立することがここでは追求されているのである。つまり、藩が米価決定の市場機構の枠組をつくり、株仲間はその市場機構を維持する責任を負わされているわけである。

これらの事柄は、在方株の設定と維持にあたっては、既成特権商人層の市場支配力にのみ依存できない事情にもあることを示していると考えられる。そこで、単なる間接規制ではなく、それを権力的に支えるため、相当に踏み込んで直接規制を行う方針をとったと言えよう。ここでは、川越藩の措置を、流通規制の間接的な段階から直接的な段階への展開過程に位置する過渡的な性格のものと見ておきたい。

穀屋仲間結成の背景

川越藩がこうした措置をとった背景は、「村々三役人・大小惣代」が「穀商ひ致し候者、酒造人等」に「正路」（正当、適法）に営業するよう「申諭」せとの藩命に対して、彼らに提出させた「請書」（承諾書）に読み取ることができる。この「請書」は、「年号月日」とのみ記された雛型で年月日不詳だが、弘化二年九月付の「穀屋御請書控帳」に株仲間加入の「請書」の雛型（同月付）とともに収められており、おそらくこの二つの「請書」は同時期の一対のものとみてよかろう。

さて、そこでは、「組合村々之内、穀商ひ致し候者」が「当年不作ト申ニモ無之処、不順之季候、又ハ来年（弘化三年）丙午ニ事寄、手段を廻し〆売」（＝売惜しみ）や「糴買」（＝買占め）を行なっているため、「小前百姓」が「難儀」を被っており、当然、今後、人心が「不穏」なものになることも予想される、と相模分領内の民情が把握されている。そして、そうした不「正路」な営業者に対して、村役人から、次のように「申諭」させている。すなわち、不作でもないのに「俄ニ米価引揚」るのは「奸商之業」であり、追々、藩の役人が村々をまわって調査し、「〆売・糴買」を行なっている営業者は「召捕」る方針である。したがって、「奸利を貪」るため、「酒造人」が酒の「隠造・増造等」を企てたり、「穀商ひ致し候者」が「〆売・糴買」を行なったりしてはならない。そもそも、「穀商ひ致し候者、酒造人等」は「元素（元来）之身上（資産）可成」の者であり、「万一不作等之年柄ハ、窮民取救方之心掛」を持たねばならないはずである。しかるに、そうした不「正路」な営業を行なうとは、あるまじき「不埒」である。

「町在奉行」の願い出にあった「不同之売買」の内容は「〆売・糶買」であり、そのため米価が高騰し貧窮民の間に「不穏」な動きも生じかねないという危機感がこの措置の背景にあったのである。だから、株仲間加入の「請書」の中には、「不同之相場」での売買を禁じた項目に「但、別段下直商ひ致し候ものハ寄特ニ付、勝手次第商ひ可致事」という但書きが付されている。協定価格も米価の安値安定のためのものであることが、ここに示されている。

とすれば、川越藩のこの措置の主目的は、株仲間への特権付与の見返りとしての賦課収入（＝冥加金）確保にあるのではなく、物価対策＝貧窮民の生活安定策だといえよう。しかも、それは、一個別領主の農民支配政策という次元でとらえられるものではあるまい。それは、海防の問題、とりわけ水主・人夫の確保、さらには異国船渡来時の治安維持とかかわって理解されるべきであろう。

穀屋仲間冥加金徴収への抵抗

こう考えた場合、起こってくる疑問は、なぜ冥加金を徴収しようとしたのか、という問題である。当然、これまで見てきたように、川越藩の厳しい財政事情を念頭におかざるを得ない。

ところで、冥加金の徴収については抵抗があり、政策決定の二ヶ月後の九月には、その使途を飢饉対策の「囲穀（かこいこく）」に限定している。すなわち、冥加金を「穀屋ヨリ一軒ニ付」「金壱分ツヽ上納」させようとしたところ、株仲間加入にあたっての「心付（こころづけ）」（謝礼）もあるので「勘弁」してほしい旨の申入れがあり、藩で「与程思慮」した末、飢饉対策の「囲穀」として用いることにし、「質屋冥加金」の方も同様の扱いにすることにしている。

上記の申入れの主体は不詳だが、幕府の株仲間再興令が加入時に多額の礼金を取ったり振舞をさせたりしてはならないとしていることを考えると、おそらく「心付」を受取る側の既成特権商人層ではなかろうか。もちろん、その背後には冥加金を納入する一般の在郷商人層の抵抗もあったと思われる。しかし、冥加金の徴収が撤回されていないところをみると、その抵抗の質は、その主体がいずれにせよ、使途を飢饉対策にすることで納得するものであったといえる。

その納得の中身は、自身が救済の対象ともなり得るという意味で貧窮民と共通土俵にあるものなのか、それとも貧窮民による打ちこわしを回避する「社会保険」的負担として受容れたものなのか、そのいずれであろうか。これについては、すでに検討したこの措置の背景との関連で、自ずと後者であろうとの判断が下されよう。このように、冥加金も結局のところ、藩財政との折り合いの着く方向で進められた、貧窮民の生活安定策と理解さるべきものであることが明らかとなったと言える。

冥加金による米穀確保＝「囲穀」半減願

冥加金を「囲穀」に用いる方針は、在方の新たな動きを触発することになった。

川越藩では、相模領内の村々に対し、弘化二年（一八四五）の収穫のうち二一〇〇〇俵ほどを

「囲籾」させようとしていた。同年九月、久良岐郡野島浦、三浦郡浦郷・横須賀・小網代・木古庭・堀内・公郷村の七名の名主が連名で「御元〆役所」に「新規之儀」もあるので、「囲籾」を半分の一〇〇〇俵に減らしてほしい願い出ている。ここでいう「新規之儀」は「囲穀」のための冥加金徴収を指していることは間違いあるまい。願い筋の理由はこう説明されている。

すなわち、三浦・久良岐両郡の村々は、いずれも「海辺附」で家数が多いにもかかわらず、田畑=収穫米が少なく、「是迄ハ御年貢米御払ひ引当、其余ハ浦賀・藤沢ニ而買入、夫食(食糧)ニ致来候所」であり、しかも「御台場近所ニ而、異国船渡来之節ハ、十五以上六捨以下之者ハ過急翔付、番船諸人歩(人夫)不差出而ハ不相成、御大切之御場所」でもある。ここでは、海防の第一線を担い、人夫の提供を義務づけられている村々が、夫食(食糧)を買米によって確保している事情が語られている。

さらに、村々に「近来江戸御廻米」が命ぜられ、「郡中一同相歎罷在候得共、御上様御用之儀ニ付無是非事ニ相心得」て、浦賀や藤沢で「格別失脚(出費)相掛ケ」て夫食米を買入れた。もっとも、これは取止めになったので、「一同案(安)堵」している。しかし、「御家中様衆御詰被為遊候哉、御大勢ニ而御米減方不少」という事情もある。海防のために配置された相州詰の多数の藩士が、この地域の米を大量に消費し、需給関係を圧迫し、米価上昇の一因となっているのである。

この願いが聞き届けられたかどうかはわからないが、在郷商人層が負担する冥加金による「囲穀」で、村々(=村民全体)が負担する「囲籾」を軽減する、というその要求内容には注目したい。

それは、救恤を、村という共同体の事業から、村の指導者である豪農層の負担による、藩の事業へと転換させる、換言すれば営業や領主支配に公共性を求める、という意義を客観的にはもっていると言える。

しかも、村々が海防という国家機能の遂行にかかわる負担を背負っていることが、村々の要求を正当化する根拠とされていることも見落とせまい。問題はこれを自覚的に提起する回路が生じているかどうかである。また、この嘆願から、相模分領内の米穀自給能力の下で海防体制を維持するためには、米価の安定だけではなく、領内に一定量の米穀を確保しておく必要があることもわかる。

弘化二年の措置は、海防を背景とし、米価安定を主目的とするものではあったが、冥加金を「囲穀」に用いる方針によって米穀確保政策としての意味も併せもつに至ったと言えよう。

米会所設立策の挫折

相模分領内の米価安定＝米穀確保政策は、翌弘化三年（一八四六）のアメリカ艦隊来航を機に、もう一歩進展していく。川越藩は、嘉永三年（一八五〇）四月、幕府（勘定奉行石河政平）に、次のように願い出ている（県史一〇〇）。

すなわち、「去ル午年（弘化三年）浦賀表へ異国船渡来」（＝アメリカ艦隊来航）し、藩主松平斉典も「御備場江出張仕、在所より之多人数繰出し、其節抔は人数引払候迄、彼是数日之間粮米（兵糧米）焚出仕候処、兼而手当之粮米ニ而は引足り不申差支」えた。兵力・人夫の大量動員に対して、兵糧米の確保が困難となったのである。その折は、「江戸表よりも多分運送仕、間を合相済」ませたが、「江戸表より之運送も風次第ニ而は更ニ安心」できない。

川越藩は、異国船渡来時に備えて、「粮米手当筋等之義も積立仕法相立置」いたが、「何分兼々」幕府へも「申上御承知」のように、藩財政は「勝手向、極難渋」の状態にあり、「積立方行届」かない。そこに、「神奈川宿より出入仕候者之内、右心配之筋及承」んだ者（＝神奈川宿の藩御用達米穀商）から、「神奈川宿青木町海岸通ニ而、相州大津陣屋へ船弁理（便利）宜場処（所）見立」て、「蔵屋敷并会処（所）」を設け、「諸国廻米相場下直之節買入」ておき、いざという時の「粮米不足之分」にあてたいという申し出があったので、これを実施したい、というのである。

弘化二年の措置によって、川越藩はほとんど直接規制といってよい方式で米穀市場を掌握できたはずだった。しかし、この米会所設立願いは、はしなくもそうした市場の掌握が成功していなかったことを露呈している。だが、翻って考えて見ると、そもそも、たとえ直接規制であったとしても、一藩規模で市場規制を貫徹することが可能だったのだろうか。相模分領内の市場機構を掌握できても、米穀の需給関係、そして米価の動向そのものは、それが全国市場と不可分離の連繋性をもち、しかも大消費地の江戸に近いという立地条件の下では、たとえ直接規制であっても一藩規模でそれを掌握することはきわめて困難だったと考えられる。

そこで、今度は、米会所を設立して、全国市場との結節点を押さえて相模分領内をそこから分離し、分領内の需給関係＝米価を安定させようとしたわけである。

しかし、幕府はこの願いを却下している。江戸の米価安定＝米穀確保を至上命令とする幕府は、それと競合するおそれのある川越藩の願いを認めるわけにはいかなかったのだろう。これによって、川越藩が追求してきた相模分領内の米価安定＝米穀確保政策、換言すれば海防を支える社会経済的基盤＝地方（じかた）支配の土台づくりは挫折したのである。それはまた、川越藩に相州の海防を担当させる幕府の政策自体の破綻をも意味していよう。

江戸湾海防の実態から見えて来るもの

海防は、伝統的な兵備体系によって、それに当たろうとすれば、莫大な費用を要する。それは、担当する個々の領主の財政を圧迫して、海防という軍役の負担を困難にする。そこから、海防のために参勤交代を緩和するなどといった軍役体系の見直しが必要になるのである。しかし、これは、既往の幕藩関係のあり方を変更することとなり、近世の国制を根幹から揺るがしかねない。

それだけではない。水主・陣夫の徴発、助郷役の激増という形で、領民に過大な負担を強いる。その結果、村の成り立ちという、領民にとっても、領主にとっても、避けて通れない問題がクローズ・アップされて来る。幕府は、助郷役の免除がそれを転嫁された他の村々との新たな紛議を招き、また他の村々からもさまざまな口実での同様の要求が触発されるなどの、波及的影響を危惧していた。とすれば、海防を徹底するためには、領民の役負担体系の既往のあり方についても、全般的に見直す必要が生じてきていたと言えよう。これもまた、そのやり方如何では、石高制の根幹に抵触して来ることもあり得るだろう。

領主の軍役体系も、領民の役負担体系も、当座は変更できないとすれば、とにもかくにも海防態勢を支える財政ないし社会経済的基盤だけは確保していかなければならない。それは、海防を担当させられた領主にとって、至上命令とならざるを得まい。在方株の設定や米会所の設立による米価安定＝米穀確保の動きは、そうした領主の必死の努力の現れである。しかし、これまた、幕府の江戸経済優先政策の前に挫折していく。もはや、領主は八方塞がりである。

かように、「鎖国」の危機に対処すべく取り組まれた海防は、幕府と諸藩、領主と領民の間に、近世日本の国制の根幹に関わる問題を、さまざまな形で提起していったのである。「鎖国」を守り、幕藩関係や石高制の国制を維持するという前提に立って、これを解決するには、兵備体系と領民統治のあり方の思い切った改変が必要である。

とりわけ、農工商の領民自身が外圧を自らの課題とし、負担を厭わなくなるようにならなければならないが、それには、単に攘夷のイデオロギーの注入に止まらず、農工商をそうした「国事」に「参加」させる途を開かねばなるまい。いずれ、これらは現実の政治課題となっていくが、それはまた既成の国制の根本的な変革をもたらすことにならざるを得まい。

三　幕府海防方針の実質

阿部正弘幕閣の有事対応方針

江戸湾の海防態勢については、三浦半島側を担当する川越藩を中心に、その基盤構築すらままならない実態を見たが、そうした前提の下で、異国船来航の有事に際して、海防の現場を担当する諸藩は、どのように対応しようとしていたのだろうか。

弘化四年（一八四七）二月、前述したように、相模国担当の川越藩に彦根藩、安房・上総両国担当の忍藩に会津藩が、それぞれ加役となる。そして、同年三月、江戸湾の海防を指揮する浦賀奉行は、右の四藩に対して、阿部正弘幕閣の異国船取扱方針を通達する。その内容は、次の通りである（逗子三〇五）。

①今後、房総半島の洲之崎と三浦半島の城ヶ島を結ぶ線より外側を「外海」とし、異国船がその「外海」の範囲を航行している間は、停船措置をとらない。

【解説】裏返せば、上記の線の内側である「内海」に侵入しなければ、たとえ三浦・房総両半島の近海に異国船が現れたとしても、無視し、当方からは手を出さない、ということである。

②異国船が「内海」に侵入して滞船した際、その周辺に諸藩が出船するかどうかは、状況次第で判断するが、当方からは事を構えず「厚く勘弁」する。

③房総半島の富津（と観音崎を結ぶ線）を越えて（「内海」へ）侵入し、退去を拒絶した場合は、砲撃して撃沈するか、乗り込んで乗組員を「手詰め」の勝負で打倒しても、「無論、異論」はないが、できるだけ「穏当の取計」をする。

④「国主よりの使節」で、「通信（国交）・通商（貿易）」を求めている場合も、民間船が通商を要求して来航した場合と同様、とくに対応を江戸へ問い合わせる必要はない。

【解説】つまり、要求は拒否して退帆を命ぜよ、ということである。

⑤実際には、事前の想定とは異なる事態も予想されるので、規定の方針に拘束されて現実的でない対応をしないよう、「臨機の勘弁」を尽くして、「その図（海防の目的）」を見失わないように対処する。

海防担当四藩の有事対応具体策

浦賀奉行は、この阿部幕閣の有事対応方針を四藩に通達した上で、その実施手順の検討・協議を指示している。嘉永元年（一八四八）五月、四藩は、この諮問への共同答申の形をとって、有事対応の具体策を、次のように協定している（逗子三一二）。

①異国船来航の際、その連絡は、相手側に誤解を与える危惧があるので、号砲を用いず、早船・早飛脚を用いる。

②滞船する異国船に台場配備の「大銃」などでは（射程距離が短くて）届かない場合、兵士を

「番船（ばんせん）」乗せて警戒に当たらせる。この番船は、漁民を船の漕ぎ手である水主（かこ）とし、またその持ち船を警備用に有償で提供させたものである。出船のため手薄となった、陸上の当該の「持場（もちば）」へは、他藩の「持場」から援兵を送る。

【解説】この「持場」は、四藩がそれぞれ、大砲を配備した台場や、将兵を駐屯させた陣屋などを設け、海防を担当している区域である。

③異国船は「堅厚巨大」な「大鑑」で、当方から「海戦」に持ち込んでも「必勝の算」は得難く、番船で乗り寄せて攻撃しても、当方が沈没させられたのでは「国辱」となり、かえって相手の「威勢」を強めることになるので、陸上からの砲撃に止める。

④異国船の目的は江戸湾「内海」の侵入にあり、場合によっては滞船して廻船の通行を妨害する動きに出ることも想定される。その場合、「大風・荒波など」を利用して、船を乗り寄せて焼き討ち、あるいは奇襲する戦法も考えられるが、天候は「所詮尽力の及ばざる」ところであり、既定の対処方針とはなし難いので、前条の通り、陸上からの砲撃に全力を注ぐ。

⑤異変発生を他藩の「持場」へ連絡する方法は、狼煙と番船で行い、第二条に定めた通り、他藩はそれぞれの「持場」から援兵を送る。

⑥異国船が富津を超えて「内海」へ侵入した場合、その対処は浦賀奉行が行なうが、四藩はそれぞれ最も「内海」寄りの「持場」の境界まで出兵する。

【解説】裏返せば、「持場」の境界外へは出兵しない、ということになる。

⑦浦賀奉行による異国船応接が不調となり、やむなく交戦状態となった場合は、浦賀奉行側の発砲を合図として、四藩も発砲する。

江戸湾海防の「目的」とその実質

この四藩の有事対応具体策の内容は、以下の三点にまとめられる。

①海戦での彼我の戦力格差、当方の圧倒的な劣勢を認識し、その上で、号砲は使用しないなど、来航した異国船を無用に刺激する措置を控え、交戦状態になることを極力回避する、避戦策を基本的な対処方針とする。

②阿部幕閣も四藩もともに、異国船の来航日的が「内海」への侵入にあるとの認識に立ち、その滞船による江戸湾口封鎖の事態をも想定するが、それらの場合でも、その対処策は陸上からの砲撃に止め、海上での異国船の航行阻止や、焼き討ちや奇襲を含む攻撃など、海戦となるような行動はとらない。

③実際に武力を擁する四藩は、異国船の応接も、開戦の決定も行わず、独自の武力をほとんど持たない、浦賀奉行にそのどちらも委ねる。

このように具体化されたとすれば、幕府の通達にある「海防の目的」とは、実際には一体、どのような中身のものとなるのか。それは、陸上からの威嚇砲撃、海上での警備行動により、異国船に来航目的の「内海」侵入を断念させ、退帆させることであり、不可能と認識する、武力撃退をめざすものではない、ということである。

しかし、「内海」へ侵入されてしまった場合はどうするのか。「内海」侵入時でも、四藩の警衛行動は「持場」区域内に限定される。したがって、それ以上の行動は幕命を待機して俟つ、ということとなろう。

これが、四藩にとって、実際に行う海防の「目的」の具体的内容である。それが海防の実際の中身であれば、ペリー来航後に、江戸湾の海防体制が「武者人形」とか「張り子の虎」とかと揶揄されたのは、当然の結果だろうが、惨めな戦敗をとって「国辱」を招くよりは、たしかにより ましな判断ではあろう。

これを要するに、ペリー艦隊来航に際して、江戸湾で彼我が交戦に及ぶ可能性は、当方の海防態勢上からは、限りなくゼロに近かった、と言えよう。

第五章　ペリー艦隊の来航

一　アメリカ艦隊の来航情報

アメリカ艦隊の来航情報

嘉永五年（一八五二）六月、長崎・出島のオランダ商館長として着任したD・クルチウスが、長崎奉行へ提出した「別段風説書」で、アメリカ艦隊が開国を要求するため、明年、来航することを伝えた。クルチウスは、オランダのジャカルタ政庁の評定官だったが、アメリカ政府から開国交渉のための艦隊派遣の対日事前通告を依頼されたオランダ政府が、事態を重視し、それを幕府へ伝え、開国へ導く任務を与えて派遣した人物だった。

長崎のオランダ商館は、一六〇〇年に、オランダの官民が出資して東洋進出のために設立した、世界最初の株式会社である、東インド会社の出張所であり、その役割が「通商」に限定されることは、寛永以来の幕府との合意事項だった。したがって、クルチウスの派遣は、オランダ政府が長崎商館長の存在を利用して、対日開国工作に着手した、と言うより、アメリカ政府の動きへの対応上、そうせざるを得なくなった、と見てよかろう。

「別段風説書」は、幕府が、寛永以来、商館長に提出させていた、ヨーロッパを中心とする国際動向の簡潔な報告書である「風説書」に加え、アヘン戦争を機に、より詳細な情報の提供を求め、作成されるようになったものである。クルチウスは、それを利用して、アメリカ政府の通告を幕府に伝えたのである。近代国際政治の力学が、「鎖国」の壁に守られて、西洋諸国の中で対日貿易を独占していたオランダに、その壁を破る先陣の役回りを与えた、と言えよう。

この「別段風説書」の翻訳を阿部正弘幕閣へ提出する際、長崎奉行の牧義制は、「信疑相半(あいなかば)」とする意見を添伸している。オランダが開国を求めていることは、前述したように、天保一五年(一八四四)七月、開国を勧告する国王の書翰が軍艦で長崎へ送致されたこともあり、明白だった。牧の疑念は、アメリカ政府の通告なるものを新手の材料に、再び開国を要求し始めたのではないか、というものだった。

これまた前述したように、先のオランダの開国勧告への対処が阿部幕閣の成立と密接に関連した経緯があった。したがって、オランダが、アメリカ政府の通告なるものを持ち出すという新手で、開国を要求して来たのでは、との牧と同様の疑念が、阿部幕閣の中に起こったとしても、無理からぬところだろう。

しかし、「別段風説書」の内容は、来航予定の艦船名やその艦長名まで列挙した、かなり具体的なものであり、オランダ政府の術策と断定するには躊躇せざるを得ないものでもあった。

来航情報の伝達と流布

嘉永五年（一八五二）八月、阿部正弘幕閣は、溜間詰の家門・譜代大名へ、「別段風説書」のアメリカ艦隊来航情報を伝達した。江戸湾海防担当の彦根・会津・忍藩は溜間詰だから、この時点でこの情報を公式に入手したわけである。しかし、川越藩は家門だが、帝鑑間詰だから、この時点では公式には伝達されていないこととなる。江戸湾の海防を担当する四藩への情報伝達は、ペリー来航後における浦賀奉行与力樋田多太郎の証言によれば、同年暮だったという（外国一―一六）。

また、同年一一月二六日、一年交替で長崎の警衛を担当する筑前国福岡藩主の黒田斉溥（なりひろ）（維新後、長溥（ながひろ）と改名）と肥前国佐賀藩主の鍋島斉正、さらに琉球を抱える薩摩藩主の島津斉彬（黒田斉溥の甥）に「別段風説書」が廻達されている。斉彬は、これより先、すでに、同藩の長崎聞役（ききやく）経由で情報を入手していた模様であり、そして一〇月二二日に阿部から口頭で情報を伝達されていた。長崎と琉球の海防は外様大名に担当させており、来航情報の伝達を家門・譜代大名の範囲に限定しておくことはできなかった、と見てよかろう。

ついで、阿部幕閣は、翌六年（一八五三）二月、来航情報を伏したまま、参勤交代で江戸に在府中の雄藩諸大名に対して、可能な限り帰国を延期させる策を講じている。この幕府の措置に接した、宇和島藩主の伊達宗城は、江戸守備兵力の確保が目的だろう、との推測を、島津斉彬に開陳している（岩下二〇〇〇）。してみれば、出自は旗本山口氏から入った養子ではあるが、外様大名の宗城がこの時点で来航情報をすでに入手していたこととなる。

これを要するに、来航情報は、嘉永五年末前後には、阿部幕閣が公式にそれを伝達した溜間詰の家門・譜代大名や、江戸湾と長崎、琉球の海防を担当する諸大名に止まらず、雄藩諸大名の間にも一定程度、流布していたと見て、まず間違いあるまい。

黒田斉溥の意見書

阿部正弘幕閣から来航情報を伝達された家門・譜代大名たちは、幕閣の出方を見守っていたようだが、海防を担当する外様雄藩大名の中には、その対応へと動く向きが現れて来る。長崎の警衛を担当する、福岡藩主の黒田斉溥である。斉溥は、情報に接した翌月、嘉永五年（一八五二）一二月に、早くも幕府に対して、次のような内容の意見書を提出している（岩下二〇〇〇）。

①アメリカ艦隊が来航した場合、その交易要求は拒絶する以外に対応の選択肢はない。
②しかし、脆弱な海防態勢の現状では、その撃退は不可能である。
③交戦による江戸湾口の封鎖は、幕府瓦解に連動しかねない。

【解説】佐久間象山が提示した、異国船来航→江戸湾口封鎖→幕府瓦解のシナリオと同一のシミュレーションであり、象山の意見が流布していることを示していよう。

④したがって、早急な対策の確立が急務である。

⑤具体策は、アメリカから帰国した中浜万次郎に諮問して、海軍の創設を委任するとともに、御三家や、しかるべき諸大名に来航情報を伝達して、その対策を諮問することである。

ここで、具体策として、海軍の創設、そして、一部に限られてはいるが、諸大名への外交情報の公開と、対策の諮問という、いずれもペリー来航後に阿部幕閣が採用する政策が提案されていることは、注意しておきたい。また、海軍の創設は、前述したように、徳川斉昭の対外政策における核心的主張の一つであり、これが海防を担当する雄藩大名の間からも出されて来たことは、それがもはや斉昭の特異な個人的意見ではなくなっていることを物語っていよう。

琉球「大砲船」の建造

薩摩藩主の島津斉彬は、どう対応したのだろうか。斉彬は、当時、参勤交代で江戸在府中だったが、彼もまた阿部正弘幕閣の出方を見守る立場だった、と見られる。もっとも、彼なりに対策は講じている。

斉彬は、アメリカ艦隊が品川沖へ来航した場合、三田（みた）の屋敷では防備上に問題があると考えたと見られ、嘉永五年（一八五二）一一月二日、山手に新たな屋敷を購入するよう指示している。これは、同藩の長崎聞役から得た情報を、阿部から伝達された来航情報で確認し、とられた措置だという（岩下二〇〇〇）。そして、斉彬は、翌六年（一八五三）五月三日、帰国のため、江戸を出発するが、その際、妻子を海辺の三田屋敷から渋谷（しぶや）の新邸へ移住させるよう指示している（『斉彬公史料』第一巻）。

それ以上に、斉彬が案じていたのは、アメリカ艦船の琉球来航だった。斉彬は、来航情報を伝えられた後、琉球に配備する「大砲船」の建造計画を、阿部に内示し、その了解を得た上で、五年一二月二七日に幕府へ申請し、翌六年三月二日に許可されている（同上）。この「大砲船」は、琉球に繋留し、航行範囲も薩摩藩の領分内に限定することになってはいるが、幕府が大船建造の解禁に、実質的に踏み切った措置であると言えよう。

もっとも、これには前史があると思われる。水野忠邦幕閣は、天保一二年（一八四二）九月、「御祖宗之御遺志御継述（継承）之思召（将軍家慶の意向）」により、「荷船之外、大船停止之御法令ニ候所、方今（現在）之時勢、大船必用（要）之儀ニ付、自今（今後）諸大名大船製造致候義、御免被成候間、作用（造船）方幷船数共、委細相伺可請差図之旨被仰出候」と諸大名に達し、若年寄遠藤胤緒がそのことを幕臣へ達したという（『安政雑記』）。

この法令は、「慎徳院殿御実紀」（家慶伝）の当該月条や『御触書集成』には見えない。江戸の手習い塾の師匠が書き留めた、風聞留（世間流説の記録）という史料の性格から、偽文書の可能性も大いにあろう。

しかし、弘化三年（一八四六）五月―六月危機の折、伊達宗城が徳川斉昭に送った前出の書翰中に、当時の老中首座水野忠邦の「差図」で「蘭船」（洋式船）であることをカモフラージュした建造計画を、宗城が五年前（つまり、右の「発令」後）に出願したが、老中土井利位から不許可を申し渡されたことが述べられている（水戸―別下）。

このことを勘案すると、水野幕閣によって、諸藩に大船の建造計画を幕府に届け出させ、造船方法や船数などを審査の上、許可する、という大船建造の条件付き解禁政策が一旦は打ち出されたものとも考えられる。だが、それは、水野の失脚、天保改革の挫折で、不発に終わったのであろう。

そう考えると、斉彬の「大砲船」建造申請と、阿部幕閣によるその許可は、右の経緯をふまえたものだった、ということになろう。

ただし、この「大砲船」建造は、琉球でアメリカ艦隊と事を構えようとするための措置ではない。斉彬は、帰国に先立つ一ヶ月前の四月三日、辰ノ口の屋敷を訪問して、阿部と会談した際には、「領分江参り候ハ、成丈穏便ニ取計、長さき（崎）江参候様ニ、たとへ一度位、彼方より威し之ため大砲響かせ候とも不差構、無事之方ニ可取計」旨の、長崎回航を求め、相手側の威嚇行為があっても、「穏便」な対処に徹する、という来航時の方針を申し入れているのが、その証左である（『斉彬公史料』第一巻）。「大砲船」の建造は万が一のための備えであろう。

島津斉彬とペリー来航

ペリー艦隊は、四月一九日、琉球の那覇に来航するが、島津斉彬は帰国の道中でその報に接する。斉彬は、即日（六月一日付）、阿部正弘幕閣へ通報している（『斉彬公史料』第一巻）。そこで、彼は、来航したアメリカ人から得たとして、①「日本へ和好交易ノタメ」、②一一隻の艦隊で、③江戸へ向かい、④琉球には艦隊集結のため三〇日ほど滞船する（艦隊は五月二六日、那覇を出航）、などの情報を阿部幕閣へ伝えている。

斉彬は、阿部はアメリカ艦隊が「とても参間敷（まいるまじく）」と「存候口気（こうき）」（到底、来航しはしまい、という観測の口ぶり）だったから、彼の通報に接して、「別て（べっして）周章と存申候」（大変にあわてているだろうと思う）とし、「最早浦賀江参居候も難計（はかりがたく）、江戸之混雑思ひやられ候」と、同月四日付の国家老島津久宝宛の書翰で述べている（ペリー艦隊は、発翰の一日前、六月三日に浦賀沖へ来航）。その一方で、アメリカ艦隊の来航先が江戸にあり、「琉球之方は第二ニ相成候模様、大きニ仕合（しあわせ）ニ存申候」と、琉球来航がアメリカ艦隊の目的では「第二」のものであったことに、取り敢えずは安堵している。

これらの経緯を見る限り、叔父・甥の間柄だが、黒田斉溥は抜本的な国家的対策を幕府に求め、斉彬は自藩＝自家保全策を講ずることに終始する、という具合で、雄藩諸大名の対応にも、足並みを揃えるような動きは、いまだ起こってはいなかったと言えよう。

もっとも、斉溥にしても、幕府にせよ、薩摩藩にせよ、来航した艦船には長崎への回航を求める方針だったから、長崎の警衛を担当し、それを一手に引き受けなければならない立場上、抜本的対策を求めることにしか自藩＝自家保全策を見出せなかった、というのが実情だったろう。

徳川斉昭による朝廷への通報

越前国福井藩主の松平慶永は、江戸城本丸表御殿の殿席は大廊下間（下之間）であり、阿部正弘幕閣による情報伝達の対象外だったが、伊達宗城から情報を得た。そこで、嘉永五年（一八五二）一〇月二二日付で書翰を、前水戸藩主の徳川斉昭へ送り、危惧を表明している。斉昭も、城中殿席は大廊下間（上之間）であり、やはり情報伝達の対象外だった。それのみならず、斉昭は、前述したように、隠居・謹慎処分後、ほどなく謹慎が解除され、しばらくして藩政への関与も解禁されていたが、江戸城への登城は処分以来、長らく止められていた。これに対して、斉昭は、同年一一月一八日付で返翰し、長崎奉行の牧義制による付帯意見と同様の、「狡夷の姦謀」（狡い野蛮な異国人の悪巧み）との見方を示している。

その直後の、同月二二日、斉昭は、江戸城への登城をようやく許され、将軍家慶とその継嗣家祥（一三代将軍襲職に伴い、家定と改名）に謁し、饗応を受けている（水戸―別下、「慎徳院殿御実紀」『続徳川実紀』第二篇）。斉昭の登城解禁措置は、来航情報に接した阿部幕閣の対策の一環と見てよかろう。そう考えれば、もとより、それが目的だったのだろうが、阿部は、登城した斉昭に、口頭でのようだが、来航情報を伝達している。これに対しても、斉昭は、翌日の二三日付の阿部宛の書翰で、「蘭夷奸謀」（オランダの野蛮人の悪巧み）との見方を示している。

その後、斉昭は、薩摩藩に廻達された「別段風説書」を、尾張藩主徳川義恕（のち義勝）経由で入手している。一説には、阿部幕閣から同年末に伝達されたともいう。いずれにしても、その内容の具体性に接して、斉昭はどうやら考えを翻したようである。ペリー来航以前の翌六年（一八五三）月日不詳の関白鷹司政通宛の書翰では、「別段風説書」を添付した上、次のように書き送っている（鈴木ほか二〇〇九）。

> 先々昨年は参らず候ところ、何れその内には必ず参るべき義、然るところ幕（将軍家慶）は御承知遊ばされ候通りの御賢明にて、右様の事にはおかまいもあらせられず、後宮（大奥）等はもちろん、異船の咄などは大禁物、それにつき候ては閣老（幕閣）などは甚だ心配の様子、拙老（斉昭）など小気の者は早く御手当これあり候わば然るべしと存じ候えども、将軍家にては御大気故、とんとおかまいこれなく、（中略）何れ来り候わば来る時の事と申す意と察せられ候えども、不肖の拙老初め有志の人々は昼夜薄氷の思いにまかり在り候

先刻、「御承知」の通り、「将軍家」は「御賢明」で「御大気」だから、来航情報に接しても一向に無頓着で、来たら来たときのことだ、という意向のようだと、一二代将軍家慶を名指しで揶揄する一方、阿部幕閣や自分たち「有志」（斉昭や、彼と政治的な親交関係を結ぶ雄藩諸大名）は昼夜、薄氷を踏む思いでいる、と強い危惧を表明している。

政通には一応、口止めをしてはいるが、この通報が、朝廷から幕府への、何らかの働きかけを期待してのものであることは明らかだろう。政通がこれにどう対処したかは不明だが、この書翰によって、朝廷の最高首脳も来航情報を事前に得ていたことはたしかである。

実は、この書翰の文中で、将軍家慶について「御承知」の通り、と述べているように、斉昭は、

かなり以前から、政通との間で、将軍の政治的な人物評価すら含む、政治的な情報や意見を取り交わしていたのである。そして、ここでは、さらに一歩踏み込み、来航情報という、幕政の最高機密事項を通報し、将軍家慶への批判をも含む、自説を表明したわけである。

政通は、文政六年（一八二三）六月二三日から安政三年（一八五六）八月八日に至る三三年余にわたり、仁孝・孝明両天皇の摂政・関白を勤めている。近世の朝廷にあって、それは余人の追随を許さぬ、抜群に長い在職期間であり、政通は屈指の実力者だったと言えよう。それだけに、政治的にも慎重だったと思われ、そう易々と斉昭に踊らされるような人物ではなかったようである。したがって、それまでも、またこの来航情報の場合も、幕府の出方を見守る姿勢をとったと見られる。

しかし、そういう政通に、徳川家一族の中枢に地位を占める、斉昭のこうした行動は、どのように映っていたのだろうか。その辺を考え合わせれば、ペリー来航を機に激変する朝幕関係の素地は、すでにできあがっていた、と言ってよかろう。

雄藩諸大名による幕政＝国政容喙の開始

このように、アメリカ艦隊来航情報の入手を機に、徳川斉昭の政治手法は、より深刻なレベルへとエスカレートしていったのである。後年のアメリカとの通商条約締結問題での、斉昭の「京都手入れ」＝朝廷入説は、ここに胚胎している、と言ってよかろう。そして、それは、近世の国制の政治的根幹をなす「将軍―譜代門閥」政治に真っ向から挑戦し、また朝廷による幕政＝国政への容喙の排除という政治的原則を踏み破る、政治的意味をもつものだった。

このとき、鷹司政通がそれで動いた形跡はないから、問題は既存の政治構造への挑戦の点にあろう。斉昭が自説を幕政＝国政へ反映させたいとの考えから起こす言動は、本人にその自覚があるかないかにかかわらず、客観的に見れば、国家意思の決定に容喙して、それへの関与を求め、極めて閉鎖的な「将軍―譜代門閥」政治の枠組を押し広げようとする動きである。

ペリー来航後、阿部正弘幕閣は、後述するように、斉昭の年来の持論であり、黒田斉溥も主張し始めていた、幕府の軍艦建造と諸藩の大船建造解禁に踏み切るとともに、斉昭を幕政に参与させ、その幕政＝国政参加要求を認めると同時に、彼を既存の政治構造の枠内へ囲い込もうとする。と同時に、阿部幕閣は、アメリカ国書を公開し、その対策を諮問する。もとより、これは、目前の外圧に対する有効な国家的対応の方途を模索する中で、前出の斉溥の提案なども斟酌されて、措置されたものであろう。斉溥の提案には、従来の狭い政治構造の枠内では、有効な国家的対応の知恵が出て来ないのではないか、という政治的な判断があったと見られる。一方、阿部幕閣も、既存の構造の枠内へ有効な知恵を吸い上げたい、という政治的な意図があったと思われる。

しかし、斉溥の提案は、長崎警衛担当藩としての職責上なされたものとはいえ、その底意が幕政＝国政への参加要求にあることは明白だろう。その点で、政治的なベクトルは斉昭の言動と同一方向にあったと言えよう。

このように、従来からの斉昭の動きに止まらず、雄藩諸大名が幕政=国政へ政治的に容喙し、参加を求める動きは、ペリー来航以後ではなく、早くもその来航情報をめぐって始まっていたのである。そして、それは、「将軍―譜代門閥」政治の解体を、またもう一段、次なるステージへと押しやる動きでもあった。

二　ペリー艦隊の来航目的と実力

アメリカ艦隊の来航目的

嘉永六年（一八五三）六月三日、アメリカ東インド艦隊司令長官M・C・ペリーが率いる艦船四隻からなる艦隊が浦賀沖に来航した。

アメリカが艦隊をわが国へ派遣した目的は、一八五二年一一月一三日付（陽暦、嘉永五年一〇月二日）の同国大統領M・フィルモアの国書に示されている。それぞれ簡潔な文章の、国書の一〇ある段落の順に、それらの内容を見てみれば、次のようになる（『ペルリ提督日本遠征記』（二））。

①艦隊の派遣目的は、国交の樹立と貿易の開始である。
②アメリカの憲法と法律は、他国の宗教や政治に干渉を禁じており、ペリー提督には日本の平和を乱す行動をしないよう諭してある。
③アメリカは大西洋と太平洋の両岸に面して国土を有し、蒸気船は一八日で日本に到達する。

④日米両国はともに物産豊富な国であり、貿易は両国に利益をもたらす。
⑤日本の古来の法律が中国とオランダ以外の国との貿易を許さないことは承知している。しかし、その法律制定後、アメリカ大陸の開拓が進み、貿易が両国に利益をもたらす条件が新たに生じている。
⑥日本が古来の法律を直ちに変更することに不安ならば、五年ないし一〇年の期限で、貿易を試みてはどうか。アメリカは、そうした期限付きの貿易条約を結び、それを更新する場合もあれば、しない場合もある。
⑦以上に加えて、アメリカの中国へ向かう船舶や捕鯨船が日本近海で難破した場合、それらの船荷と船員の救護を日本に熱望する。
⑧また、石炭が日本で産出することを聞知しており、その石炭の他、食糧と水を、アメリカの船舶に供給してほしい。
⑨これを要するに、艦隊派遣の目的は、国交の樹立、貿易の開始、石炭と食糧の供給、難破船乗組員の保護を、日本に求めることにある。
⑩ペリー提督が持参した贈り物を受納されたい。

ここでは、米墨戦争の結果、嘉永元年（一八四八）二月にカリフォルニアを獲得して両岸国家となったアメリカが、蒸気船による太平洋航路を開けば一八日で、日本と往来できる距離となったという新たな条件を生かして、貿易を開始したい、ということが最大の眼目であろう（①、③

〜⑥）。そのために、先ず国交を樹立したい（①）が、その第一歩として、日本に対する友好の意思を示す贈り物を受納されたい（⑩）。もっとも、直ちに「鎖国」を解除するのが不安ならば、五年ないし一〇年の期限付きで貿易を試みてはどうか（⑥）。以上に加えて、石炭と食糧・水の供給を求め（⑧）、また難破船乗組員の保護を熱望する（⑦）。

かつての研究では、ペリー艦隊来航時に貿易開始が実現しなかったことや、その前提をなすペリーの交渉姿勢から、来航の主目的を付帯要求である、⑦難破船乗組員の保護と、⑧石炭と食糧・水の供給、つまり中国航路や捕鯨などで、日本近海を航行する船舶の中継港と安全の確保にある、との理解が通説の位置を占めていた。

しかし、最高次元の国家意思を提示した、大統領の国書という国制上の性格と、今後、対日外交を本格的に展開すべく、自他ともに、これまでにない規模の艦隊を派遣して手交する外交文書という性格から考えて、その文面の内容構成と分量配分は、分析の度外に措かるべきものではなかろう。そのように国書を読解すれば、右のような理解となるのが、むしろ自然だと思われる。

アメリカ政府の対日交渉方針

ペリーの交渉姿勢は、たしかに、貿易の開始を是が非にでも実現しようとするものではなかった。それは、アメリカ政府の対日交渉方針と関わっている。

ペリーは、一八五二年一一月一四日付（陽暦）の海軍長官J・P・ケネディ宛の書翰で、日本との外交交渉に入れない可能性がある懸念を示しつつ、本格的な交渉に備えた予備行動として、捕鯨船などの船舶のための避難港および給水港を直ちに確保する必要を指摘し、日本がその供与を拒否し、軍事力を行使しなければ、それが実現できない場合、日本南部の一、二の島を占拠して、そこに艦隊の集合地を確立する、という方策を意見具申している（『ペルリ提督日本遠征記』（二））。

日本列島内の一部島嶼を占拠し、そこを日本との交渉拠点とする、という方策は、対象となる具体的な島嶼は異なるものの、前述した佐久間象山の想定（シミュレーション）にある通りである。象山は伊豆の大島などを想定していたが、ペリーは琉球諸島をここでは挙げている。象山は、江戸湾の封鎖を最も危惧し、また帆走軍艦の航行能力を前提として考えていたので、大島辺を想定したのであろう。一方、ペリーは、その艦隊の主力である汽走軍艦の航行能力と、上海などとの補給や連絡の便もよく、また、欧米諸国がかねて注目していた東シナ海域の要地である琉球に、この際、拠点を確保する意義をもふまえて、この戦術プランを立てたのであろう。

ペリーの意見は大統領へ進達され、その指示で、国務長官Ｅ・エヴァレットから翌一八五三年二月一五日付（陽暦）で回答書翰が彼の許へ寄せられた（『ペルリ提督日本遠征記』（二））。そこでは、軍事力を行使しなければ、対日交渉拠点を日本の国土内に確保することが難しい場合、琉球に根拠地を確保することを認めつつも、その際には琉球国側の同意と協力が不可欠であり、琉球側からの武力攻撃に対する正当防衛の反撃を除き、軍事力の行使を禁じている。

そもそも、今回の対日交渉におけるアメリカの原則的な姿勢は、その国書に明示されている（②）。そこでは、キリスト教の布教を認めない日本の方針に配慮し、内政の中身に宗教が含まれることをわざわざ明記して、日本のみならず、他国への内政不干渉が憲法上の外交原則であるとした上、ペリーに日本の平和を乱す行動、つまり軍事力の先制的ないし一方的な行使を禁じたことが述べられている。

この件の意味するところを、幕府側はどこまで理解し得たのだろうか。国書の該当部分のオランダ語からの翻訳文は、次のようになっている（『大日本古文書』幕末外国関係文書之一、史料番号一一四（以下、外国一—一一四と省略））。

合衆国の基律及び諸律は（割注省略）固より其各個民人に禁戒を下し他邦の民の教法政治を妨ぐることを得ざらしむ、予、特に水師提督ペルリに命して是等の事を厳禁せしむ、是貴国の安穏を妨げざらんことを欲してあり

この訳文からアメリカ政府がペリー艦隊に付した、軍事力の先制的ないし一方的な行使の禁止という制約を読み取ることは、おそらく難しかったろう。

文中の「基律」が憲法を意味し、その憲法が国制上、如何なる意味を有するかの本格的な解明は、早くとも文久元年（一八六一）末の時点を俟たねばならない（奥田二〇一六）。他国への内政不干渉が、その憲法上の外交原則であることを説いた件は、翻訳者には十分に理解できなかったらしい。この部分は、「他邦の民の教法政治を妨ぐることを得ざらしむ」となって、日本のキリス

ト教の布教禁止政策を含む、他国の宗教政策には介入しない、という内容だけの翻訳になってしまっている。もっとも、それだけに、この点は幕府側には理解されたようである。肝心の軍事力行使の件は、ペリーに対するキリスト教布教禁止政策への介入「厳禁」の指示という解釈での翻訳になっているので、それに続く「貴国の安穏を妨げざらんことを欲し」の一文は、その「厳禁」意図の説明と、文脈上、理解する他はなくなっている。

このように、幕府側には理解できなかったとしても、右のアメリカ政府の対日交渉方針は、ペリー艦隊の行動を制約したことは間違いない。

ペリー艦隊の規模と実力

ペリーが浦賀来航後にとった、実際の交渉姿勢は、①日本側の海上警備行動を解除させる、②交渉の場で了解事項を決定する権限を有する「高官」以外とは、如何なる交渉も行わない、③長崎への回航と、そこでの交渉の要求には応じない、④要求を日本に「懇願」する姿勢はとらず、威厳をもって臨む、⑤不測に事態に備え、艦隊を臨戦態勢に置く、というものだった（『ペルリ提督日本遠征記』（二））。問題は、こうした交渉姿勢が幕府側にどう受け取られたかである。

幕府側は、前述したように、アメリカ政府がペリー艦隊に付した、対日交渉上の制約を理解できなかったと思われる。したがって、右のような強硬な交渉姿勢に接すれば、今日の外交用語で言えば、いわゆる「砲艦外交」に相当するところの、交渉姿勢以外の何物でもない、と受け取らざるを得なかったろう。ペリー側も、そのように受け取らせたかったと見られる。それは、これまた今日の「平和外交」と称するには、あまりにも度外れた規模と実力の艦隊（加藤一九九四）をもって、交渉に臨んだこと自体が、何よりの証左である。

ペリーは、旗艦サスケハナに座乗し、ミシシッピー、プリマス、サラトガの三隻を率いて来航した。当時、「黒船」を三〇〇〇石積ほどの大船とする報告もあるが、実際には、それよりもはるかに大きい。当時、わが国における最大級の船舶は、いわゆる「千石船」で、一〇〇〇石の米穀ないしそれに相当する積荷を積載して航行できる輸送船だったが、その排水量は一五〇トン程度と見られている。ペリー艦隊の艦船の排水量は、最大のサスケハナが二四五〇トンで、その一六倍強、最少のサラトガでも八八二トンで、六倍弱ある。

サスケハナは、一八五〇年に建造された新鋭の汽走軍艦で、乗員数は三〇〇名、装備された艦砲は九門、うち六門が炸裂弾で砲撃するものだった。ミシシッピーは、一八三九年建造の汽走軍艦で、排水量は一六九二トン、乗員数は二六八名、艦砲は一二門で、全てが炸裂弾である。プリマスは、一八四三年建造の帆走軍艦で、排水量は九八九トン、乗員数は二一〇名、艦砲は二二門、うち炸裂弾は四門である。サラトガは、一八四二年建造の帆走軍艦で、乗員数は二一〇名、艦砲は二二門で、うち炸裂弾は四門である。

日米両国間の戦力差

わが方の装備と比較した場合、ペリー艦隊の軍事力は、①五〇〇石積以上の大船（四隻とも）、②海上で砲撃できる軍艦（四隻とも）、③風力の有無・方向に左右されず航行できる蒸気船（二隻）、④着弾すると爆発し、高い破壊・殺傷能力がある炸裂弾（二六門）、⑤射程距離の長さで優る艦砲（六五門すべて）という点で、わが方に欠ける装備を有しており、格段の優位にある。

わが方が江戸湾沿岸に築いた台場に配備している大砲は、構造的には火縄銃の砲身を長くし、口径と弾丸を大きくしたもので、その攻撃機能は投石器と同一である。着弾地点の城壁や船舶などの構造物を破壊するには違いないが、内部に火薬が仕込まれている炸裂弾とは異なり、爆破するわけではない。

また、三浦半島側と房総半島側の台場からの砲撃は、浦賀水道を交差する射程距離の長さを有さず、座礁の危険のない、最も水深の深い航路には、ともに達しない。つまり、江戸湾に侵入する異国船を、台場からの砲撃では、破壊できないのである。

そこで、大砲の砲身、口径と弾丸など改良したり、発射に用いる火薬の分量を増やすなど、工夫が試みられる。しかし、射程距離を伸ばすために、火薬の分量を増やしすぎると、青銅製の砲身では発射時の圧力に耐えられず、自爆してしまうので、砲身を厚くせざるを得なくなる。また、砲身の内部に線条を施す技術がなかったから、命中精度を上げるために、砲身も長くする。しかし、そうなると、大砲の重量が過大となって、運搬に支障が出てしまう。

この問題を根本的に解決するため、佐賀藩主鍋島斉正が、幕府代官の江川英龍の協力を得て、嘉永三年（一八五〇）六月に反射炉を築いたのである。反射炉で鉄鉱石の溶鉱温度を上げて鋼鉄を造り、発射に用いる火薬の分量を増やしても、圧力に耐えて射程距離を伸ばせる、鋼鉄製の大砲を製造し、同藩が警衛を担当する長崎に配備しようとしたのだった（杉谷一九九二）。しかし、ペリー来航時までに、江戸湾への異国艦船の侵入を阻止し得るに十分な射程を有する、鋼鉄製の大砲を製造するには至らなかった。なお、先頃、世界遺産に登録された、伊豆国韮山に現存する反射炉は、来航後の安政二年（一八五五）二月に、同地に代官所を置く、江川が築造している。

異国船を射程内に捉えられる、海上から砲撃するには、借り上げた漁船からでは、文字通り、大きな火縄銃である、手持ち大筒（おおづつ）を用いることが考えられる。しかし、これは、大型の異国艦船にどれほどの打撃を与えられるか疑問な上、反撃された場合、ほとんど抵抗力がないし、そもそも発射の反動で漁船が転覆する危険があった。そこで、前述したように、艦砲を装備できる大船の軍艦の建造が必要となって来るのだが、ペリー来航時までに、将軍家慶と阿部幕閣は大船建造の解禁に踏み切らなかった（神谷二〇一三）。

これを要するに、火力の点で、ペリー艦隊とわが方の間には、格段の戦力差があったのである。しかも、反射炉築造の動きや、前出の黒田斉溥の意見書が示しているように、蘭学者が翻訳した西洋軍事技術書などからの知識により、わが方でも見識ある向きは、この戦力差を明確に認識していたのである。

東アジアでのペリー艦隊

一八五三年の夏の時点で、東アジアの海域に展開する欧米諸国の艦船は、イギリスが一八隻、合計一万四三六八トン、総艦砲数三〇五門、総乗員数二九三七名で、やはり突出した軍事的プレゼンスを保持している。しかし、汽走軍艦は三隻で、合計二七〇四トンに止まる。また、最大の艦船はバルディンで、一七六三トンの帆走軍艦である。なお、フランスは二隻で総乗員数四四名、ロシアは三隻で六八名、いずれも帆走艦で、排水量は不明だが、乗員数から見て小型艦であろう。

これに対して、ペリー艦隊は、再来航に参加したポーハタンが、一八五二年に建造された最新鋭の汽走軍艦で、排水量二四一五トン、乗員数三〇〇名、艦砲九門、うち炸裂弾六門である。わが国へ来航しなかった艦船も含めると、一八五四年の時点で東アジアの海域に展開するペリー艦隊は、合わせて一〇隻、総排水量一万二三四四トン、総艦砲数一二八門、総乗員数一九八五名に達している。ペリーは、一二隻を集結させ、その全艦船で再来航する方針だったが、一八五一年一月（陽暦）に始まった太平天国の乱に備える必要から、集結した一〇隻のうち、七隻を動員するに止まったのである。

それにしても、ペリー艦隊の実力は、艦船と艦砲、そして乗員の数ではイギリスに及ばないものの、排水量の総トン数では同国に迫る水準にある。これは、主に、二隻の新鋭艦を含む、大型の汽走軍艦三隻の存在によるものである。その排水量は、合計六五五七トンで、イギリスの二・四倍強となっている。つまり、ペリー艦隊は、軍艦の性能と規模、装備の点で、東アジアの海域において、欧米諸国中、唯一、イギリスに匹敵し得る実力を有していた、と言ってよかろう。

これだけの規模と実力を有する艦隊で来航したのは、ペリーが付された交渉上の制約、その軍事力を行使できない事情を、この軍事力の顕示と威圧的な交渉姿勢によって、日本側に「砲艦外交」で臨んで来たと受け取らせることで、カバーしようとしたと見られる。しかし、交渉が長期化して膠着状態に陥った場合、挑発しても日本側が応じない限り、「正当防衛」の軍事力行使はできないから、早晩、この交渉戦術は失敗に帰さざるを得まい。しかも、前述したように、事前に立てられていた、異国船来航時の海防方針では、わが方から交戦に及ぶ可能性は、限りなくゼロに近かったから、仮に挑発しても効果の程は乏しかったと思われる。

もっとも、当然ながら、ペリー側も、幕府側も、互いに相手がかかえる事情を知る由もない。

三　アメリカ国書の受領

ペリー艦隊の来航と幕府の対応

嘉永六年（一八五三）六月三日、ペリー艦隊が浦賀沖に来航すると、海防担当の諸藩は番船を出動させ艦船を取り囲み、浦賀奉行（浦賀在勤は戸田氏栄（うじよし）（のち禄高五〇〇〇石））は与力の中島三郎助（さぶろうすけ）（俸禄五〇俵）と通詞の堀達之助（たつのすけ）をサスケハナへ赴かせ、長崎への回航を求めた。ペリー側は、かねての方針通り、臨戦態勢でこれを迎え、番船による包囲の解除を要求する一方、長崎への回航を拒否するとともに、しかるべき権限を有する「高官」以外とは交渉しない、と通告する。

川越藩はじめ海防担当諸藩は、翌四日、番船による海上警備行動を解除し、幕府にそれを報告する。ペリー側は、同日、浦賀湾内を測量し、入港の姿勢を示す。浦賀奉行は、同日、与力の香山栄左衛門（やまえいざえもん）（俸禄八〇石）を「高官」と称してサスケハナへ送り、ペリー側の目的が国書の手交にあり、その諾否の回答に三日間の猶予を与えることを通告される。

幕府は、同じく四日、これまで措置されて来なかった、江戸湾内海の海防配備を命ずる（外国一―三六）。すなわち、大森・羽田に長州藩、本牧に肥後国熊本藩、品川の御殿山・洲崎に福井藩、芝・高輪に播磨国姫路藩、佃島・鉄砲洲に阿波藩、深川に筑後国柳河藩、伊豆大島に豊後国岡藩、神奈川に肥前国平戸藩、浜御殿（現在の浜離宮）に讃岐国高松藩と幕府鉄砲方の旗本田付四郎兵衛・井上左太夫を配備したのである。

同時に、江戸湾周辺の海岸を領分とする、武蔵国金沢、安房国館山・勝山・州崎、上総国久留里・一之宮・佐貫・大多喜・鶴牧・勝浦、下総国浜村・銚子の諸藩に、それぞれの海岸の警固を命じた。また、小田原藩には同藩が担当する相模湾の三ヶ所に置かれた遠見番所、鉄砲方の田付・井上両氏には三浦半島の備場の警固を命じている。

現地在勤の浦賀奉行

また、浦賀奉行戸田氏栄の本家である美濃国大垣藩（藩主戸田氏正（うじただ）、一〇万石）は、三日、戸田からの通報（外国一―八）を得ると、直ちに浦賀の戸田の許へ家臣を派遣する一方、かねてからの戸田の要請に応え、四日、浦賀への一〇〇名の援兵派遣を幕府に申請し、許可されている（外国一―三七）。翌五日、同藩は、援兵を出発させる一方、それにより不足となった江戸屋敷詰の人数（将兵）と武器などを国元から補充することを申請し、それも許可されている（外国一―四七）。武器は鉄砲であり。員数を明示しつつも、その関所通過が許可されている（外国一―六一）。この一連の措置は、後述する、諸大名に対する、江戸への兵員と武器の動員を要請する施策、つまり「入り鉄砲」の実質的な解禁の端緒をなすものであると言えよう。

同じ五日付で、戸田は、同藩の江戸詰家臣宛に発翰した（外国一―三八）。そこで、家臣派遣に謝意を表し、幕府が同藩の援兵派遣申請を許可しないことを懸念する一方、ペリー側の目的が国書手交にあり、それを拒否した場合、内海へ乗り入れ、それを阻止すべく交戦するにも、海防担当四藩には「異船丈之大炮（砲）は無之、水上自在之海城（ペリー艦隊）を一、二里隔て五、六挺ツ、之大炮、何之詮も有之間敷、航海之術素より闇く、実に残念」と衷情を訴え、引き続き支援を要請している。

ここで驚くべきは、海防最前線の総指揮官たる現地在勤の浦賀奉行が、この期に及んでも、幕府が同族の援兵派遣を許可しないのではないか、という懸念を抱いていることである。幕府の固陋さは、幕府の役人自身が誰よりもよく知っているのだろう。

しかし、幕府は、ペリー来航に直面して、ようやく江戸湾海防の非常動員措置を講じたのである。そこでは、家門・譜代と外様の区別はなく、江戸湾内海の配備では福井・姫路・高松以外はいずれも外様である。もっとも、浜御殿は、江戸城の海の出城という面もあり、さすがに水戸藩の三連枝筆頭の高松藩と鉄砲方の田付・井上両氏を配備している。ここで留意しておきたいのは、この鉄砲方の両氏以外の旗本には動員がかかっていないことである。その事情は後に検討したい。

久里浜での国書受理

香山栄左衛門は、六月四日、サスケハナから戻り、奉行の戸田と協議の上、急遽、江戸・小川町の浦賀奉行（江戸在勤）の井戸弘道（禄高三〇一五石）の屋敷へ赴き、ペリー側の「殺気相含」む態度など、交渉状況について報告する（外国一―一五）。香山は、井戸邸に一泊し、翌日の国書受理の諾否についての幕閣評議の結果を待ったが、結論は出ず、六日未明に浦賀へ戻った。

六日、評議がまとまり、阿部幕閣は、井戸を浦賀へ派遣し、彼に現地の戸田と「諸事」協議して「無油断可被申付候」よう命じた（外国一―四九）。井戸に下された、この達が何を意味するかは文字面では全く不明だが、国書受理によって事態の収拾をはかる、という阿部幕閣の方針が口頭で指示されたものと見られる。七日、右の指示を得て、香山は、サスケハナで、九日に久里浜で国書を受理することを通告し、ペリー側も了承する。

かくして、九日、ペリーは久里浜に上陸してようやく交渉の席に着き、これまた初めて登場した浦賀奉行戸田へ、国書を手交する。

この一連の交渉経緯は、ペリー側がかねての方針を貫徹したかにも見える。たしかに、九分通りはそう言えるだろう。しかし、浦賀奉行は、ペリーが想定したであろう国務長官クラスの「高官」に相当する幕府の海防掛老中と比べれば、二枚以上落ちる役職である。また、久里浜は、観音崎―富津ラインという江戸湾内外海の区分では、浦賀を岬一つ隔てた外海側に位置する。異国船を江戸湾内海に乗り入れさせず、応接もしない、という、かねての方針を、幕府は辛うじて貫いたのである。

しかし、これらはいずれも、対国内的には、幕府の政治的対面を取り繕う意味もあったろうが、国際的には全く無意味だったと言ってよかろう。外交交渉では、誰がその席に着こうが、その帯びる権限が国家意思を代表し得るか否かが問題であり、戸田は間違いなくその資格において国書を受理したのである。もちろん、交渉当事者の国内的な政治的地位の高下は、国家間の外交儀礼上で無視し得ないものだが、この場合のように、互いに双方の交渉当事者が如何なる国内的な政治的地位にあるかを知らなければ、交渉時には問題となりようがなかろう。

また、久里浜での国書受理による幕府側の安堵は忽ち(たちま)にして破られてしまう。ペリーは、国書を手交して帰艦すると、同日、艦隊を江戸湾内へ突如、進入させ、羽田(はねだ)沖にまで乗り入れ、その後、反転して、一一日には夏島(なつしま)（現・横須賀市）沖に停泊する。すでに、それ以前、六日には、ミシシッピーが小柴(こしば)（現・横浜市金沢区）沖にまで乗り入れていた。この示威行動は、再来航地点の下見であり、またそれをわが方に示唆したものである。翌一二日、ペリー艦隊は、手交した国書に対する回答を求め、来年、再来航することを予告して、浦賀沖を出航した。

第六章　国書受領の政治的影響

一　ペリー艦隊来航直後の幕府

ペリー艦隊来航直後の阿部幕閣

嘉永六年（一八五三）六月三日、ペリー艦隊が浦賀沖に来航したとき、将軍家慶は病臥しており、その対応は実質的には阿部正弘幕閣の判断に委ねられることとなった。

阿部幕閣は、老中首座の阿部正弘（備後国福山藩主、領知一〇万石、天保一四年（一八四三）閏九月一一日被命）、老中の牧野忠雅（越後国長岡藩主、七万四〇〇〇石、同年一一月三日）、松平乗全（三河国西尾藩主、六万石、嘉永元年（一八四八）一〇月一八日）、松平忠優（のち忠固と改名、信濃国上田藩主、五万三〇〇〇石、同上）、久世広周（下総国関宿藩主、五万八〇〇〇石、嘉永四年（一八五一）一二月二一日）によって構成されていた。そのうち、牧野は、阿部の二ヶ月後に登用され、当時は次席老中として、阿部幕閣を支える、もう一人の柱だった。

阿部は、艦隊来航の報に接すると、先ず牧野との間で、その対策を協議したという。さらに、家臣石川和介を浦賀に派遣し、現地の状況を探索させた（『阿部正弘事蹟』一）。四日、前述したように、香山栄左衛門が出府し、ペリー側の要求が国書の手交にあることが判明する。翌五日の幕閣・諸役人の評議では、取り敢えずは国書を受理して、この急場をしのぐ、という意見が大勢を占めたが、決定には至らなかった。

彼ら、とりわけその総責任者たる阿部は、病臥中の将軍家慶の「上意」のみに、自分たちの決定を正統化する政治的権威を求めることに躊躇したものと見られる。

徳川斉昭への諮問

阿部正弘には、将軍の権威を補完ないし代替し得る存在として、この危急の場で思い当たる人物は、徳川斉昭の他になかったのだろう。

幕閣・諸役人の評議が結論を出せなかった六月五日、阿部は、斉昭に発翰し、彼の意見を問うた。斉昭は、同日深夜、直ちに答書し、その中で次のように述べている（水戸―上乾）。

> 拙老憂苦致し建白候事共御取用に不相成候へバ今更如何とも可致様無之、只々当惑致計、恐入申候、夫ハ夫、今更申候てもせんなき事故、今ハ今にて何とか被成候外有之間敷、拙老にてハ今と相成候てハ打払をよきと計は申兼候（中略）されバとて彼か書翰を御取受ニ相成候ハバ十か十難題計にて御済せにて宜敷事は一ツも有之間敷（後略）

斉昭は、今日、このことあるを憂えて、再三建白して来たのに、少しも取り上げなかったのだから、今更、自分に相談されても、如何ともし難い――この率直な慨嘆を、先ずは表明している。その上で、今となっては、何とか打てる手を打つ以外にはあるまい、との抽象的な一般論を述べる。しかし、それは、フリー・ハンドで阿部幕閣に判断を任せるものではなかった。そこに、二つの条件を付したのである。一つは、打ち払いは上策とは言えないこと。もう一つは、国書受理は今後に禍根を残すので避けるべきこと、である。

阿部幕閣は、六日、対応を国書受理に決し、それを浦賀に伝えている。ペリー側の交渉姿勢を、現地も幕閣も「砲艦外交」のそれと受け取ったことは、前述した折衝経緯とその報告内容で明白だったから、三日の回答期限内に幕閣が決すべきは、打ち払いか、国書受理か、の二者択一しかない。斉昭の意見は、そのいずれをも不可とするものだったので、阿部幕閣は、斉昭も打ち払いは不可としている、という具合にその意見を摘み食いして解釈し、国書受理を決定する上での政治的補強剤に利用したのだろう。問題は、それで斉昭が納得するか、である。

徳川斉昭への説得工作

阿部正弘は、前述したペリー側との了解が成立した七日の「夜六ッ時（午後六時）過」に、駒込の斉昭邸を訪問し、「八ッ時（翌八日午前二時）」まで、長時間にわたり会談して、将軍家慶の意向として幕閣の対応方針を説明し、その納得を得ようとした。斉昭は、昼食も摂らずにいた阿部に「水戸製松花酒」と「湯つけ」を供し、阿部はよほど空腹だったようで、「飯六、七杯」も食べたという。

その際、斉昭は、「着旧しの着具（甲冑）」を与え、兜に「さき出て丶／ちるてふもの丶ふに／道に匂へる／花にそ有ける」という和歌を認めている。歌意は、戦いの先陣を馳せ、散って（戦死して）しまう武士は、道で香っている花である、といったところだが、若い時分から老中首座の重職に登用され、寝食も忘れて働く阿部に、たとえ貴公が仆れても、世人は武士道の鑑として讃えるだろう、と励ましたのである（水戸―上乾）。

こうした斉昭の心遣いは、阿部に随分と感じさせるものがあったろうが、国書受理という対応策を斉昭に納得させ得たのか、という肝心の問題では、深夜に及ぶ長時間の、この会談の成果は、はなはだ覚束なかったようである。

徳川斉昭の幕議参加要求

徳川斉昭は、前出の六月五日の阿部正弘への答書で、打ち払いの不可を説いた理由を、ペリー側の「砲艦外交」の挑発に乗り、わが方から交戦に及んだ場合、「此度のハ戦争に来り候故、此方より打払候を待申候もの故、打払候へバ彼ヶ術中におち入候事」を危惧したからだと、腹心の藤田東湖宛の書翰で説明している（水戸―上乾）。前述したように、ペリー艦隊は、「戦争に来」たわけではなかったが、わが方が挑発に乗った場合は戦争を辞さず、ポーズだけの「砲艦外交」

を本物のそれに変える余地を含んだ交渉姿勢だった。したがって、その限りでは、斉昭の判断は正鵠を射ていたと言えよう。

斉昭は、前出の答書に続き、翌六日（早朝と思われる）にも阿部宛に発翰し、「今日にも明日にも登城致し、愚存御咄可申哉」と、対応方針をめぐる幕議への参加を打診している（水戸―上乾）。ペリー艦隊の来航を機に、斉昭の言動は、書通を介しての政治的影響力を間接的に行使する、という従前の政治的志向のレベルを踏み越え、幕政＝国政における国家意思の決定に直接関与せんがための、直接的な政治行動へとエスカレートし始めたのである。

この要求に接した七日夜における阿部の斉昭訪問と長時間の会談は、斉昭のかかる動きに対する、阿部幕閣の取り敢えずの対応でもあったと言えよう。そして、こうした政治的志向を露骨に示す斉昭を辛うじて抑え得る切り札は、七日の訪問の際に阿部が持ち出しように、将軍家慶の意向以外にはなかろう。その家慶が、同月二二日に亡くなったのである。江戸城周辺の政局は、否応なく新しい局面へと向かって行くこととなる。

将軍職の継承と阿部幕閣の続投

一二代将軍徳川家慶は、嘉永六年（一八五三）六月二二日に死去した。「慎徳院殿御実紀」（『続徳川実紀』第二篇）の同日条に「御病頗るおもしときこゆ」と、その危篤の記事があり、歴代の将軍同様、これを死亡記事と見てよい。そして、これまた従来の慣例の通り、その喪は一ヶ月後の七月二二日に発せられた（同上）。

一方、発喪の翌日、七月二三日には、江戸城西丸に居住する継嗣の家祥を「上様」と称することが達され、遅滞なく、将軍職の実質的な継承がなされている（「温恭院殿御実紀」〔『続徳川実紀』第三篇〕）。家祥は、同年一〇月二一日に本丸へ移住し、ついで、一一月二三日に朝廷の使者から将軍宣下を伝達され、同日、「家定」と改名した（同上）。かくして、ここに「一三代将軍徳川家定」なる政治的人格が公式に誕生したのである。

家慶没後、家祥の本丸移住までの四ヶ月間に、前将軍と新将軍の交代に伴い、前将軍付きの本丸老中たちが退き、新将軍付きの西丸老中たちが新将軍とともに本丸に入り、幕閣の交代が起こったかと言えば、そうはならなかった。

七月二三日から家慶の葬礼準備が公に開始され、八月四日、江戸城を出棺し、芝の増上寺へ葬列が向かう。以後の一連の葬礼が一応、終了し、八月二一日、国持大名とその分家大名、外様大名、旗本の交代寄合・表高家・寄合・小普請組の面々に、同月二六日、溜摘・譜代大名・高家・願之間詰・奏者番・菊之間縁頬詰・番頭・物頭・諸役人・諸番衆の面々に、前将軍への服喪のために制止されていた、月代を剃ることが許され、江戸城中の儀礼と幕閣・諸役人の勤仕が通常の形に復した（「温恭院殿御実紀」）。

そして、九月一五日、西丸老中の内藤信親（のち信思と改名、越後国村上藩主、五万石余）、同若年寄の鳥居忠擧（下野国壬生藩主、三万石）と酒井忠毗（越前国敦賀藩主、一万石）、同小性組番頭格・御側御用取次見習の平岡頼啓（六〇〇〇石）と蜷川親宝（五〇〇〇石、切米二〇〇〇石）に本丸勤仕が命ぜられた。それとともに、同日、本丸老中首座の阿部正弘と同若年寄の本多忠徳に将軍宣下御用、同老中の牧野忠雅に法令御用（武家諸法度の改定）、同老中の松平乗全に朱印・判物御用（諸大名などへの領知宛行状の交付）がそれぞれ命ぜられた。さらに、同月二七日、西丸の留守居・目付・裏門番頭はじめ、諸役人一同に、本丸へ移り、本丸勤仕の者たちとともに、各自の従来の役目を勤めるよう達されている（同上）。

この間も、七月一七日には、E・B・プチャーチンが率いるロシア艦隊が長崎に来航している（麓二〇一四）。こうした緊迫した情勢の中で行われた、家定の将軍職継承では、幕閣の交代を伴わず、既存の本丸幕閣の下へ、諸役人をも含め、西丸勤仕の面々を吸収合併する形がとられ、阿部幕閣が続投することとなったのである。そして、この続投にあたり、幕議参加を要求している徳川斉昭の処遇が、阿部幕閣にとって最も重要な人事案件だったと言えよう。

二　ペリー艦隊来航直後の朝幕関係

ペリー艦隊来航前後の朝廷

続投する阿部正弘幕閣が徳川斉昭を今後の幕政運営においてどのように処遇していくかは、国書受領が幕藩関係の既成秩序に与えた政治的影響の、最初に表面化した姿だと言えよう。では、朝幕関係の既成秩序には、どのような政治的影響が生じたのだろうか。

京都の朝廷では、前述したように、関白の鷹司政通が徳川斉昭からアメリカ艦隊の来航情報を受け取っていた。政通がその情報を孝明天皇はじめ、朝廷の首脳などに伝えた形跡は、今のところ、見出されていない。斉昭からの通報を得た前か後かは不明だが、嘉永六年（一八五三）四月二七日、政通は「老衰」を理由に辞職を奏請している。政通は、健康上の事情を抱え、それまでも再三にわたり辞意を表明し、その都度、慰留されて来たが、今回、その辞意は相当に固かったという（家近二〇〇七）。

斉昭との通報と政通の辞職奏請との間には、前後関係、したがって影響ないし因果関係を設定し得るとも考えられが、この辺の実証的解明は今後の研究に俟ちたい。ともかく、幕府ばかりではなく、朝廷も内部に首脳の人的構成に動揺の要素を抱えていたのである。

幕府は、同年六月一五日、京都所司代より武家伝奏を介して、今回の一件を朝廷へ報告した。同月二四日、孝明天皇は、この非常事態を理由に、政通の辞職を聴許しないことを、彼に伝えた。家近良樹は、その背景として、政通が斉昭との書通によって幕府サイドの情報を得ている事情を天皇が知っており、そのコンタクトを維持しようとする天皇の意図もあるのではないか、と推定しているが（同上）、もっともであろう。

朝廷におけるアメリカ国書の問題性

幕府は、京都所司代より武家伝奏を介して朝廷へ、同じく六月二七日、ペリー艦隊の出航を報告し、七月一二日、ペリーから受理した国書の漢文と横文翻訳（後述）の二通を提出した。翻訳文提出の際、京都所司代（脇坂安宅（播磨国竜野藩主、五万一〇〇〇石））から武家伝奏（三条実万（実美の父）と坊城俊明）に対し、アメリカ国書中に、「大皇帝、御覧、陛下、九五、至尊、貴京、名京、来京」などの文言が含まれ、それらは「皇朝」（朝廷）を指しているように見えるが、いずれも「関東」（幕府）を指すもので、「素ヨリ外夷之事ニテ其辺之差別無之」ものと了解されたい、と説明がなされている（外国一―二七四）。

この文言一つをとっても、国書は朝廷にとって、その存在理由や正統性を脅かされかねない問題性を包含していたのである。幕府側もそうした事情を承知しておればこそ、わざわざ説明を施したのであろう。しかし、当然ながら、その辺の「差別」すら弁えない「外夷」と国交を樹立するのか、という反問がいずれ生じるのは避け難かったろう。

ペリー側は、わが国の国制が将軍（幕府）と天皇（朝廷）の二元ないし双頭の構造にあると理解し、両者の関係を「世俗的な皇帝」と「宗教的な皇帝」の「二重主権」の国家と捉え、前者の実権者と看做す幕府を交渉相手として選択したのだった（『ペルリ提督日本遠征記』（一））。わが近世の国制を「二重主権」の国家とする理解は、国家の主権を何人が把持し、また代表するか、という問題をいわば国家論の第一原理とする、欧米近代の国家論によるものである。そして、同種の発想に立つ、将軍＝実質的な最高政治権力者、天皇＝伝統的な宗教的権威の源泉という理解は、一九七〇年代初頭まで、戦後歴史学においても通説的な見方であった（井上一九五三）。

しかし、前出の国体論の見地と、こうした朝幕関係の二元的ないし双頭的、つまりは並列的な理解とは、元来、論理的には相容れないものだと言えよう。そのことが、これ以降の対外的交渉と、その国内政治への反射を通じて、次第に明瞭となっていくだろう。幕末の尊王論と攘夷論はともに、国体論を共通の思想的前提としているが、右の内外交差する一連の過程で、国家主権論の磁場へと引き寄せられ、国体論と論理整合的な形での、朝幕関係の政治的な実体化を求める主張へと向かわざるを得なくなろう。そして、国体論もまた、欧米近代の国家主権論と思想的に遭遇して、否応なく、その国家主権論という「普遍的」なコードによる再定義を余儀なくされていくだろう。その一つの法理論的な帰着点が、穂積八束の憲法学であることは多言を要しまい（穂積一九四三）。

もっとも、幕府から国書の翻訳文の文言に関する釈明を受けて、それへの違和感がもつ思想的な意味を考え始めた、というのが、案外、この時点での朝廷の大勢であったかもしれない。

ついで、同じく七月二六日、将軍家慶の訃報も朝廷に届いた。

ここに、朝幕関係は新たな局面を迎えたのである。

三　徳川斉昭の登用

国書対策評議の本格的着手

嘉永六年（一八五三）六月一三日、阿部正弘は、ペリー艦隊の出航を徳川斉昭に通報し、今後の対策を文書で提出するよう要請した。斉昭は、同日夜、答書して、了解の意を伝える。

翌一四日、阿部幕閣は、勘定奉行の川路聖謨（かわじとしあきら）（公事方、実禄五〇〇石）と西丸留守居（にしのまるるすい）の筒井政憲（つついまさのり）（禄高二七〇〇石）を駒込の斉昭邸を訪問させ、この時点までの幕議で出されていたと見られる国書への対策案を提示させた。七日夜の阿部の訪問に続き、阿部幕閣は、斉昭の幕議参加要求を前に、場は江戸城中でこそないが、斉昭を実質的に幕議へ参加させる政治的な状態に入ってしまっているのである。

川路・筒井両人が提示した対策案は、①長崎貿易にアメリカも参加させ、従来の貿易額を折半して対応する、あるいは、②回答を引き延ばして、その間に海防態勢を強化して、いずれは打ち払う「ぶらかし」策をとる、というものだった。

先ず①案が提示され、斉昭が（イ）貿易額の折半にはオランダはもちろん、アメリカも承知すまい、（ロ）長崎貿易の規模を拡大する国内経済の余裕はない、（ハ）そもそも「交易」（貿易）は「祖宗の御厳禁」だから了解できない、と反対すると、ついで、②案が提示された。斉昭は、「ぶらかし」策の有効性に疑問を表しつつも、それが可能ならば、海防強化を絶対条件に、臨機の対策としてやむを得ないだろう、と一応、了解している。一八日にも両人は来訪しているが、会談内湯は不明である（水戸—上乾）。

同月一五日、儒役林健（大学頭、壮軒、死去により韑（復斎）が家督相続して継承）・西丸留守居筒井政憲らに異国書翰和解御用を下命され、国書の漢文翻訳が始まる（外国一—二三二）。横文（オランダ語文と英文）の翻訳は、同月中に、天文方手附・蘭書飜訳御用手伝出役杉田信（成卿）・箕作虔孺（阮甫）に下命されている（外国一—二三三）。

前述したように、同月二二日、将軍家慶が亡くなり、一ヶ月後の七月二二日に発喪されるが、一連の葬礼は斉昭を御三家に準ずる扱いで実施されていくこととなる。将軍死去の当日、六月二二日の朝、斉昭は、同月一三日に阿部から文書での提出を要請されていた対策案のうち、核心的な位置を占める、返翰案を彼へ送付する（外国一—二四五）。阿部は、幕閣にその写しを配布している。家慶の死と斉昭の返翰案提出を機に、幕府の対策評議は公然と本格的に進められていくこととなる。

翌日の六月二三日、三奉行・大目付・目付・海防掛に対策評議が指示され（外国一—二四六）、ついで二六日、評定所一座と三番頭に返翰案の評議が指示されている（外国一—二四七）。

さらに、二七日、御三家と溜間詰の家門・譜代上層の諸大名に、アメリカ国書が提示され、その対策意見の提出が求められた（吉田一九九一）。御三家と溜詰衆は、寛政改革の際など、これ以前にも、幕閣から政策検討段階で実質的な諮問に預かったことがあった（竹内二〇〇八）。阿部幕閣は、御三家や、しかるべき諸大名へのアメリカ艦隊来航情報の開示と、その対策を諮問すべし、という前出の黒田斉溥の意見を遅まきながら採用して、それを公式に行ったのである。それが将軍職継承と併行する政治過程上での措置だったことに鑑みれば、阿部幕閣の政治的な意図は明らかだろう。

すなわち、焦眉の急であり、幕府の浮沈に関わる開国要求への対策検討に彼らを引き入れ、国家意思の形成に参画させ、したがって、その政治的な責任も共有させる体裁を、公然と作り出して、新将軍襲職への徳川一門の支持と、そこで続投しようとする自分たちの政治基盤たる譜代門閥層の支持を、ともどもより堅固な形で確保する、ということだろう。しかし、従前のように、非公式にではなく、公式に諮問したところに、国制の根幹に関わる問題の政治的な重大性と、新将軍―阿部幕閣の政治的な脆弱性とが重畳して顕れていると言えよう。

徳川斉昭の登用

こうした幕府評議が本格的に始められる状況の下で、目付戸川安（安鎮カ）・鵜殿長鋭（うどのながとし）・大久保信弘の三名は徳川斉昭登用を幕閣へ建議したという（水戸―上乾）。遂に、幕府諸役人の間にも、斉昭を幕議に参加させてはどうか、という意見が出されるに至ったのである。かくて、嘉永六年（一八五三）六月晦日（みそか）、阿部正弘は、斉昭を訪問し、海防幕議への参加を要請したのである（同上）。斉昭の海防幕議登用措置は、彼の要求に応ずるとともに、前述した御三家と溜詰衆への対策諮問を、さらに一歩、前に進めたものである。とともに、阿部幕閣は、開国要求への対策の諮問についても、前出の黒田斉溥の意見で提案されていた範囲を一挙に超え、七月一日、諸大名全体へと広げたのである（外国一―二六一）。さらに、その二日後の三日には、範囲をより広げ、高家と布衣以上の幕府諸役人にもアメリカ国書を伝達し、その対策を諮問している（同上）。

阿部幕閣が国書伝達と対策諮問の範囲を一挙に拡大して実施した背景には、政策理念上では、この措置によって、多様な意見を引き出し、国内の英知を集めるとともに、広く協力も得ようとする政策意図があると考えられる一方、政局運営上では、斉昭の意見を相対化し得る、対外政策論議の政治的状況を創り出そうとしたと見ることもできよう。しかし、いずれにせよ、阿部幕閣の政治的な意図の如何にかかわらず、これらはともども、幕政＝国政における国家意思決定のあり方を、従来の極めて閉鎖的な「将軍―譜代門閥」政治のシステムから解き放ち、「公議輿論」を経ることで、その正当性が担保されるものへし転換させていく――そうした動きに道を開いたことは間違いなかろう。

同じく七月三日、斉昭に隔日登城が下命され、江戸城中での殿席は御三卿の田安・一橋両家（当時、清水家は当主を欠いていた）と同じとされた（外国一―二六七）。斉昭は、五日より登城し、八日には対策意見の箇条書を提出して陳弁する（水戸―上乾）。阿部は、この箇条書に注釈を付し、斉昭の意見の全貌を文書で確認できるよう、斉昭に要請する。そこで、一〇日、斉昭は、国書対策意見書「海防愚存」を提出したのである（外国一―二七一）。なお、同じ一〇日付であらためて斉昭から提出された、返翰案とされるものが伝存するが（外国一―二七二）、『水戸藩史料』にはその記載がなく、真偽不明である。

徳川斉昭の返翰案

国書対策評議の内容はどのようなものであったのか。先ず、六月二二日、徳川斉昭が提出した返翰案から見ていこう。その概要は次の通りである（外国一―二四五）。

①国書は、役人どもが「余儀なき次第」で受領したものである。

②将軍の死去により服喪、続いて代替わりの「大礼」を行うなど、新将軍が政務多端な折、「祖宗以来の制禁」（鎖国）について、先ず評議したのでは、国内の人心が服さず、その結果、万々一「戦争」となり、互いに人命を失うようなこととなっては、「貴国主」の「和親」を求める意図にも相違しよう。

③ともかく、服喪期間は、回答を猶予してほしいが、その期間は「余程の年月」となるが、その間に国書を国内の「人民末々」までもがとくと「吟味」した上でなければ、（国書における要求の）可否は回答しかねる。

以下は、斉昭の付随的な説明である。

（イ）再来航時に回答してもよいが、それを待たず、オランダ長崎商館長を介して通知してはどうか。

（ロ）なお、ペリーがオランダを介して来航を事前通告しているが、と称しているが、商館長よりの通報には「不審」な点もあるので、長崎奉行にその辺も尋問させるべきだろう。

斉昭の返翰案の趣旨は、アメリカ側の要求に対する可否の即時回答を回避し、将軍死去による服喪、代替わりの「大礼」、人心帰服を得るための「人民末々」までもの慎重な「吟味」の必要といった、国内事情を理由にして、その回答の「余程の年月」の延期を求める、というものだった。

①の言い訳は、前述したペリー側の交渉姿勢と実際の折衝経緯を考えれば、到底、相手の納得が得られるものでないことは明白である。よしんば、そのように主張すれば、相手を欺瞞したことを、自ら言い立てていることとなり、より強硬な態度に出る口実を、ペリー側に与える結果となりかねないことは、容易に予想がつこう。

②と③は、要するに、将軍交代を理由としたゼロ回答案である。これで済むくらいならば、国書を受理する必要はもとよりなかったろう。

阿部正弘幕閣は、斉昭の「声望」を味方につけ、利用したかったのだろうし、幾分かはその知恵にも期待するところはあったろう。しかし、この返翰案は、彼我の力関係を顧慮し、それをふまえて苦心された交渉方針に基づくものとは、およそ考えられない内容であり、阿部をはじめ、幕閣の面々はさぞや当惑したことだろう。

徳川斉昭の登用理由

これまで縷々述べて来たように、徳川斉昭という人物は、一旦、自説を表明すると、それを執拗に主張し、それどころか、それが反対されると、主張内容をかえってエスカレートさせていくような傾向すらある。今回の場合も、斉昭の意見を採用できない場合に、そうなりそうなことは、従前とは質を異にする、幕政＝国政の根幹にかかわる重大問題であるだけに、斉昭の持論から考えても、また阿部正弘による六月七日夜の会談、さらに川路聖謨と筒井政憲による同月一四日の会談などを通じて得られた感触からも、大凡、予想できたはずである。しかも、そうなれば、阿部幕閣は、政局運営上、極めて厄介な問題を背負い込むこととなろう。

にもかかわらず、何故、阿部幕閣は斉昭登用へと向かっていったのであろうか。考えられる最大の理由は、これまた詳述して来たように、天保期以来、長期にわたり、内外の幕政＝国政上の問題について、将軍や幕閣に対して公然と意見し続けて来た大名が他にはいなかった、という事情である。

阿部幕閣が判断に窮する状況で、進んで直言して来るのは、この時点では、斉昭以外にはいなかった、と言ってよかろう。もちろん、松平慶永のように、江戸に在府して阿部と書通し、彼に支持や激励を与える向きもなくはなかった。しかし、幕政＝国政に関し、公然と建白するまでの行動に出ているのは、斉昭を除けば、前出の黒田斉溥くらいのものであろう。

もっとも、諸大名から容易に意見が出て来ない状態は、「将軍―譜代門閥」政治の、当然の構造的所産である。斉昭は、その政治構造から見れば、諸大名中の「異端児」であったればこそ、その政治構造の枠内では対処に窮したとき、白羽の矢が立ったのである。しかも、彼が占める家格秩序上の位置は、申し分のない権威を帯びるものであった。その上、慶永らの雄藩諸大名や、前出の戸川安ら幕府諸役人の間にも、斉昭への待望論が興っていたのである。

そこで、斉昭を幕議の場に抱え込み、幕府が直面する諸々の条件や状況を否応なく認識させ、また諸大名や幕臣たちの間の意見をも参照させて、その政治的判断を、幕閣や諸役人の判断と同調する方向へ誘導し、将軍「代替わり」という事情の下でなされる、幕議決定の権威付けに、「声望」ある彼を利用しようとしたのだろう。これがうまくいけば、斉昭は、しばらくの間にすぎなかったかもしれないが、「将軍—譜代門閥」政治を補強し、その「救世主」となっただろう。

しかし、斉昭、そして彼を取り巻く腹心の藤田東湖らは、そう易々（やすやす）と自分たちの政治的判断を、その政治思想上の信念と整合しない方向へと誘導されるような、よく言えば政治的に柔軟な、有り体に申せば機会主義的な政治主体ではなかった。

四　徳川斉昭の「海防愚存」

徳川斉昭の「海防愚存」

徳川斉昭は、阿部正弘の要請に応え、その国書対策案を包括的に論述した、「海防愚存」と題する文書を、七月一〇日に提出した。その概要は、主戦方針の決定が必要である理由を説いた「十条」と、その方針決定の上で講じる具体策として提案された「五事」からなり、以下の通りである（外国一―二七二）。

主戦の方針を決定することが士気を鼓舞し、人気（じんき）（人心）を把握する上、不可欠である。その理由は、以下の「十条」である。

①ペリー艦隊の交渉態度は、わが方にとっては「国恥（こくち）」である。国体上、和議は不可である。
②（国交の樹立は）キリシタン禁制上、有害である。
③有用な国産品と無用な舶来品の交易は、無用である。
④先年、ロシア・イギリス両国に対して、交易を拒否する回答を行っているのに、アメリカに対して、それを許可すれば、今後、両国の要求を拒否できなくなる。
⑤異国人は交易を（侵略への）突破口にして来る。寛永期のキリシタン問題や、アヘン戦争がその証左である。前車の轍を踏むべきではない。
⑥蘭学者流の、開国を機に海外へ雄飛していく、という議論は、人心の現状では「席上の空論」である。
⑦異国船が江戸湾内海に侵入しても打ち払えないのでは、「士民」は奔命に疲れ、「人々解体」の趨勢になりかねない。
⑧浦賀でアメリカの要求を呑めば、長崎警衛の福岡・肥前両藩は「無用の関所番」となる。

⑨打ち払わないのならば、台場は無用との嘆きもあり、「寛宥仁柔」の処置だけでは、庶民には幕府の「懐合」（方針）はわからないので、「奸民」が幕府の威光を畏れず「異心」を抱いたり、国持大名の統制に支障が出るような事態も招きかねない。

⑩「夷賊」を刺激しない応対で時間をかせぎ、手当全備を俟って「厳重」な応対をする、との方策も一応、もっともだが、主戦決定を闡明しなければ、武備充実は期し難い。

以上の主戦方針を決定した上で、具体策として、以下の「五事」を講ずる。

（1）主戦の方針を決定し、その「大号令」を出して、武家と百姓・町人の「神国惣体の心力一致」をはかることが肝要である。具体的には、倹約を励行する。万一、交易許可となれば、奢侈の風潮が広がるだろう。それ故、主戦決定で人心を引き締め、士風復古をはかる。「和」の一字は海防掛以外には封印する。

（2）実戦の場合は、「槍剱手詰めの勝負」で決することができる。蘭学者流の戦艦や銃砲の過大視は誤りで、一旦、上陸を許しても、訓練された「槍剱」部隊で撃退できる。

（3）オランダ人に、軍艦・蒸気船・船大工・按針（航海士）や新式の銃砲を献上させる。外国の所長を採用するのは、神国の広大さの顕れで、問題はない。諸大名にも大船建造を許し、参勤交代に使用させれば、江戸湾内海の防禦にも役立つ。

（4）銃砲の研究と充実をはかる。銃砲製造の原料となる銅材確保のため、寺院の梵鐘鋳潰しまではしなくとも、火鉢・燭台などは鋳潰し、長崎からの銅輸出を停止する。花火（の製造・使用）を禁止し、火薬の確保をはかる、これらは緊急を要する措置である。

（5）幕府・諸藩領の海岸要害に「屯戍（とんじゅう）」（備場）を設置し、地元の漁師などを「土兵」（農兵）に組織し、郷士などに指揮させ、そこに配備する。「土兵」への格式付与・両刀許可・夫役免除などの措置は、各地の事情に任せるが、要は実用本位であることである。

主戦方針の決定が必要な理由

主戦方針の決定が必要な理由として列挙された「十条」では、先ず、①わが方が「砲艦外交」のそれと受け取った、ペリー艦隊の交渉態度を問題視し、それに屈する形での国交樹立は「国恥」の和議、即ち城下の盟であり、国体を毀損するもので、許されない、とする。

ここには、実際に交戦し、敗北した上で締結を余儀なくされた、アヘン戦争後の南京条約などの「敗戦条約」と、ペリー側が締結を求めている「交渉条約」との区別（加藤一九九四）についての理解は見られない。たしかに、国際関係上、右の条約の区別は客観的には重大な意味を有しているし、実際、その後のわが国の国際的な地位を左右する重要な要素となったことは明白だろう。

しかし、この時点では、わが方がペリー艦隊の交渉態度を「砲艦外交」のそれと受け取り、その脅迫に屈する形で締結されるわけだから、国内政治への反射という面から見れば、幕府は、戦わずして敗れ、条約を押し付けられた、と捉えられてもやむを得まい。そして、その条約が、内容の如何にかかわらず、「敗戦条約」の締結と同一視されても仕方ないし、実際、そのように見る向きも少なくなかったのである。ここに、徳川斉昭の所論がもつ、当時としては、無視し難い政治的な意味があろう。

②の欧米諸国との国交樹立のキリシタン禁制上有害論と、③の貿易無用論は、「戊戌封事」以来の年季（ねんき）の入（はい）った、斉昭の持論＝「鎖国」護持論である。⑤の欧米諸国を侵略主義の国家として危険視し、その外交的なアプローチをすべて侵略手段と捉える見方は、②と③の根拠をなす欧米観であり、非欧米世界における対抗的ナショナリズムが往々、随伴する「帝国主義」論パラダイムの一種と言えよう。

④は、ペリー側との条約締結が、寛政期以来の「鎖国」護持の、対欧米外交措置との不整合を来たし、今後、他の諸国との条約締結に歯止めが効かなくなる、と説いている。この指摘は正鵠を射ており、また、その警告は直ぐさま現実のものとなった。

⑥は、「開国→海外雄飛」論を机上の空論だとして退けたものだが、第一に、この時点で蘭学者流の積極開国論が幕府周辺に存在していたこと、第二に、その否定理由を「人心」の現状に求めていることが注目されよう。「開国→海外雄飛」論は、これまた対抗的ナショナリズムに往々、現れる対抗的「帝国主義」志向であり、わが国では、斉昭が指摘する通り、蘭学者などの間で、寛政期以前から説かれており、その種の論者としては本多利明や佐藤信淵らが挙げられよう。

この時点では、その議論は、国内政治的には、今日の「屈服」を将来の「反転攻勢」のための手段と捉え、その受忍を説く自慰的な「屈服」合理化論でしかない。それは、主戦方針をとる斉昭には、到底、容認できるものではなかったろう。問題は、彼がそれを否定する論拠を。国内にその主体的な条件が欠けている、との現状認識に求めていることである。「海外雄飛」論自体は、会沢正志斎の『新論』にも見られる議論であり、斉昭もそれを全面否定はせず、国内の主体的条件如何により、将来にその余地があることを留保した立論となっている。しかし、その国内の主体的条件についての否定的な現状認識は、彼の後段の所論との関係で、後述するように、問題をはらんでいる。

⑦・⑧・⑨は、主戦方針をとらなければ、これまでの海防態勢も無意味となり、国内政治的には海防無用論を惹起し、士気の低下や人心の離反を招く危惧を指摘したものである。

以上を要するに、「欧米諸国＝侵略主義」観をベースとする「鎖国」護持論を大前提として、ペリー側の「砲艦外交」への屈服となる国交樹立は、国体上、許されず、更なる外交的難題を招き、国内政治上も有害である、と断じているのである。

最後の⑩は、筒井政憲と川路聖謨が提示した、前出の「ぶらかし」策について、応急の対策として一応の有効性を認めつつも、主戦方針の闡明がその前提となる、と説いている。そうでなければ、これも、⑥の「開国→海外雄飛」論と同様、政治的には当座の「屈服」糊塗＝合理化論にすぎなくなる、と考えているのであろう。

主戦方針具体策の問題点

では、こうした主戦方針をどのように具体化するのか。「五事」の中身を見てみよう。

（1）は、主戦方針の「大号令」発出である。これによって、徳川斉昭がその現状を問題視する「人心」を引き締め、士民全体＝「神国惣体の心力一致」をはかる、というものである。

この大袈裟な士民精神総動員の「大号令」は、その発出の可否、また内容が、後日、幕政の焦点の一つとなっていく（麓二〇一四）。だが、実際政策上の具体化は倹約令に止まり、その政策的効用も、万一、国交樹立・貿易開始になった場合の有効性を指摘するのみである。

それどころか、和議の可能性にまで言及し、その検討を海防掛に限局して、他には箝口令を敷け、と述べている。こうした具体的施策と文脈で説かれた、主戦方針の「大号令」に精神的な教化策以上の政治的意味を認め得ないことは明白だろう。

（2）は、実戦に及んだ場合の予想で、「槍剱手詰めの勝負」ならば、勝算があるとしている。しかし、その根拠は薄弱だと言わざるを得ない。蘭学者流の戦艦や銃砲の過大視を誤りだとして却ける一方、海戦での勝算には触れない。そして、陸戦での訓練された「槍剱」部隊による勝算を、断定するのみである。

海陸の戦闘における彼我の戦力判断において、勝算があると判断する陸戦だけを論ずるのは如何なものか。上陸戦は、艦砲射撃により相手側の陸戦能力に相当な打撃を与えてから行うのが定石で、実際、後年の下関戦争ではそのように行われ、長州藩の陸戦能力はそれでほぼ潰滅に近いダメージを被っている（『馬関・鹿児島砲撃始末』）。

仮に、そうはならなかったとしても、陸戦を行うべき、訓練された「槍剱」部隊をどれほど配備でき、またその戦力にどれだけ期待できるのか。天草・島原の乱以降、二〇〇年余も実戦経験のない、わが陸戦能力、更にはそれを担う士分の実態を問うことなしに、勝算を断言できるのだろうか。斉昭自身も、その点に、一抹以上の不安を覚えているからこそ、（1）で具体策の第一に、士民精神総動員の「大号令」発出を挙げたのだろう。

（3）は、（2）で触れなかった、海戦能力の強化策である。長崎のオランダ商館に命じて、軍艦・蒸気船・船大工・按針（航海士）や新式の銃砲を「献上」させろ、というのである。

斉昭の主観からすれば、長年、長崎での交易を許して来た恩顧への報恩を求めるのだから、文字通り「献上」させたいところだろう。しかし、実際には、無対価というわけにはいくまいから、つまりは購入ということとならざるを得まい。当時の幕府財政にはかなりの痛手となろうが、いまやそのようなことを言っている場合ではないのは、最早、誰の目にも明らかだったろう。

もっとも、斉昭の本音は、この洋式海軍備導入策は不本意な便法だったと見られる。外国の所長採用は神国の懐の大きさを示すもので問題ない、と述べているが、これは日頃の持論との折り合いを彼なりにつける論理であるとともに、彼が忌避する蘭学者たちが唱える「和魂洋才」論に、彼もまたようやく、与し始めていることを物語っていよう。

ここで、注目すべきは、海戦能力強化策の一環として唱えられた、諸大名にも大船建造を許し、参勤交代に使用させ、江戸湾内海の防禦に用いよ、との提案である。これは、前述したように、水野忠邦幕閣が一旦は実施へと動き出したものの、天保改革の挫折とともに潰えたとも見られ、その後、阿部正弘幕閣が再び実施へと動きさつつある政策だった。斉昭の提案は、阿部幕閣の背中を押すものだったと言えよう。

（4）は、銃砲の装備充実策で、具体的には。銃砲製造原料となる銅材と、火薬とを確保するため、火鉢や燭台などの鋳潰し、長崎からの銅輸出停止、花火の製造・使用禁止を提案している。斉昭は、かつて、銅材確保のため、水戸藩領内の寺院の梵鐘を鋳潰す措置をとり、それへの寺院側の反発が一因となり、隠居させられている。その苦い経験から、ここではそこまではしなくともと自制する一方で、士民の別なく、生活必需品である火鉢などを鋳潰させようとしている。梵鐘と火鉢などと、どちらの方が反発を買うか、といった判断は、斉昭には見られない。やがて、この銅材確保問題は、その判断をも含め、幕政の焦点の一つとなり、斉昭の言動も朝廷への直接工作さえ伴ってエスカレートし、朝廷から「太政官符」を発出して梵鐘の供出を全国に命ずる大事となっていく（奥田二〇〇四c）。

（5）は、前出の嘉永二年（一八四九）の海防強化令と同様の措置であり、特段、新味のあるものであない。

とは言え、幕府自体がこの海防農兵の徴募・編制に踏み切るのは、後年、幕府代官の江川英龍の建言を容れ、その実施を継嗣の英敏に許して以降である（橋本二〇一四）。

　これらの具体策の中で、（2）の実戦に及んだ場合の勝算の有無の判断こそは、ペリー艦隊の開国要求に対する回答如何に直結する問題である。この肝心の問題での、斉昭の具体策は、前述したように、根拠薄弱な断定に止まる上に、（1）や（3）以下の具体策と関連させて見れば、彼自身も到底、十全とは考えていないことがわかる体のものだった、これを受け取った阿部幕閣は、斉昭が実戦での勝算論の唯一の根拠とした、「槍剱」部隊の陸戦能力と、それを担う士分の実態を、一体、どう認識していたのだろうか。

第七章　開国要求への対策

一　幕府諸役人の国書対策意見

徳川斉昭の意見提示と前後して、幕府諸役人や諸大名らの意見が、阿部正弘幕閣へ提出されて来る。

浦賀奉行の対策意見

先ず、嘉永六年（一八五三）六月（日付は未詳だが、同月の比較的早い時期と見られる）、再来航時における応接の最も直接的な実務担当者である、浦賀奉行の井戸弘道（ペリー艦隊来航時は江戸在勤）から、次のような意見が提出される（外国一―二五三）。

①先ずもって、幕閣に慎重な対応を要請したい。
②来航時におけるアメリカ側の友好的な姿勢に対して、国書受領のみの対応は如何だろうか。
③オランダ長崎商館長よりもたらされたアメリカ艦隊来航情報の取り扱い方に問題があった

と思われる。同館長へその対策を諮問することが必要ではなかったのか。

④再来航時の交渉が決裂した場合、「厳格」な取り扱いを行うのは「無謀浅智」である。

⑤再交渉時における言語の不通や風習の相違による不慮の事態が勃発することへの警戒が必要である。

⑥アヘン戦争の轍を踏まぬ対応が肝要である。

⑦万一、交渉が決裂して交戦に及んだ場合、国内の「上下一致」があれば、「勝敗利鈍」にかかわらず、時局を打開する活路もあろう。

⑧文化期のレザノフ来航や天保期のオランダ国王の開国勧告到来と比較すると、今回のペリー艦隊来航は先方に「根深き存念」があると見られる。

⑨再来航時には長崎回航を説諭するようにしてほしい。

⑩今回の対応はアメリカのみの例外的措置とすべきである。

これを要するに、再来航時に、担当する浦賀で事を起こして欲しくない、という意図で徹頭徹尾、貫かれた意見だと言えよう。

そもそも、来航情報を受け取った際に、商館長の意見を徴して事前に対策を施しておれば、今回のような不意打ちを食わずに済んだはずだ、と阿部幕閣の対応を先ず批判している。これは、国書受領に到った責任が、自分たち浦賀奉行ではなく、阿部幕閣にある、との主張を裏付けるためのものだろう。

再来航時の対策では、よしんば、ペリー艦隊により長崎への回航が拒否され、浦賀で再交渉を行わざるを得なくなったとしても、極力、交戦に及ぶ事態は避けて欲しい、と阿部幕閣へ要望している。そのためには、再交渉時に、前回の国書受領の次なるステップへと進む必要があるのではないかとして、アメリカ側の要求を全部ではないにしても、ある程度は受け容れる必要を言外に示唆している。もっとも、そうした対応を今回のアメリカ限りの例外的措置に止める必要も指摘して、あくまでも「鎖国」の原則を墨守する姿勢を崩してはいないと強調することを忘れていない。

井戸がこうした交戦回避の和議論を説く背景には、第一に、来航時に見せたペリー艦隊側の、「砲艦外交」同然の厳しい交渉姿勢によって誘引された、交渉決裂時には交戦に及ぶ可能性が高い、との判断があろう。これは、まさしくペリー側の思う壺にはまったものと言えよう。第二に、実戦での勝算はない、との判断である。

交戦に及ぶ可能性が高く、勝算もないとすれば、極力、交渉の妥結を求める外なく、そのためには、開国要求をある程度は呑む必要がある、という意見に落ち着くのは必定だろう。その後始末は、「鎖国」原則との辻褄をどう合わせるか、そして、国論の統一と政局の安定をどう確保するかだろう。井戸の意見は、それらの必要にも言及した、実に「周到」なものと言ってよかろう。

しかし、この「周到」さは、既存の政治構造の秩序とそれを支える理念には一指だに触れず、直面する問題への「対策」を案出する「能吏」のそれであるとともに、その政策執行における責任を極力、回避しようとする「小役人」のそれでもあろう。幕末政治に登場する幕閣・諸役人の多くに共通する特徴は、この「能吏」と「小役人」の両面を併せもつところだろう。だが、この種の人間類型では、わが近世の国制が陥り、また直面する、内外の危機的事態を乗り切っていくことはできまい。

三奉行の対策答申

ついで、前述したように、嘉永六年（一八五三）六月二三日に阿部正弘幕閣から評議の指示を受けた三奉行（寺社奉行、町奉行、勘定奉行の本多安英〈公事方、禄高五〇〇石〉）が、将軍発喪の当日、同年七月二二日、答申を行った（外国一―三〇二）。

ちなみに、この時の寺社奉行は、本多忠民（三河国岡崎藩主、領知五万石）、松平信篤（のち信義と改名、丹波国亀山藩主、五万石）、太田資功（遠江国掛川藩主、五万〇〇三七石）、安藤信睦（のち信正と改名、陸奥国磐城平藩主、五万石）の四名である。（江戸）町奉行は、井戸覚弘と池田頼方（禄高三〇〇〇石）の二名である。答申の提出者に名を連ねなかった勘定奉行は、公事方が川路聖謨（前出）、勝手方が松平近直（前出）と石河政平（禄高七〇〇石）である。

なお、石河は、死去した前将軍家慶の御霊屋を、増上寺の六代将軍家宣と相殿（併設）するに付き、発喪後の同年七月二六日、その造営（増築）担当を筆頭で命ぜられている（「温恭院殿御実紀」）。その実質的な造営事業は、家慶が死去した六月二二日の直後から開始されたとみられるので、その総監督者の業務に専念し、評議には加わらなかったのだろう。

また、川路と近直は、同年八月二八日、江戸湾内海に台場を築造し、そこに配備する大砲を鋳造するに付き、その担当をともに筆頭で命ぜられている（同上、幕末六―五二六二）。こちらも、同年六月一八日には川路と江川英龍（勘定吟味役格に同日被命、橋本二〇一四）らが江戸湾内沿岸の海防調査が命ぜられて（「慎徳院殿御実紀」）、開始された事業であり（品川区立品川歴史館二〇一四）、おそらくはそれに専念する関係で、両人は評議からは外（はず）れたのであろう。

三奉行の答申の内容は以下の通りである。

①再来航時までに海防態勢を抜本的に強化することは無理である。

②その対策として、諸藩の大規模な軍事動員を命じた場合、「人気（じんき）」（幕府に対する諸藩の信頼感）を沮喪させた上、無益な動員の負担により諸藩の財政を悪化させ、国家の衰微を来たし、内患を惹起する、というスパイラルに陥る危険への警戒が必要である。

③従って、諸藩の軍事動員は、急変時への備えを計画しつつ、必要最小限に止（とど）めるべきである。

④今回、国書受領という対応を行った以上、アメリカ以外の諸国の使節が来航した場合にも、同様に応対せざるを得ない。

⑤その際の応接は今後、浦賀に限定すべきである。

⑥四、五艘程度の異国船の江戸湾内海への侵入に対処でき、江戸府内に動揺を起こさせない程度の海防強化は緊要事である。

要するに、この三奉行の答申も、前出の井戸の意見同様、交戦回避の和議論である。異なるのは、再来航時までに、交戦に及んで勝算があるような海防態勢を、現状の幕府では構築できないと判断し、また、その代替を諸藩の軍事力に求めることも、諸藩の財政悪化と幕藩関係の動揺を来すことを危惧し、最小限の規模に抑制するよう主張している二点だろう。

前将軍の発喪の当日、つまり将軍職継承の直前の時点で、三奉行という幕閣にとって最高の政策審議機関が、再来航時における交戦回避の和議論を答申したのである。それ以前に、再来航時の応接の最前線担当者からも、同様の意見が寄せられている。つまり、幕府諸役人の幹部は、将軍職継承を前に、交戦回避の交渉方針をとる一点で、政策的な一致を見たと言ってよかろう。

三奉行の返翰案

問題は、その交渉によって、「鎖国」の原則をどのようにすれば、どこまで守れるかだろう。阿部正弘幕閣は、嘉永六年（一八五三）六月二六日、二三日の対策諮問に続き、受領したアメリカの国書への返翰を、再来航時に与えるとの想定の下、その案文の評議を評定所一座に指示した（外国一―二四六）。評定所一座の中核をなす三奉行（対策答申と同じ面々）は、七月二二日、対策答申とともに、その返翰案も提出した（外国一―三〇三）。

この返翰案には、アメリカ側の開国要求への回答とその論拠が示されているはずである。そして、幕府側は、それをもって交渉に臨むこととなろう。実際の交渉をどのような段取りで進めるか、といった交渉戦術、その実施方針は、相手側の出方によって左右されるので、臨機応変であることが求められるから、予め固定的な形で決めておくべきではなかろう。しかし、この線で妥結させたいという、交渉の目標、戦略方針は、なければなるまい。三奉行が提出した返翰案、すなわちアメリカ側への回答案は、この交渉の基本方針案でもあるはずだろう。その内容は以下の通りである。

①アメリカ側が要求する、(1)太平洋横断蒸気船航路の開設、(2)有期間の試験的な交易の実施と、それによる日本側の国益判断上の便益、(3)日本近海における漂流民救助の便益、(4)石炭・食糧の有償補給のため一港の開港は、いずれも両国間の交易を開始するための口実である。

②アメリカ側の要求を認めれば、今後、他の西洋諸国の要求を拒否できない。

③交易の許可は、わが国力を衰微させる原因となる。

④したがって、「彼の情願は一事も採用し難い」ので、穏便に説諭して退帆させる。

⑤予想されるペリー艦隊の再来航の時期と、来年に予定されるオランダ長崎商館長の江戸順年参府の時期との一致は偶然ではなく、当方の拒否回答を不満として交戦状態に持ち込み、江戸市中を騒乱状態に陥れた上で、在府中の商館長が仲介を申し出て、開国させようとする米蘭両国共謀の計略の可能性がある。そして、昨年の商館長によるアメリカ艦隊来航情報の提出は、その一環ではないかと見られる。

⑥しかし、アメリカ艦隊が江戸湾内海へ侵入して砲撃し、また、伊豆諸島を占領し、そこを拠点として艦船を襲来させ、江戸湾口を封鎖して、江戸市中への物資搬入が途絶すれば、幕府・諸藩の軍事動員の負担が増大して、「御国衰微、人情怨望」を惹起し、「国内に不慮の変事」出来の危険がある。これに対して、海防態勢の現状では到底、対処できない。

⑦抜本的な対策には軍艦建造が不可欠だが、それは一、二年ではできない。

⑧従来、開国を求めた西洋諸国への回答は、（1）オランダ以外の西洋諸国との通商は国法で禁止されている、（2）石炭の産出は乏しく、食料も国内人口相応の生産量で、他国に提供する余裕はない、（3）漂流民は今後とも手厚く保護し、オランダを介して本国へ送還する、というものだったが、今回のアメリカ側はこれを反復しただけでは納得しまい。

⑨そこで、アメリカに限り、通商を許可することは、前提条件次第で可能だ、と回答してはどうか。

⑩その前提条件とは、西洋諸国で、アメリカ以外に日本との通商を求める国があるかどうかを、事前に確認することである。

⑪それをオランダに通告して西洋諸国に確認させ、長崎へ申し出させる。

⑫この応答の確認に数年は要するだろうから、その間に海陸の軍備増強を図る。

⑬オランダよりアメリカ以外に日本との通商を求める国はない、との回答があった場合には、軍備増強までの間、年限を定めて、アメリカに通商を許可することを回答してはどうか。

三奉行返翰案の内容

三奉行返翰案の内容の①〜③は、アメリカ側の開国要求が全面的に認められない理由で、先方の目的はつまるところ交易の開始にあり、今回、アメリカ一国に許可すれば、交易は他の西洋諸国との間へも拡大せざるを得ず、その結果、わが国力を衰微させることになる、という。

したがって、④で、要求の全面的拒否を回答し、穏便に説諭して退帆させる、という結論を一旦は提示している。しかし、これでは従前の対応と何ら変わりがない。はたして、今回はそれで乗り切れるのか。そのことは三奉行もよく承知している。ここまでは、いわば、この返翰案の前置きにすぎない。

⑤〜⑦は、交渉決裂により交戦に及んだ場合の想定である。先ず、来年、アメリカ艦隊の再来航が長崎商館長の江戸参府と重なることから、日米両国の交戦をオランダが調停して和議に持ち込んで開国させようとする、米蘭両国共謀を疑い、昨年の商館長による来航情報提出もその一環だと推測する。また、それとは別に、異国船の来航と交戦↓伊豆諸島の占拠↓江戸湾口の封鎖↓江戸市中への物資搬入の途絶↓国内の「変事」の惹起という、前出の佐久間象山が想定した事態と同様のものも想定している。いずれにせよ、実力対処に不可欠な軍艦建造は間に合わない。つまり、交戦に及んだ場合の勝算はない、と判断しているのである。

⑧は、開国要求に対する従前の回答内容の確認と、それに対する今回のアメリカ側の反応の予想である。そこでは、従前の回答を繰り返すだけでは、今回のアメリカ側は納得すまい、との見

通しを述べている。つまり、従前の回答を繰り返すだけでは、交戦に及ぶ可能性があり、右の想定をふまえれば、その場合には勝算がないことになる。

そこでようやく、⑨〜⑬で、実際の回答案が提示されることとなる。それは、オランダを介した西洋諸国の日本開国要求の事前確認を前提とした、交易の許可というものである。そして、その応答の確認に数年は要するだろうと予想し、その間に海陸の軍備を増強して、実力対処を可能にしようとする。もっとも、軍備が増強される前に、アメリカ一国のみが開国を要求しているとの報告が、オランダからあった場合は、期限を限って交易を許可し、その間に引き続き軍備増強に努めるという。

これを要するに、軍備増強までの時間稼ぎの便法として、オランダを介した西洋諸国の開国要求の事前確認を交易許可条件とする、交易開始延引戦術であり、それがうまくいかない場合の交易有期許可戦術である。やがて軍備が増強できた暁には、実力を背景として交易を停止し、「鎖国」原則に立ち戻ろう、というわけである。

三奉行返翰案の問題点

この三奉行返翰案の最大の難点は、それが、浦賀奉行の井戸弘道の意見にあった、「鎖国」原則との辻褄合わせのための議論なのか、それとも本当に、将来、その回復に必要な軍備増強のための時間稼ぎの一時的な便法なのか、肝心の交渉の戦略目標が判然としないことである。

返翰案には、アメリカ一国であれ、西洋諸国の何ヶ国であれ、どれだけの期間に、どれほどの水準の軍備を増強すれば、それらの開国要求に実力で対処できるようになるのか、といった具体的な想定（シミュレーション）が見えない。しかし、そもそも、そのような想定は可能なのだろうか。オランダからの報告到着までにせよ、アメリカへの交易許可にせよ、軍備増強の中身が未知数だから、それらの期間を具体的に提示していない。「時間」稼ぎの戦術でありながら、肝心の「時間」が不透明なのである。

また、オランダからの報告が速やかになされ、しかも開国を求めるのがアメリカ一国ではなかった場合、一体どうするのか。アメリカ一国でも、有期で交易を許可しよう、というのだから、②で予想するように、当然、他の諸国へも同じように対処せざるを得まい。そうなれば、たとえ有期であっても、③で指摘しているように、国力を衰微させることになろう。にもかかわらず、そこで新たな財政負担を必至とする軍備増強ができるのか。この議論の自家撞着には、何らの弁明もなく、おそらく気がついていないのだろう。

さらに、交易を有期で許可するというが、相手側が承諾しない場合はどうするのか。回答案の核心とも言うべき、この交易の有期許可の問題は、幕府側にすれば、実際の交渉で最大の争点になると予想されたはずである。しかし、この問題での代案は用意されていない。それは、譲れない一線ということだろうか。あるいは、それ以上は思案が及ばないのか。

通商条約の有期性

もっとも、交易の有期許可は、アメリカの国書でも言及されていたが⑥、その期間の幅はさておき、国際法上、一般的だった。西周助（周）が慶応四年（一八六八）夏に公刊した『万国公法』は、彼が留学先のオランダのライデン大学で受講した国際法の講義筆記を整理したものだが、そこにはこうある（『万国公法』第二巻第一二章第一七節〔『明治文化全集』第八巻　法律篇〈以下、全集八と省略〉〕）。

通約に属せる和好条約の如きは、是を結ふと多くは定期なし。○特約に属せる通商条約の如きは、唯数年の間、其条規を準用し、或は定期の後、是を廃し得ることを約して是を結ふを居多なりとす。

西は、ここで条約の有効期間について、国交を定める和親条約の多くは無期だが、貿易を定める通商条約は有期が一般的だ、と解説している。

実際、ペリー艦隊再来航時の嘉永七年（一八五四）三月三日に調印され、日米両国の国交について定めた「日米和親条約」には、その有効期間の規定がない（『日本外交年表並主要文書』上〈以下、外交文書上と省略〉）。

一方、その後、安政五年（一八五八）六月一九日に調印され、和親条約の諸条項を包含した上、両国の貿易について定めた「日米修好通商条約」は、その第一三条で西暦一八七二年七月四日（明治五年五月二九日に当たる）以降、その一年前に通告すれば、「神奈川条約（和親条約）の内存し置く箇条」と別冊の「貿易章程」を含め、同条約の諸条項の改正を交渉し得る、と規定している（同上）。この条項に基づく条約改正意思の表明が、岩倉使節団派遣の第一目的だった（奥田二〇一六）。

この安政条約が定める「改正」は、明治三七年（一八九四）年一一月二二日に調印された「日米通商航海条約」、ついで、同四四年（一九一一）二月二一日に調印された「日米通商航海条約」によってなされた。後者の第一七条では、一二年の条約有効期間を設け、それ以前および以後、六ヶ月前に通告すれば、同条約を消滅し得る、と定められている（外交文書上）。

以上の経緯からも、西の解説の通り、通商条約は、有期のものが一般的であることは明らかだろう。

かような次第で、条約有効期間の有期設定と関連して、交易の有期許可それ自体は相手側にとっても当然の事柄だった。したがって、この時点で、幕府側はそうした事情を全く認識していないが、期間の幅はともかく、交易許可期間の設定それ自体は、前述の通り、アメリカ側も一案としており、そもそも交渉の争点とはなり得なかっただろう。仮に期間の幅が交渉課題になったとしても、アメリカ側は交易の安定的な実施のため、幕府側は時間稼ぎから、双方ともに同床異夢で、比較的に長期間の設定を望む点で一致する可能性が高く、交渉を決裂させるような争点とはなり得なかったと考えられる。

三奉行回答案の核心と「鎖国」原則

三奉行返翰案の論理の大筋は、本来ならば、従前同様、開国要求を拒否すべきだが、今回、それを繰り返せば交渉が決裂し、交戦に及ぶのが必至であり、その場合、勝算がないので、その交渉を引き延ばし、それが叶わぬ場合は、相手側の主目的である交易を有期で許可し、いずれにせよ時間を稼ぎ、その間に軍備を増強し、交易許可期間満了後には、実力を背景にその継続を拒否する、というものである。

これが、三奉行が提示した、アメリカ艦隊再来航時における交渉の基本方針である。その目的は、「鎖国」原則を、一時的に解除する便法によって、護持しようとするところにある。したがって、三奉行の回答案の核心は、交易の有期許可である。

三奉行は一時的な便法と考えているが、右に見たように、この交易の有期許可は、国際法上、一般的なものであり、相手側に拒否される可能性はないと見られる。したがって、この回答を提示すれば、交渉は妥結し、交戦に及ぶこともなく、無事、開国の運びとなろう。しかし、三奉行は、そのように、この交易の有期許可が「鎖国」原則を否定する措置になるとも、況（いわん）や、この際、「鎖国」原則を放棄しようなどとは、いささかも考えてはいない。

三奉行がそのように考えられるのは、この交易の有期許可を、将来に期する「鎖国」原則の実力回復のための軍備増強の「時間稼ぎ」だ、と位置づけているからである。しかし、前述したように、増強する軍備の水準も、それに要する期間も不透明である。これでは、「時間稼ぎ」の方針は、その真偽のほどを疑われざるを得まい。実際、その後の政局の推移の中で、そうなっていくだろう。

かかる不明瞭さは、結局、実際には開国に踏み切りながら、相変わらず「鎖国」原則を護持しようとするところから生ずるものである。そこには、徳川斉昭が説くような主戦論がある中で、井戸弘道の指摘にある、アメリカへの開国と「鎖国」原則との辻褄を合わせ、国論の統一と政局の安定をはかる必要を認識した政治的判断が働いていたと見られるが、そのためには、既存の政治構造の秩序とそれを支える理念をひたすら保守する方策以外には考えが及ばなかったことも示していよう。その点では、井戸の意見同様、典型的な「能吏」が案出した「対策」だと言えよう。もっとも、そうした政治構造こそが、彼らの社会的存在と政治的地位の基盤だから、無理からぬところだろう。

なるほど、外交交渉では、「時間稼ぎ」が必要な時もあり、有効な場合もあるだろう。しかし、この問題は、事態の根本的な解決を先延ばしにする「戦術」の次元で、対処して済む事柄なのだろうか。

それは、ペリー艦隊による開国要求の姿をとって、西洋諸国が主導する「国際社会」がわが国に対して、それに参入するか否か、参入するとすれば、どのような形でか、あるいは、参入を拒むのであれば、今後、どのように生きていこうとするのか——その回答を求めたものであり、わが国としては、好むと好まざるとにかかわらず、否応なく回答せざるを得ない、不可避の「世界史」的課題だった。

しかし、それは、今日から見て、そう言える事柄である。当時、この問題についての、わが国家意思の決定に、直接あるいは間接に関与し得る当事者の間に、それを見抜くだけの見識と、それに対処する経綸(けいりん)とを求めることが、どれほどできただろうか。少なくも、この嘉永六年（一八五三）六〜七月の時点での、阿部正弘幕閣を支える幕府諸役人の幹部の間に、それを求め得なかったことは、右に見たところから明らかだろう。

ところで、三奉行は、アメリカ側の目的が交易の開始にあると正確に見抜いていたが、相手側が再来航時にそれを最優先の交渉事項とする態度をとらない可能性を、全く想定していなかった。しかし、ペリー側は、まさに、その想定外の交渉態度をとり（加藤一九九四、後藤二〇一七）、交易の有期許可という、三奉行の回答案の核心には出る幕がなかったのである。

二　実戦の想定と対策

井伊直弼の対策意見と実戦の想定

上述したように、ペリー艦隊が突きつけた開国要求への対策は、それへの回答の内容如何と、再来航時の交渉が決裂し、交戦に及んだ場合の勝算の有無の判断が、密接に関連している。しかし、海防の最前線にあり、艦隊と直接に対峙する、江戸湾海防担当諸藩の場合、それに止(とど)まらず、実戦を想定した対策も必要とならざるを得まい。

三浦半島の海防を担当する彦根藩主井伊直弼は、ペリー艦隊来航時、在国中だった。直弼は、嘉永六年（一八五三）六月一四日、幕府から、異国船は退帆したが、それ以前に発されていた至急出府の指示を取り消さず、「御用筋」もあるので、すでに彦根を発っているのであれば戻らず、そのまま出府せよ、と指示されている（外国一―一二四）。

実は、直弼は、参勤交代で同年六月一日に彦根へ帰国したばかりだった。ペリー艦隊の来航は、同月七日に急報で知っていた。しかし、帰国の道中での暑気中りによる体調不良を理由にして、出府の猶予を幕府へ願い出ていた。ところが、徳川斉昭が大老に任ぜられるとの情報（同月三〇日付発信）や、将軍家慶逝去の内報に接して、七月一三日には彦根を発ち、同月二四日に江戸へ着いている（吉田一九九一）。以後、直弼は、本格的に動き始め、幕府の諮問への答申を、同年八月一〇日と同月二九日に、相次いで上書している。

一〇日の上書では、異国船に開港すれば、紛争が起こることが多くなる上、第一にキリスト教の侵入を防止する必要があって、「閉洋之法」（「鎖国」）を定められた「神謀遠慮」は、「万世之利潤」（恒久の国益）ためにも変更すべきではない、と説いている（外国二―二七）。ここで、「深謀」ではなく「神謀」の文字を用いているのは、「鎖国」を「神君家康」以来の「祖法」とする見地に立っていることを示していよう。

ところが、二九日の上書では、一転して、「祖宗閉洋之御法」だが、中国・オランダとの交易という「橋（はし）」だけは残しておかれたので、それを「幸ひ（さいわい）」に「外国之御所置（ごしょち）」（開国要求への回答）をなされば、「暫く（しばら）兵端（へいたん）を不開（ひらかず）、年月を経（へ）て必勝万全を得る之術計（じゅっけい）ニ出（で）」ることができよう、と説いている（外国二―七七）。交戦を回避し、軍備を増強する、「時間稼ぎ」の一時的な便法として開国する、という対策は、前出の三奉行のものと同じである。

この二つの上書の関係について、前者を後者への「アプローチ」だとの理解もあるが（吉田一九九二）、前述したように、三奉行の返翰案も同様の論理構成をとっており、論旨の上ではそう考えてよかよう。もっとも、両者の関係理解において、三奉行の返翰案との比較よりも明白な手がかりとなるのは、一〇日の上書の末尾に付された、交戦に及んだ場合の江戸への物資搬入案だろう。それは、以下のような内容である。

①大坂などからの廻船の積荷を沼津で陸揚げして、三島（みしま）―山中（やまなか）―小原（おばら）―小仏（こぼとけ）―日野（ひの）と人馬で陸送し、そこから多摩川を舟で下して、彦根藩領の世田谷（せたがや）で荷揚げし、江戸市中へ運び込む。

②しかし、この江戸湾口迂回物資輸送路案には、運賃が莫大になる、という決定的な難点がある。

交戦に及んだ場合、江戸に搬入される物資の輸送が途絶ないし大幅に減少して、物価の高騰を招くことをどう回避するかは、前出の佐久間象山による想定以来の懸案だった。それは、前述の通り、三奉行の返翰案中にも確認できる。井伊は、海防の最前線担当者として実戦を遂行する立場から、その実効的な対策を、①で、具体的に想定（シミュレーション）してみせた。そして、②で、そこには輸送運賃の膨張という致命的な問題点がある、と指摘した。物資輸送の運賃が膨張し、それで物価が騰貴したのでは、たとえ物資が確保できたとしても、政策的には無意味となる。井伊は明言を敢えて避けたと思われるが、彼の想定を敷衍すれば、当然、この問題には打つ手なし、という結論が導き出されるだろう。

一〇日の上書の論旨が開国を不可とするものだったことから、二九日の上書もその延長線上で「時間稼ぎ」策の方に重心を置いて解釈し、井伊を頑迷な「鎖国」維持派に数える向きもあるが、如何なものか。海防の最前線を担当する井伊が、実戦を想定して、その場合、江戸の経済的な現状維持が不可能だ、と実質的には断じている――そのことの意味を考えねばなるまい。井伊の狙いは、右の想定を行うことで、阿部正弘幕閣の判断を交戦回避へ誘導しようとしたと見て、まず間違いなかろう。

さすれば、井伊の本音は一〇日の上書から交戦回避にあったと言えるが、さりとて、当初から、その意見を二通に分けて出す方針だったというのは、如何にも不自然だろう。一〇日の上書で、右の実戦想定に対する阿部幕閣の反応を見たか、あるいは、その提出後に三奉行の返翰案などに接して、幕府諸役人の幹部の意向を知ったかして、あらためて二九日の上書で、その本音を全面的に披瀝した、という経緯も考えられないだろうか。

その本音を披瀝した二九日の上書には、三奉行の返翰案には見られない、開国の積極的な意味づけや朝廷の活用策も、以下のように登場している。

①「閉洋」の法を押し立てても、海防全備には年月を要するので、現状では「皇国の安危（あんき）」にかかわる事態を招きかねない。
②海防に不可欠の軍艦がなく、伊豆諸島を占拠されても、対処のしようがない。
③交易は、国禁だが、「天地の道」（自然な営み）だから、当方からも交易船を海外に派遣する、朱印船貿易を復活すべきである。
④海外貿易の経験を蓄積し、海軍を全備して、「勇威」を海外に振るうようにするのが、寛永期同様、西洋諸国を招き寄せない「良策」である。
⑤その決定には国内の「人心の一致」が不可欠だから、朝廷から伊勢神宮と石清水八幡宮へ勅使、幕府から日光東照宮へ台使を派遣して、それを報告すべきである。

①と②は三奉行返翰案と同段だが、③で交易を元来、自然な人間の営みだとの認識を示した上で、朱印船貿易の復活を提唱し、④でそれによって経験を蓄積し、海軍を建設する、という方策を提案している。

さらに、⑤で、井戸弘道や三奉行同様、国論の統一と政局の安定の必要性を説く一方、その方策として、開国を報告する、幕府からの日光東照宮への台使派遣とともに、朝廷から伊勢神宮と石清水八幡宮への勅使派遣を行うことを提案している。もっとも、ここで、井伊は、朝廷が幕府の要請通り動くものと、何ら懸念していない、これは、やはり彼もまた、既存の政治構造を、朝幕関係も含め、不動のものと考えていたことを示していよう。

彦根藩の海防実態

井伊直弼の二通の上書と、そこでの実戦の想定は、海防の最前線たる、江戸湾の三浦半島を担当する彦根藩を、藩主として背負ってなされたものである。勿論、他の諸藩主にせよ、旗本・御家人の当主にせよ、阿部正弘幕閣の諮問に対する彼らの答申は、いずれもそれぞれの藩や家を背負ってのものである点では同じである。しかし、彦根藩は、右の海防という、退っ引きならない役目を課されているところが、他のものとは決定的に異なる。ペリー艦隊再来航時の対応を誤れば、自藩どころか幕府、そしてわが国の浮沈にかかわらざるを得ない立場である。

では、一体、彦根藩にとって海防とは、どのような負担であり、如何なる実態にあったのか。

直弼の上書に先立つ、嘉永六年（一八五三）七月一七日付で、目付を通じて藩士に対して、以下のような触が出されている（逗子三三〇）。

①昨年、「質素倹約」を厳しく触れ、藩士は他を顧みず、それに努めてはいるが、中には「心得違」の者もいると聞いており、「以之外」である。

②この度、異国船が「相州表」（浦賀）へ来航したため、「莫大之御物入」（莫大な出費）となり、「追々御勝手方御不如意」（いずれ藩財政の窮乏）となり、今後、再来航する予定なので、その際、「如何様之御物入と難計、不容易」（どれほどの出費になるか予測し難く、大変な）事態となっている。

③そこで、「御上」（藩主の直弼）も「深ク御心配」なされ、「追々御手許ヨリ御節倹」（徐々に

身辺の生計費を倹約）されている。

④今回、特段、あらためて倹約令を発出しないが、「右躰不容易御時節」（こうした大変な時期）だから、藩士一同、「不一通」（通り一遍〔表面的〕ではなく）、昨年の倹約令の趣旨を守り、「武備手厚ク、御奉公向丈夫」（十分な装備でしっかり働ける〔戦える〕よう）にせよ。

⑤今後、「万一心得違」の者がいれば、その節には「無容赦」処罰するので、よく心得ておくようにせよ。

彦根藩は、ペリー艦隊来航時の軍事動員で、莫大な出費を強いられ、いずれ藩の財政が窮乏するのは必定である。さらに、再来航も予定されており、その際の出費がどれほどになるか、予測できない。こうした事態だから、藩主も生計費の倹約を始めているので、藩士一同も昨年発令の倹約令を厳重に遵守・励行せよ。今後、違反者は容赦なく処罰する、というのである。

前出の川越藩に見たように、江戸湾の海防は、それを担当する藩にとって、平時でも相当な負担だったが、有事は莫大な出費を余儀なくされる。彦根藩もまた、同様だったのである。しかも、その有事に直面して、それに対処し得る十分な備えが、装備は勿論、それ以上に精神面でそれが、藩士一同にあるのか、藩当局には自信がない。だからこそ、急遽、右のような触を出さざるを得なかったのだろう。

実際、浦賀奉行与力の樋田多太郎は、ペリー艦隊来航時の海防担当四藩の会津藩はとくに評判がよかったが、彦根藩は「甚武事に暗く、士気も弱く」見えた、証言している（県史一三六）。これが、徳川軍団の中核をなす「徳川四天王」の筆頭、元和偃武に至る累次の戦いで先鋒を勤めた「井伊の赤備え」の、嘉永六年の現状だったと見てよかろう。もっとも、その実質的な軍事的崩潰状態を衆目に曝すことはなかったが、第二次「長州征伐」（幕府側の呼称、長州藩側では「四境戦争」、幕長戦争）における芸州口の戦いで、同じく「四天王」の越後国高田藩（榊原家）とともに、惨憺たる敗北を喫し（三宅二〇一三・一六）、戊辰戦争では早々に新政府側に立つこととなる（奥田二〇一六）。

彦根藩が藩士一同に対して前出の触を出した、同じ七月の初旬、阿部正弘幕閣は、従来の江戸湾の海防配備のあり方を変更しようとした。これは、彦根・会津両藩などの内願を受け容れての動きだったが、徳川斉昭が強硬に反対している（水戸—上乾、吉田一九九一）。開国要求への対策意見の相異に加え、この件での対立が、直弼と斉昭の確執の一因となったことは間違いなかろう。

阿部正弘幕閣の実戦対策

結局、阿部正弘幕閣は、嘉永六年（一八五三）一一月一四日、彦根藩など従前の四藩を江戸湾口の海防担当から外し、彦根藩には内海最奥の羽田・大森、川越藩は内海の一ノ台場、会津藩には二ノ台場、忍藩には三ノ台場の担当を命ずる。代わって、江戸湾口は、三浦半島側が肥後国熊本藩（藩主は細川斉護、領知は五四万石）と長州藩（毛利慶親、のち敬親、三四万二〇〇〇石）、房総半島側が備前国岡山藩（池田慶政、二九万石）と筑後国柳河藩（立花鑑寛、一〇万九六〇〇石）に海防担当を命じ、湾奥と湾口の中間に位置する本牧には因幡国鳥取藩（池田慶徳〈よしのり〉、徳川斉昭の五男、三二万五〇〇〇石）を配備した（外国三―七五）。

幕府は、従来、江戸湾を形作る三浦・房総両半島の観音崎と富津を結ぶ線の内側を「内海」とし、その外側の湾口付近で異国船の湾内侵入を阻止する方針をとっていた関係もあり、この内海のエリアには何らの海防措置も講じていなかった。しかし、前述したように、ペリー艦隊来航直後の同年六月四日、これまで措置されて来なかった内海の海防を諸藩に命じ、長州藩は大森・羽田、熊本藩は本牧、柳河藩は深川に配備されていた。右の配備変更は、それを前提とした措置で、湾口と内海の海防担当藩を交代させたわけである。

ペリー艦隊は、内海の小柴沖まで乗り入れ、測量までして帰っていった。そこで、幕府は、再来航時に交戦に及んだ場合、江戸城を艦砲射撃の射程距離外に置くことを、海防上、必須な課題として取り組まざるを得なくなった。

そこで、阿部幕閣は、同年九月一五日、従来、「荷船〈にぶね〉以外之外〈のほか〉、大船停止之法令〈ちょうじ〉」（輸送船以外の大船（軍艦）の建造を禁止する「武家諸法度」の定め）だったが、「方今之時勢〈ほうこんじせい〉」（現在の情勢）は「大船」（大型軍艦）を必要としているとして、諸大名がそれを建造することを解禁した。もっとも、「大船」の仕様や艘数などは幕府へ届け出て指示を受けること、また、達の末尾で、キリスト教禁止を徹底することを命じている（外国二―一二五）。これら二点の付則は、建造する「大船」の用船目的を海防に限定し、海外渡航への使用禁止を示唆している、と見てよかろう。この「大船」で、異国艦船の江戸湾への侵入を阻止しようというのである。

しかし、前出の三奉行の返翰案も指摘しているように、その建造は来年のアメリカ艦隊の再来航には、到底、間に合わない。そこで、この「大船」建造解禁に先立ち、前述したように、同年八月二八日、勘定奉行の川路聖謨と松平近直を責任者に任じて、江戸城を艦砲射撃から守るため、湾奥の海上各所を埋め立て、そこに砲台（台場）を築造することに、急遽とりかかったのである。

右の江戸湾海防配備の再編は、この台場築造に伴うもので、江戸城防衛の直接の担当を家門・譜代の四藩からなる従前の湾口担当藩に任せ、湾口などに外様五藩を配備したのである。この外様五藩は、従来の四藩を、領分の石高、そして、何よりも実質的な財政力において上回り、再来航時における長期化する可能性の高い軍事動員の負担に持ち堪（こた）えられると、阿部幕閣は判断したのだろう。

江戸湾海防という幕府存立の根底に関わる軍事的任務を、外様雄藩に委ねたことの、幕藩関係の既成政治秩序への反作用は、ほどなく表面化して来ることとなろう。もっとも、この交代は、井伊直弼（彦根藩）や会津藩など、従来、湾口の海防を担当していた家門・譜代諸藩が阿部幕閣に内願した結果でもあったことは、留意しておかねばなるまい。

ペリー艦隊来航後の運河開削計画

三奉行の返翰案や井伊直弼の上書で問題となっているように、再来航したアメリカ艦隊と交戦に及んだ場合、江戸湾口が封鎖され、あるいは、湾内で戦闘が行われる危惧がある。その対策として、江戸へ搬入する物資の迂回輸送路を確保するため、運河を開削する計画は、前述したように、天保改革挫折の一因となったとも見られる問題だったが、これがペリー艦隊退帆後に再燃している（奥田一九九八）。

幕府は、物資輸送の迂回路として、新たな運河開削計画を検討した模様だった。三浦半島側では、湾口封鎖時の迂回路となる、相模湾側の小坪・桜山（現・神奈川県逗子市）から江戸湾側の浦郷・田浦（同横須賀市）へ抜ける、半島を横断する運河である。また、房総半島側では、湾内戦闘時の迂回路となる、千種新田（現・千葉県富津市）と人見村（同君津市）を結ぶ、半島を湾岸沿いに縦断する運河である（逗子四〇五）。

三浦半島側では、関係する地元住民が敏感に反応し、幕命を受けたと見られる川越藩吏の実踏調査の段階で、早くも反対運動が起こっている（逗子四五七）。そして、安政二年（一八五五）七月までは関連する工事請負をめぐる動きがあることを確認できるが（県史二七二）、その後は立ち消えになったようである。なお、房総半島側の計画の帰趨は、今のところ、不明である。

この新たな運河開削計画は、交戦が回避できれば、当面は不要になるものだから、その立ち消えは前出の幕府の「時間稼ぎ」策の真偽を確かめる一つの材料にはなろう。

とともに、田畑に適した小河川沿いの地所を、運河開削のために上知されることに、その調査段階で察知した地元住民が、早速、反対運動を起こす一方、工事を請け負おうとする執拗な動きがあることも注目されよう。幕府が深刻な危機感から、かように滑稽とも言える泥縄策の実地調査まで行っている一方で、一見、相反するようだが、民衆は自らの生活と生業のために動いているのである。それを害すると見た向きは素早く反対し、利すると見た向きは積極的に協力しようとしている。こうした民衆の動きのベクトルが、プラスにせよ、マイナスにせよ、幕府の実戦対策を制約する実存条件の一つとなっていることには、注意しておきたい。

三　幕臣の実戦想定と国書対策意見

幕臣の実戦想定＝国書対策意見

ペリー艦隊が突きつけた開国要求に対する対策意見のうち、①幕閣内の評議の場に出された徳川斉昭のもの、②三奉行がその評議結果として出したもの、③江戸湾海防を担当する浦賀奉行の井戸弘道や彦根藩主の井伊直弼が出したものは、いわば幕府内部の政策検討場裡で提示されたもので、阿部正弘幕閣がその対策如何を国家意思として決定する上に、直截的な影響を及ぼす蓋然性があると見てよかろう。

阿部幕閣は、それとは別に、前述したように、諸大名や幕臣にも広く対策意見の提出を求めていた。もっとも、その諮問範囲は、前述したように、諸大名、高家と布衣以上の幕府諸役人だったが、「慎徳院殿御実紀」の該当日（嘉永六年〔一八五三〕七月三日）条には「群臣の意見を諮詢す」

と記されているように（「慎徳院殿御実紀」）、ほどなくその範囲をも超えて、意見が寄せられて来ることとなる（小池二〇一五）。これが所謂「処士横議」のパンドラの箱を開けたとの評は否めまい。

幕臣の中で、右の達が出される半月以前、同年六月一三日に、いち早く、実戦の想定をふまえた、開国要求への対策意見を上書したのは、向山源太夫（源太夫は通称、諱は篤、号は誠斎・偶堂、家禄一〇〇俵）である。向山は、天保改革では政策決定にも関与し、奥右筆や勘定組頭を勤めたが、上書時は小普請組に属し無役だった。その意見（外国一―二二三）は、冒頭で問題を端的に整理している。

> 「北亜墨利加州共和政治」（アメリカ合衆国）の軍艦が浦賀に来航して書翰を差し出したとの「風聞」があり、どのような事情かはわからないが、同国の事情を考えると、「通交・互市」（国交と貿易）を要求したものだろう。その要求を認めなければ、「自然」（当然）戦争となろう。したがって、その対策には、「交易御免」（貿易の許可）と「打払」（武力撃退）の二つしかない。

ここで、先ず注目されるのは、アメリカの国制を諸「州」の「共和政治」として、それらの用語をも含めて、向山が適確に認識していることである。そして、問題の焦点を、国交と貿易を許可するか否か、それを拒否する場合は開戦を覚悟しなければならない、と端的に整理している。

向山源太夫の実戦想定

その上で、向山源太夫は、「打払」策をとる場合、心得ておく必要がある事柄として、以下の六点を挙げている。

①現在、「府庫」（幕府の金蔵）にどれほど蓄えがあろうとも、戦争になれば、一、二〇〇万両の軍資金や、それと同等の米穀が即座に必要となろう。戦争が長引けば、それに要する軍用米金は増大するが、「国力疲弊」したからといって、戦争を一方的にはやめられない。倹約では間に合わず、軍用米金上納の願い出にも限界があり、御用金を賦課すれば「人心」の不穏を来たし、「後患」は測り難い。

相手側の戦備は海陸とも銃砲によるものなので、海戦では相手方の軍艦を奪い取り、陸戦ではいかほど人的な損害が出ようとも、銃砲戦で相手方を撃ち挫く工夫が必要である。

②相手方との戦争は海戦が主となるが、それには「西洋製之軍艦」が「大小数百艘」は必要であり、その建造費用は「莫大」であり、それに要する「巨材」も急には調達できまい。（しかし、海戦での勝算は期し難いからといって、）相手方が上陸するのを待って陸戦に及んだのでは、当方は「後手」に回ってしまう（これまた、勝算は期し難い）。

相手方がわが国近海の諸島を占拠して、江戸への物資輸送を妨害する危険性もあり、その排除にも軍艦は不可欠である。

このように、実戦にはどうしても軍艦が必要であることを無視して、交戦に及ぼうとするのは、鉄砲を用いず、弓矢だけで戦おうとするのと同然（、無謀）である。

③野戦はともかく、籠城戦となった場合、現存の城郭では、櫓や石垣は相手方の砲撃に持ち

堪えられない上、当方からの砲撃にも邪魔となり、全く役に立たない。城郭のあり方を全面的に改める必要があるが、これもなかなか容易なことではない。

④幕府・諸藩とも大砲を相当に装備しているが、それでも相手方の装備に比べれば「九牛ノ一毛」の水準だろう（とても対抗できまい）。旗本・御家人も砲術訓練を行っているが、練度では相手方に及ぶまい。今後の訓練により、当方の砲術の技量は上達するだろうが、実戦に及んだ場合、大砲の砲門数が不足なのではないか。

⑤現在、諸藩や旗本・御家人は、困窮する者が多く、日常の生計にも差し支えており、出兵の用意ができかねる向きもある。しかし、彼らが出兵できるように一々手当するわけにもいかない。また、無理押しに動員すれば、諸藩はやむなく領民に「不当之課役」を賦課し、旗本などは病気を理由に応じないだろう。そうなれば、幕府の「威令」は空振りとなり、「人心」の支持を失い、「騒乱」を惹起する原因となろう。たとえ、動員に応じても、到底、役には立つまい。

⑥戦争となれば、その長期化は必至で、「国力疲弊」の挙げ句に、やむを得ず「和議」（講和）となれば、相手側の「風習」から「贖銀」（賠償金）を要求してこよう。これを受け容れれば、ますます「国辱」となる上、莫大な出費となり、士民の負担は夥しいものとなろう。

向山は、開戦を想定し、当方の戦力を相手方と比較分析して、指摘するのは、①莫大な軍資金の必要と、その調達が困難なこと、②戦闘に不可欠な軍艦の欠如と、その建造に要する費用の莫大、かつ用材調達の困難なこと、③既存の城郭が今日の砲撃戦に持ち堪えられない構造であること、④砲撃の練度と砲門数が不足していること、⑤現在の諸藩や幕臣の困難な財政状態では幕府の動員に応ぜられないこと、⑥長期戦による国力の疲弊と、その結果の講和では賠償金が請求されるのは必定で、一層の「国辱」と士民の疲弊を招くこと、の六点だった。

とりわけ、②は、向山もまた、佐久間象山の想定と同様の見解を抱懐していることを示しているとともに、徳川斉昭が説く「槍剱手詰め」の陸戦ならば勝機がある、といった見地を全面的に却けたものである。

これらは、当時のわが方の軍備が海陸とも劣勢にあること、また、それを俄には挽回し難いこと、さらには、幕府・諸藩や幕臣にはそれを充実する財政力を欠如し、無理押しすれば、幕府は「人心」の支持を失い、国内の「騒乱」を惹起しかねないことを指摘したものである。普通に考えれば、ここから導き出される判断は、国交と貿易の許可というものの外にあるまい。しかし、そのように、「普通」には考えられない、国制上の縛りがあった。

向山源太夫の国書対策案

向山源太夫は、右の六点をふまえた上で、なお「打払」策をとる場合も、次のように想定している。

わが国への渡航、沿岸の測量、「国法」(長崎での応接)の説諭を無視した浦賀への来航、入港時の号砲使用、江戸湾内海への侵入など、今回のアメリカ側の種々の不法行為を許せず、打ち払うことに決定するならば、以上の点をよく検討した上で、行うべきだろう。

もっとも、「時勢」は古今で異なる。かつて、わが方も海外へも進出したことがあったが、当時、西洋諸国は「只今程ニは開ケ不申」（未開で）、軍備も「微弱」だった。しかし、現在は各国とも軍備が充実している一方、わが国は「治平」が続き、前述の通り、軍備が十分とは言い難い。

たとえ、どれほどの「費用」を要しようとも、どれだけの「人命」を損なおうとも、勝算があるならば、当代将軍（家慶）の「我国万世迄之御盛事」（わが国の歴史に残る功績）となろうから、「夷賊御征討」なさるのがよかろう。

「御征伐」決定の場合、お尋ねがあれば、心付くこともあるので、お答えしたい。

是が非でも「打払」策をとるというなら、それ相当の覚悟を極めた上、勝算があるなら、おやりなさい。お尋ねがあれば、その場合の対策についても、精一杯、お答えしましょう、と言っている。これは「捨て台詞」と評してもよかろう。しかし、向山の上書はまだ続いていく。

「夷狄」（礼儀を知らない野蛮人）とは言え、わが方を「軽侮」した今回のやり方は「心外」なことだが、戦争となれば、「国家」の大事、「社稷」の存亡に関わり、（敗戦すれば）「我国末代迄之辱」となるので、一時の怒りによる軽率な挙動をすべきではなく、「全勝」（完全勝利）を占めることが肝要である。

「一端之辱」を忍び、富国強兵に努め、「軽侮」されないようになれば、「万邦」に「卓絶」した「神武之御国柄」だから、「五大州」（世界）の中に（わが国を侵略しようと）手出ししようとする国もなくなろう。

軍備の充実には一〇ヶ年はかかるだろう。

そのための手段は、「通交・互市」の許可以外にはない。

交易を開始する際、当方の「代物」（輸出品）などを定め、後年、それを変更するようなことがないよう制度化する必要がある。このところを一時しのぎに処理すれば、後日、かならず弊害を生ずるだろう。交易の許可は、「当難」回避の一時的な便法では決してない。交易は、「永代」の国益、「富強」の基本となるもので、最初の「法組」（条約と国内法制）がよくないと、国に大きな害をもたらすので、大事なのである。

（開国が「鎖国」の）「祖法」に背くという議論がある。しかし、「権現様」（家康）の時代には、中国・朝鮮・琉球の外、ポルトガル・イスパニア（スペイン）・イギリス・オランダ・「安南」（ベトナム）・シャム（タイ）・カンボジアなどの諸国との交易を許可され、朱印船をインド方面にまで送っている。その後、寛永期にわが商船の海外渡航を禁じ、島原の乱後、オランダと中国以外との交易を禁じたが、その目的はキリスト教の禁止にあった。その点はアメリカ側もよく承知しているから、交易を許可しても「祖法」に背くことにはならない。「権現様」が許可した交易を、「大猷院様」（家光）が禁止したのであり、それを今回、元に戻すのだから、「祖法」に立ち帰るのである。

「交通（ママ）・互市」の許可は、大変に重大な政策案件なので、幕閣・諸役人が十分に評議して、いよいよ実施する際は、その「仕法（しほう）」（制度）について、詳しく調査・検討した上、申し上げたい。

向山源太夫の開国＝「祖法」論の意義

最後に至って、向山源太夫の国書対策意見の核心が、国交と貿易の許可にあることが明白となる。しかも、それは、勝算のない戦争を回避するための一時的な便法ではなく、貿易によって富国強兵を進め、欧米列強の侵略を許さない独立国家を建設する基本手段である。そして、「鎖国」＝「祖法」論を史実に基づいて否定した、開国＝「祖法」を説くことによって、政治理念的に裏付けている。

海軍建設の手段としての朱印船貿易復活論は、前出の井伊直弼の上書にも見える。しかし、上書提出時点では二ヶ月半も先んじて、向山は、富国強兵の独立国家建設の基本手段として、開国するために、既成の国制の根幹をなす「鎖国」原則を、それを基礎づける政治理念をも含めて、全面的に撤回し、新たな対外関係の構築へ向けて踏み出すよう、説いているのである。したがって、これは、一つの国制改革案だと言ってよかろう。

もっとも、「祖法」を自己の主張を正統化する根拠としている点は、近世の国制を根本的には脱し得ていないことを示していよう。だが、国制改革の主張を政治理念的に基礎づける場合、論理的に正当化する根拠は「神」か「人民」のいずれか、歴史的に正統化する根拠は、「神話」であるか「史実」であるかの違いはあれ、「歴史」そのものに求める外はなかろう。幕末維新期に登場する、国制改革を基礎づける様々な政治理念が、結局のところ、これらの座標軸によって位置づけ得るとすれば、ここでの向山の主張もまた、そこにそれなりの座標を有するのではあるまいか。

と同時に、かかる向山の国制改革論が、幕臣の中から公然と主張されている点に注意したい。さらに、向山が幕府の天保改革のブレーンの一人だったことを想起すれば、挫折したこの改革が包蔵していた政治的な可能性にも思いを廻らせる必要もあろう。

その後、向山は、阿部正弘幕閣の求めで、嘉永六年（一八五三）七月に、再度、上書している（外国一―三三六）。幕閣の注文が「寛猛両様之策」の提出だったので、一八ヶ条の海防強化策（「猛」策）と、一六ヶ条の「通交・互市」許可の「仕法」案（「寛」策）をまとめている。それらは、阿部幕閣が実施していく幕府の安政改革へも、いかほどかは影響を与えたと見られる。

向山は、安政二年（一八五五）五月三日に、開港した蝦夷地の箱館を管轄する箱館奉行の支配組頭に任ぜられる。翌三年（一八五六）三月、幕府が松前藩から上知する西蝦夷地の請取業務を兼ねて、松浦武四郎らとともに、宗谷から樺太（リハリン）へ赴いたが、その道中で体調を崩し、同年八月一〇日に宗谷で没している。享年四七歳（数え年）だった。

勝麟太郎の実戦対策意見

嘉永六年（一八五三）七月三日の阿部正弘幕閣による諮問への幕臣の答申は、同月以降、上書されて来る。その中で、実戦に対処する海防の強化策について、緊急と抜本の両面で論じたものに、小普請組の勝麟太郎（かつりんたろう）（麟太郎は通称、諱は義邦（よしくに）、のち安芳（やすよし）、家禄四一俵余）による同年七月に上書（二通）がある。

勝は、蘭学を学び、嘉永四年（一八五一）の江戸へ移住して蘭学塾を開いた佐久間象山にも師事し、翌五年（一八五二）には妹の順子を象山に嫁がせている。ちなみに、この象山の蘭学塾に学んだ一人に、加藤弘蔵（こうぞう）（のち弘之（ひろゆき））がいる（奥田二〇一六）。

こうした事情をふまえれば、勝の意見は、既出の国書対策意見に再三、登場している、象山による実戦時の想定をも、念頭に置いたものであると見られるし、実際にそうなっている。

勝の緊急海防強化策は、以下の通りである（外国一―三三七）。

①江戸湾奥沿岸の羽田・品川・佃島（つくだじま）などの出洲に、台場（砲台）を築造し、七〇挺の大砲を配備し、また、深川（ふかがわ）の地先、芝にある因幡国鳥取藩の下屋敷と御浜御殿の庭先に台場を築き、一、二〇挺の大砲を配備する。

②実戦の際は、この両側から「十字射」（十字砲火）を行うことによって、江戸（江戸城）の防禦は可能である。

③この他に「暴母避（ボンベよけ）」（ボンベン砲〔施条カノン砲〕の着弾防御壁）や「胸壁（きょうへき）」（艦砲射撃の着弾防御

壁）を各所に設ける。

④新たに「厳重」な台場を築造して、（諸藩などに動員を命じ、）訓練不足の多人数の将兵を配備するより、この方が戦術的には効果的である。

⑤これで防禦して時間を稼ぎ、軍艦を建造すれば、孤島など占拠されても（象山の想定）、それらの異国艦船の拠点を攻伐できないことはない。

勝は、以上の緊急策を講ずる理由を、次のように説明している。

①相手側は、わが方の銃砲の装備が旧式であるのを見て、今回の「驕慢無礼（きょうまんぶれい）」な行動に出たと思われる。

②今回のような異国艦船の来航が繰り返されれば、警備に動員された諸藩は疲弊し、民衆はその労役を忌避するようになり、ついには「天下之御大事」となりかねない。

③物事には緩急両様がある。現在の急務は、「軍政之元」（対外軍事政策の基本方針）、「択将」（指揮官の選択）、「調練」（軍事訓練）などの「三大要」に尽きる。さらに、「江戸海」（江戸湾奥）に堅固な台場を築造することである。

④江戸湾口の富津・猿島・観音崎などに台場を設け、陸上からの砲撃によって、相手方の軍艦の湾内侵入を防ぎ止めるのは「難義之上之難事（なんぎのうえのなんじ）」（ほとんど無理）である。相手方が「火輪船（かりんせん）」（蒸気船）を湾内に侵入させ、江戸市中に向かって「焼弾（やけだま）」（炸裂弾（さくれつだん））を撃てば、いくら浦賀で猛烈な砲撃戦を行っても、（戦略的には）無意味である。だから、江戸の防衛が最

急務だというのである。

⑤「十八斤」（一〇・八キログラム）以上の砲弾を撃てる大砲、ボンベン砲やカノン砲などを装備しているが、それらの大砲の製造方法や砲台の築造方法が不適切なため、敵方への攻撃効果がない上、（重く大きい砲弾を発射し、その飛距離を伸ばすために用いられる、大量の火薬の爆発に耐えられず、砲身が破裂するなどして、）味方に損害をもたらすと聞いている。

以上の理由から、右のような、江戸湾奥に、相手方へ十字放火を浴びせられる砲台や防弾壁を設けて、江戸市中（江戸城）を防禦する緊急措置を講ずることを提案したのである。

ここで、勝は、従来の幕府の海防方針――江戸湾口で陸上の砲台から砲撃して、異国艦船を湾内に侵入させず撃退する――を、装備・戦術・戦略の三点から軍事的に効果がないと全面的に批判したのである。そして、装備の点で劣る軍備でも、明確な戦略（江戸の防衛）に立ち、配備と戦術（十字放火と防弾壁）を工夫すれば、戦略目的の達成は不可能ではない、と論じているのである。

もっとも、この実戦想定には、相手方がわが方の射程距離外から艦砲射撃を行い、当方の反撃能力に相当な打撃を与えてから上陸戦へ移る、という戦術上の定石への配慮が、一見したところでは、欠けているかのようである。その点では、勝の提案が実戦の戦術としてどれほど有効なのか、疑問もあろう。しかし、そこは、もう一通の上書の方で、補説されている。

勝麟太郎の抜本的海防強化策

勝麟太郎は、もう一通の上書で、海防の抜本的強化策として、以下の五点を説いている（外国一—三三八）。

①幕府諸役人には「賢明・良質」な者のみを登用し、彼らに政治や対外防衛に関する政策を将軍「御前」で「闘論」させ、「泰平之通弊」である「尊卑隔絶」による「言路」の閉塞状態を打ち破り、「下情」を上達するようにすれば、自然に「良策善謀」、「良臣賢相」が出て来よう。

②（わが国のような）「海国兵備」には軍艦が不可欠であり、これは「天下之通論」である。たしかに、軍艦の建造にも、その操船の訓練にも、莫大な経費を要する。しかし、軍艦がなくては対外防衛の十全は期し難い。

この対外軍備に要する莫大な経費は、どれほど「富饒」（富裕）な国でも、国内の民衆にその全てを負担させれば、反発を招くのが必定だから、「交易之利潤」を充当している。堅牢な軍艦を建造し、それで米穀を輸送して、輸送船の難破による損耗を免れた米穀を国外へ輸出するようにする。

いくら法令で厳禁しても、「奸民」の「抜荷」（密貿易）は必ず行われる。（それを防止するためにも、）法制を設けて、清（中国）、ロシアの辺境、朝鮮へわが国から「雑穀・雑貨」を輸出し、「有益之品々」を輸入する交易を行うようにする。

わが方から進んで交易に国外へ出て行けば、（異国船の）来航を防止し、「国財」を失うことも少なくなる。

航海が未熟な間は、海上で海賊や「外国船」に追われ、撃沈されることもあろうが、「智勇」が「万邦」に優る「日本」だから、しばらくすれば、操船の技術や海戦の方法を実地に会得するに違いない。

③「天下之都府」（江戸や大坂）には厳重な海防態勢が必要である。総じて、沿海の繁華な都市には、海賊などが乱入することもあるので、砲台を厳重に設けるべきである。とりわけ、江戸には特別に厳重な海防態勢を敷き、数門の大砲を配備して、臨機応変に砲撃出来るよう訓練しておくことが肝要である。
「外国」は、軍艦の操船に熟練しており、上陸戦を行う前に、「柘榴弾」とか「暴母」（ボンベン砲から発射される砲弾）などと言う「破裂玉」（炸裂弾）を一〇〇〇発あるいは一五〇〇発も撃ち込んで来る。それへの防禦の備えがないと、わが方にどれほど「勇卒」がいても、その「道具責」（艦砲射撃）のために、空しく討ち死にするばかりである。それを防禦する備えを施してあれば、「鍛錬」した「刀槍」の戦いで、相手方を「攻伐」できるだろう。

④旗本の（軍事力を強化するため、）「兵制」改革を実施し、（軍事）「教練学校」を創設する必要がある。
近年、旗本の面々は大いに困窮し、とりわけ禄高三〇〇石以下の「小給」の旗本は、諸物

価高騰により、給禄では生計費に不足し、武備を心がける者もそれをしっかり整えることができない。そのため、旗本の「廉直之心」（異文は「廉恥之志」、有事に備える心がけ、あるいは、それを疎かにすることを恥じる気持ち）が薄くなっている。旗本以下の身分である「諸組同心」などの御家人に至っては、手内職で生計を支えている有様で、武術の訓練などは全く行っていない。勿論、譜代や外様の諸大名の中には、「武備」（軍備）を厳重に整える向きも少なからずあるが、「天下之御武備之根元」は先ず旗本の「兵備」である。

今日、兵学者たちが説く「規則」（兵備の基準）は、「泰平以後」（大坂の役が終結した「元和偃武」以降）に定められたもので、とても「天下」（現在の地球大的な世界）の「兵法」とは言えない。その間、「兵制」も変化し、武器も新たに発明されたものも少なくなく、とりわけ大砲の技術的進歩は著しい。

こうした変化に「着眼」され、「世界一般」に採用されている「西洋風之兵制」へと改革していただきたい。改革を「決心」されたならば、（守旧派の兵学者などから）どのような「異説」が出されようとも、それらに「頓着」することなく、改革に邁進されれば、将来、「盛大」（強大）な「武備」を整えることができるだろう。

「教練学校」は、江戸から三、四里（一二～一六キロメートル）ほど離れた郊外に校舎を建てる。その「文庫」（図書館）には「和漢蘭」の軍事技術書などを幅広く収集し、「天文学、地理学、究理学（物理学）、兵学、銃学、築城学、機械学（機械工学）」などを諸「科」を立てて「研究」する。その「教授」には、もし「御家人」から採用するだけで不足なら、諸藩士からも採用する。しばらくすれば、（その教育を受けた学生の中には）「上達、出藍之者」（優秀な者）も出て来よう。

近年、翻訳書が夥しく流布しているが、はなはだ杜撰なものが多い。有益な書物は、「学士」に翻訳させ、「官板」（幕府により公刊）すれば、「杜撰惑説」に「心酔」するようなこともなくなろう。

「調練場」（軍事訓練場）は、広さが六町（約六ヘクタール）もあれば、隊列を整えられるだろう。周囲には土堤を築く。

訓練を受ける者は、なるべく小人数で来させる。「無益」な荷物運びの「下人」（武家奉公人の従者）を伴うことは止めさせ、騎馬で来る者も馬の飼い葉などは鞍の後ろに積むようにさせる。訓練に召し連れる者は、戦時に共に死ぬ覚悟のある子弟に限る。そうすれば、「実用」（実戦）に近い訓練ができるだろう。

今日の状況では、一〇〇〇石の高禄の旗本でも、外出時の供侍は三、四人にすぎず、それも「一季・半季之渡り人」（一年ないし半年間の契約で雇傭する、出替わりの武家奉公人）で、「譜代」（代々仕える）の家臣は稀である。そのような者を多く連れて来ても、「実用」の役には立たない。

訓練に「出精」（努力）する者は、旗本の子弟でも「差別」なく、それ相応な扶持や褒賞金を与える。同心などの御家人には、訓練に来る度ごとに、「玉薬料」（弾薬費）として金員を与える。彼らは、自宅で手内職をするよりも、訓練に出た方に収入が多くなるようにすれば、訓練に励むようになり、「奢侈」（身分不相応な贅沢）の風潮も止まり、その上、絶えず砲声を聞きながら訓練場を駆けめぐっていれば、筋骨も逞しくなるだろう。

こうした「教練学校」などの創設には、幕府による莫大な出費を要するが、それは多分、二、三万石ないし五、六万石を見積もれば十分だろう。この僅かな出費で、幕府の「武威」（軍事的な威信）が盛んになれば、「国体」にとってこの上ないことだと思う。

⑤硝石や武器を製造する必要がある。

「兵制」を改革、とりわけ西洋流の砲術を採用すれば、火薬が大量に必要となり、その原料となる硝石は、天然のものだけでは不足しよう。その上、「奸民」などが利益を貪ろうとして、硝石の価格をつり上げるだろう。そこで、江戸近在で、硝石の製造に適した土質であり、江戸への輸送に便利な場所を六、七ヶ所選んで、硝石の製造場を設ける。（アメリカ艦隊再来航に備える）緊急の対策には間に合わないが、二、三年もすれば、硝石を大量に製造できるようになり、「永世」の「国益」となるだろう。

「教練学校」などが設けられ、軍事訓練が盛んになれば、銃砲・弾薬、武器を製造する既存の職人や同心だけでは不足になろう。また、銃砲の製造方法も、従来のものではなく、「機械学、銃学」を学んだ者による技術指導が必要となろう。製造に当たる職人や同心の不足分は、他の「諸組同心」や「小給」の旗本の隠居や子弟、病身の者などを「細工所」に集めて作業させる。

これは、町人に頭を下げて手内職などをさせてもらい、僅かな収入を得るのとは大違いであり、幕府のため立派に役立つ仕事である。

万々が一（実戦に及んだ）の際、武器はいかほどでも製造できる。また、余分な武器は、願い出により「廉価（れんか）」（低価格）で払い下げれば、経費の縮減にもなろう。

艦砲射撃へ対策

勝麟太郎が提示した、右の海防強化の抜本策をまとめれば、①海防強化の策定と実施に役立つ人材を幕府諸役人へ登用する、②対外防備には軍艦とその操船要員が不可欠であり、その経費の調達と操船技術の熟達には海外諸国との貿易が有効である、③江戸・大坂はじめ沿海の都市の防衛には、艦砲射撃に耐えられる防御壁を備えた砲台が必要である、④幕府軍事力の中核をなす幕臣の軍事力を強化する必要があり、西洋流砲術の採用を軸とした「兵制」改革を行い、「教練学校」などを創設する。⑤「兵制」改革により増大する需要に応ずるため、火薬や銃砲・武器の製造場を設ける、ということになろう。

前出の緊急対策案は、江戸湾の奥深くへと侵入するであろう、再来航時のアメリカ艦隊をわが方の射程内まで引きつけ、艦砲射撃を防御壁で凌（しの）ぎつつ、十字放火を浴びせて、撃滅ないし撃退する、いわば「肉を斬らせて、骨を断つ」という「死中に活を求める」剣術の極意に通ずる戦術である。③で、相手側の艦砲が炸裂弾を装備したもので、相当な威力があることを、勝が知悉しているのがわかる。問題は、わが方の防御壁がその艦砲射撃に耐えられだけの強度をもって構築できるかどうかだろう。

相手側が油断して、わが砲台からの砲撃射程内に入ってしまい、大きな損害を出したのが薩英戦争の緒戦だった。しかし、イギリス艦隊が態勢を立て直して行った艦砲射撃により、島津斉彬以来、営々と構築・整備されて来た薩摩藩の鹿児島砲台群は完全に粉砕されている（『馬関・鹿児島砲撃始末』）。当時のわが国の土木ないし築城の技術では、西洋艦船の艦砲射撃に耐えられる防護壁を構築することは、どうやら困難だったようである。

操船技術への着眼

海防強化の抜本策として、軍艦が必要なことは、勝麟太郎自身が言うように「天下之通論」であり、前述したように、幕府諸役人も認めるところである。勝の意見が際立っているのは、その操船要員の必要を同時に説いている点である。たしかに、軍艦があっても、操船できなければ、役には立たない。

幕府は、安政二年（一八五五）一〇月、長崎に「海軍伝習所」を開設し、勝はそこでオランダの海軍士官の指導で操船技術を学んでいる。この施設は同六年（一八五九）に閉鎖されるが、勝は、万延元年（一八六〇）に咸臨丸（かんりんまる）艦長として太平洋を往復渡航し、文久二年（一八六二）に軍艦操練所頭取に任ぜられ、操船要員養成機関の必要を説いていく。その後、彼の意見が採用され、元治元年（一八六四）五月に軍艦奉行に昇進し、同月、神戸に「海軍操練所（そうれんじょ）」を開設した（神谷二〇一八）。ここに至って、ようやく彼の意見が実現したのである。

ところが、勝は、海軍操練所が始業した同年一一月に罷免されてしまう。しかし、同所は存続し、維新後、新政府に引き継がれ、明治三年（一八七〇）に「兵学寮（へいがくりょう）」、同九年（一八七六）に「海軍兵学校（へいがっこう）」と改称される。こうした経緯に鑑みれば、勝がわが海軍建設の基礎づくりを主導したことは間違いなかろう。

この操船要員の養成とともに、勝の意見で注目されるのは、海外貿易がわが海軍建設を経費の調達と操船技術の熟達との両面で有効であると説いている点である。そこには、貿易の経済的利益に専ら着目する、井伊直弼の朱印船貿易復活論には見られない、操船の技量向上という、技術論の視点が併有されている。また、富国強兵の独立国家建設の基本手段として開国―貿易の必要を説く、向山源太夫の開国＝「祖法」論のような、正面から国制改革を求める政治理念としての展開は見られないが、勝の技術論は向山にもない。

こうした技術論は、大きく言えば、近代的な生産力の建設と発展に不可欠な、人間の労働生産性を向上させる技術革新（イノベーション）の視点であり、維新後の殖産興業政策や教育政策によって追求されていく、欧米先進技術の移入と、それを受容し得る知識や技能の養成とを進める政策理念の基底をなしていく考え方である（技術と「近代」の関係はハイデッガー二〇一三）。

「教練学校」創設構想

勝麟太郎が、④でその創設を説いた「教練学校」の授業科目として、砲術や用兵などの軍事技術に止まらず、それを基礎づける天文・物理・地理の自然科学と土木（築城）・機械の工学を設けることを構想しているところにも、維新後の実施されていく政策に通ずる理念が見出せよう。

勝の「教練学校」とは別に、彼の義理の従兄で、江戸・本所亀沢町に剣術道場を開いていた、旗本の男谷精一郎（信友、禄高一〇〇俵）が、嘉永末年、軍事訓練施設の創設を提案している。幕府は、安政二年（一八五五）に「講武場」の設置を決定し、同年二月に男谷をその頭取に任じた。当初の計画は大規模なものだったが、次第に縮小され、翌三年（一八五六）四月二五日、「講武所」として江戸・築地に開設された。講武所は、総裁方・同次席・懸・頭取・同出役・番・出役からなる職員と教授方とを置き、男谷はその懸、勝は砲術教授方頭取にそれぞれ任ぜられた（『講武所』）。

講武所は、勝が構想した、西洋の自然科学や工学の教育に基礎づけられる、西洋流の軍事教育機関ではなく、伝統的な槍術と剣術に、砲術を加えた、軍事訓練機関だった。もっとも、砲術は、当初、西洋流を主眼とし、教授方頭取も、勝の外、下曽根金三郎（信之、禄高九〇〇石、渡辺崋山・高島秋帆〔後出〕に師事）と江川英敏（英龍の継嗣）で、この三名はいずれも西洋流だった（同上)。その限りでは、阿部正弘幕閣は、勝の意見を採用し、西洋流への「兵制」改革に踏み切ったかに見える。

しかし、阿部幕閣は、これより先、嘉永六年(一八五三)九月一七日、旧式の鉄砲方・大筒方を勤める井上左太夫の申し出により、従来、「秘事」とされてきた砲術の伝授を許可している(「温恭院殿御実紀」、幕末三—三一五二)。さらに、文久二年(一八六二)、井上は講武所の砲術師範役に任ぜられている(『講武所』)。

勝は、④で、西洋流への「兵制」改革を「決心」したならば、守旧派の「異説」に「頓着」せず、それを推進するよう、わざわざ注意していた。だが、阿部幕閣も、その後の幕閣も、西洋流一本槍への転換に、容易には踏み切れなかったのである。

講武所は、維新後、新政府に引き継がれなかった。勝の「教練学校」構想は、その教育内容の面では、徳川宗家が新封され成立した、駿府藩が明治二年(一八六九)一月に開校した「沼津兵学校」(樋口二〇〇五・〇七)において、実現を見たように思われる。こちらの方は、新政府に引き継がれ、前出の海軍操練所と同様、兵学寮への移管を経て、海軍兵学校となっていく(奥田二〇一六)。

幕臣の実態と海防強化策

部分的にせよ、勝麟太郎の意見が実現を見たものは、「教授学校」の他にもある。

その第一は、同校による事業の一つとして構想された、幕府による西洋書籍の翻訳と公刊である。安政二年（一八五五）一月、天文方の蕃書和解御用を独立させ、「洋学所」が設置され、翌三年（一八五六）二月一一日、それを「蕃書調所」と改称する。この機関が「開成所」への改組を経て、維新後、「東京大学」へと発展していくことは、前述した通りである。

第二は、硝石と銃砲・武器の製造場の設置である。幕府は、嘉永六年（一八五三）、江戸・湯島にあった鋳砲場を関口水道町へ移転し、水車を動力とする製作器械による銃砲の製造を始めている。維新後、これが東京砲兵工廠となる。勝の意見のうち、銃砲製造場の設置については実現したと言えよう。

第三に、勝が①で説いた、海防強化の策定と実施を担う人材の登用は、阿部幕閣も同様の意向だったと見られ、勝自身も安政二年一月一九日、無役の小普請組から蘭書翻訳出役へ召し出され、前述したような、その後の活躍が始まっている。阿部幕閣は、勝のみならず、嘉永七年（一八五四）五月九日に、大久保忠寛（隠居後は一翁、禄高五〇〇石）を目付に任じて、海防掛とするなど、多くの有為な幕臣を登用し、重職に抜擢している。

貿易の肯定と幕臣の実態認識

こうした勝麟太郎の所論の根底にある見地の一つは、②で開陳された、貿易を積極的に肯定し推進すべき、とする考え方である。

それは、海軍建設の財源論と技術論に結びつけられているため、一見すると、将来、「鎖国」

原則を回復する攘夷の実行に不可欠な海軍を建設する方便として、貿易を行えと説く、井伊直弼の立場と同列視されかねない。しかし、勝の所論には、海軍建設を攘夷実行の手段として位置づける言説は見当たらない。

たしかに、勝は、「日本」が「智勇」で「万邦」に優る国であり、その「国体」を海軍建設などによって護持・宣揚しようとする、国体論に立っている。だからといって、貿易を攘夷実行のための一時の方便として、主張しているわけではない。

そこには、貿易を、向山源太夫の開国＝「祖法」論のように、政治理念の次元で価値合理的に正統化する論理は見られないが、海軍建設における財源・技術両面での効用という、機能の次元で目的合理的に正当化する論理は提示されている。向山と勝の、いずれが「近代」の思惟様式に接近しているかは、多言を要しまい（ヴェーバー一九七二）。

もう一つは、④で述べられた、幕臣についての、勝の率直な実態認識である。

勝は、そこで、「兵制」改革が必要な理由を、旗本・御家人の軍事力が著しく空洞化している実態に求めている。彼は、高禄の旗本でも小人数の出替わりの武家奉公人を使っていることや、町人に頭を下げて貰（もら）う手内職の仕事で辛（かろ）うじて生計を維持している微禄の御家人の有様を例示して、武術の習練が全く疎かになっている背景に、幕臣の深刻な困窮があることを指摘している。

「教練学校」の創設や銃砲・武器の製造場の設置は、その対策も兼ねて考案されている。軍事訓練への出勤手当を「玉粟料」の名目で御家人に支給し、御家人や旗本の隠居や子弟などを銃砲・武器の製造場へ出勤させることで工賃を稼がせ、それらを彼らの生計維持にも役立てようというのである。

問題は、阿部幕閣がこうした幕臣の実態を認識しているのか否か、そうした認識の有無が、アメリカの開国要求への対策に関する判断に、どう影響して来るかであろう。

四　実力対処の制約事情

旗本・御家人の実態

前述したように、徳川斉昭は「槍剱手詰め」の陸戦ならば勝機があると断言している。しかし、陸戦の戦力の中核をなすべき旗本・御家人の現状は、それだけの軍事的な能力を備えているのだろうか。勝麟太郎の上書は、それが軍事的に絶望的な状態にあることを指摘し、その認識に立脚して、海防強化の抜本策を提案していた。続投することとなった阿部正弘幕閣は、それをどう見ていたのだろうか。

阿部幕閣は、その続投が正式に達された翌日、嘉永六年（一八五三）九月一六日、近年、出費が嵩む出来事が続き、とりわけ異国船が度々来航して、その備え向きの出費も莫大となり、旗本・御家人の勝手向きが困窮している現状を救済するため、新将軍の「格別の御仁恵」をもって、旗本へ拝借金（はいしゃくきん）、御家人へ被下金（くだされきん）を下付することを達した（「温恭院殿御実紀」）。

旗本への拝借金は、その体面を考慮して、一応、貸付金の形をとってはいるが、いずれ棄捐（帳消し）にされるはずのもので、御家人への交付金と実質的な違いはない。旗本への交付額は、禄高五〇〇〇石以上が金二〇〇両、それ以下、三〇〇〇石以上が金一五〇両、二〇〇〇石以上が金一〇〇両、一〇〇〇石以上が金五〇両、それ以下、三〇〇石以上まで、一〇〇石刻みに金五両ずつ減らし、それ以下は同額（金額は不明）である。御家人の方は、俸禄八〇俵以上が金七両、それ以下、五〇俵以上が金五両、三〇俵以上が金四両、一五俵以上が金三両、一四俵以下が金二両である。なお、旗本の禄高八〇〇石以下への交付額には史料により異同があり、発令日も一五ないし一七日とする異文がある（幕末四―三八四八）。

問題は、この達の末尾に添付された、旗本・御家人に対する以下の訓戒の内容である（「温恭院殿御実紀」、幕末四―四〇六二）。

①旗本・御家人が困窮している原因は、華美・奢侈の風潮にあり、衣食住はじめ万事につき物好きで、美麗を尽くすため、無益な出費が増大してしまうことになる。

②困窮の影響で、非常の際への備えがなくなっている。文武の稽古や修行も行き届かなくなり、子弟への教育も不十分となる。その結果、子弟は、惰弱となり、よくないものばかり見聞きしたがり、往々心得違いを生じて、ついには道徳を踏み外して不法な行為に及び、家名を汚すような者さえ出て来る始末となっている。

③幕府は、天保改革で天保一四年（一八四三）に棄捐令と倹約令を発出したが、効果がなく、

現在に及んでいる。

④現状では、衣食住の外聞を飾り、酒宴や遊興に浸り、武備への心がけは薄く、それを恥とも思わず、不法な借金、知行所への無慈悲な御用金の賦課など、自分たちの栄耀のみを追求する、以ての外の行為がなされている。

⑤今回の救済措置を機に、非常の際に不覚をとらぬよう、身持ちを慎み、文武の修行と節倹に励み、武備の手当、子弟の教育に努めよ。

士分の現状を物語る事例として、居候する旗本の件を紹介したが、ここでは、阿部幕閣によって、財力に不相応な生活のあり方と、それに基因する軍事的な能力の解体が、旗本・御家人全体に共通する問題として認識され指弾されているのである。

こうした旗本の生活のあり方は、幕閣のみならず、知行所の領民も問題視し、その改善を求めている。例えば、安政四年（一八五七）に、武蔵・常陸両国の四ヶ村にわたり知行所を持つ旗本に対して、度重なる御用金の賦課に反発した、領民による江戸への集団出訴の動きを背景とし、その知行所の村々が結束して、「御勝手向賄方仕法」（旗本家の財政運営）の改革を要求している（『新狛江市史』資料編　近世2、史料番号七七）。それに関連したと見られる願書の中で、領主の旗本に対して、「御定式」（幕府の倹約令）の通りに、「質素ニ御暮し」なさるよう求めている（同上、八四）。

阿部幕閣がその不法性を認識・指弾する苛斂誅求の被害者である、知行所の領民は、旗本の財政困窮の原因認識と対策において、阿部幕閣と完全に一致しているのである。しかも、この嘆願書が提出された時期を見れば、開国後も、阿部幕閣が問題視している事態が、依然として改善されない向きがあったことは明らかだろう。

してみると、中里介山（なかざとかいざん）の小説『大菩薩峠（だいぼさつとうげ）』に登場する不良旗本「神尾主膳（かみおしゅぜん）」は、荒唐無稽（こうとうむけい）な虚構でも、例外的存在でもなく、阿部幕閣がこうした達を出して訓戒せざるを得ないほど、広汎な現実的存在を、文学的に典型化、形象化したものだった、と思われる（中里一九九六）。文学を含む芸術的な営為が真実を直感的に表現し得るもの（出一九八八）、あるいは、小説家の創作する「物語」が「現実のメタファー」である（村上二〇一五）とするならば、介山は、一人の不良旗本を描き出すことについては、巧みにそれを成し遂げた、と言えよう。

このように、阿部幕閣は、前出の勝と同様、到底、軍事力として期待できない、旗本・御家人の深刻な現状を認識し、問題視していた。そうした阿部幕閣が、斉昭が説くような「槍剱手詰め」の陸戦という軍事的な冒険に踏み切れるはずは、万々が一にもあるまい。かくて、軍事的な選択肢がないとすれば、交渉による以外に、アメリカ艦隊の開国要求に対処する途はなかろう。

助郷役追加負担の拒絶

開国要求への回答を求めて再来航するアメリカ艦隊に、実力を行使して対処する方策を制約する要素は、幕臣の現状ばかりではない。民衆の動きもまた、それを許さない方向にあった。

武蔵国都筑郡上川井・川井・下川井・榎下・久保・小山の六ヶ村（現・神奈川県横浜市）には、異国船退帆後も、諸家の通行増加に付き、同国久良岐郡町屋村（同上）への「当分助郷」が下命されていた。この六ヶ村は、嘉永六年（一八五三）六月二八日、その助郷の免除を、幕府の道中奉行と当該各村を知行所とする旗本へ歎願している（県史一七七）。その趣旨は以下の通りである。

①この六ヶ村は、寛文期（一六六一～七三）以来、駿府や甲府への往還（本街道の支線となる脇街道）に接続する、矢倉沢往還（現・国道二四六号の原形）が通る都筑郡長津田村（現・横浜市）への「定助郷」（決められた宿駅に一定の人馬を提供する課役）、また、幕府の鷹匠が通行する際の携行した荷物の「継立」（継送）と、鷹への飼料提供など、その看護に当たる「鷹番」も勤役している。それに加え、以前から、東海道が通る武蔵国橘樹郡保土ヶ谷宿（現・横浜市）への「加助郷」（定助郷の諸村が提供する人馬だけでは不足する際、それを補助する課役）も勤役している。また、中原街道が通る都筑郡中山・川井両村には街道掃除を負担する「丁場」（区域）があり、それとは別に、上川井・川井・下川井の三ヶ村には中原街道の掃除を担当する「丁場」もある。

②六ヶ村の田畑は、谷間にある日陰の痩せ地で、用水はなく、天水や湧水の冷水に依存し、肥料を多投している。しかし、収穫は「青毛皆無（籾が実らない）同様」の状態で、干害が連続して起こり、雨天には上流の悪水が田畑に流入して、耕作できない潰れ地が頻出している。これら「水旱の両損」に加えて、猪や鹿の獣害、農間の山稼ぎで薪を伐採して販売

するも、最寄りの宿場まで三、四里も距離があって往復の経費が嵩み、わずかな代金では大した利益にもならないが、これを不足する食料の購入費用に充てている。近年には、不作や病災が続き、百姓たちが困窮に陥り、借金のために質入れした所持地が借金を返済できずに質流れとなって、農家経営の継続が困難となっている。働ける者は村外へ出稼ぎに出てしまうので、年貢諸役の負担者から除外せざるを得ない「潰れ百姓」が多くなっている。村内に残っているのは、老人や子ども、病身の者など、まともには働けず、余儀なく村の「厄介」になっている者たちばかりである。こうした事情で、追加された助郷役のために提供できる人馬は少なく、下命を受け、村々では当惑している。

③追加の助郷役はとても勤め難く、「必至（必死）と難渋至極」（これを負担すれば、村民たちは死に絶えると、非常に困却）しているので、容赦願いたい。

要するに、これら六ヶ村は、従来の助郷役負担と農家経営の困難を理由として、アメリカ艦隊再来航への対策はじめ、海防強化のための追加負担について、対応不能として拒絶しているのである。

企業機会としての海防強化

幕府の海防強化策は、右の六ヶ村のように、民衆に追加負担を求めるだけではなかった。台場の築造などは、大規模な土木事業であり、それに要する莫大な資材と工事人夫の需要を生ずる。

当然、そこに企業の機会を見出す向きも、民衆の間から現れて来る、

嘉永六年（一八五三）七月、江戸・深川吉水町の材木問屋を営む中村屋源八は、異国船による江戸湾内海への侵入を防止する木柵の敷設を、おそらく町奉行と見られるが、以下のように、提案している（外国一―三四六）。

①洲崎・深川・永代・鉄砲洲・月地（築地）・金杉・東芝・品川・浜川・鮫津の沿岸に三重の木柵を敷設する。

②「御入用」（工事費用）についてはできるだけ削減に努力するが、幕府も町々の「身元之者」（富裕な町人）に（敷設費用を拠出するよう）教諭していただきたい。自分も（材木問屋の）仲間を説得して冥加金の拠出をはかり、「御用途」を調達したい。

中村屋源八は、自身が商う木材の膨大な需要が見込める木柵の敷設を提案しているのである。彼がアメリカ艦隊再来航対策を企業機会と捉えていることは明白だろう。勿論、工事費用の削減や、同業者による工事費用の一部負担も説いている。しかし、それらは受注のための必要経費の範囲内に止まるもので、損得の算盤勘定が合うことが、当然、提案の大前提だろう。

海防動員への協力と代償

前述したように、ペリー艦隊の来航に伴う長期間の海防動員は、江戸湾沿岸の警備を担当する諸藩に、多大な経費負担をもたらした。

嘉永六年（一八五三）八月七日、川越藩相模国分領の町在奉行より報告されたところによれば、三浦郡久野谷・山野根・桜山・沼間の四ヶ村の名主・組頭たちは、川越藩に「永々の御出陣に多分の御物入」（出勤諸村へ給付された夫役手当も含む、長期間の海防動員による多大な出費）があったことと「恐察」（恐れながら推察）し、献金（七両～二両）を申し出たという（逗子三五五）。

同藩は、同年九月一二日、献金した村役人に対して、「賄方附出、地廻り帯刀差免、水主差配添役並取扱、一人扶持」の役儀・格式・扶持、「一代苗字差免」、「巴御紋上下」や褒賞金（五〇〇・二〇〇疋）の下賜などの褒賞を行った（同上）。

四ヶ村の村役人たちは、ペリー艦隊の来航に伴う海防動員に協力し、さらに、その経費の一部を進んで負担することで、それを家格上昇の機会としたのである。村役人層にとって、藩の地方役人の末端に連なることに加え、文書への苗字記載、帯刀や紋服着用によって、小前層との家格上下秩序を可視的に明確化することは、それぞれの村内秩序の保全・強化に資するだろう。

川越藩の立場からすれば、夫役手当の給付は、動員された小前層への経済的な対価である。また、右の褒賞は、小前層の動員に協力し、さらに、僅かな金額ではあっても、それを経費面にも進んで及ぼそうとする、村役人層への政治的な代償措置だと言えよう。

都筑郡の六ヶ村は、何らの代償措置もない、単なる追加負担を拒絶した。一方、江戸の材木問屋や川越藩相州分領の村役人層は、海防に自発的に協力しようとし、あるいは、している。ただし、そこには、いずれも、相応の経済的な対価の給付ないし政治的な代償措置が得られる見込みがあり、あるいは、実際に得られたのである。

アメリカ艦隊の来航ないし再来航対策、海防強化に対する、一見、真逆な民衆の対応には、共通する論理が横たわっている。それは、既存の負担への追加には、何らかの代償措置ないし対価の給付を要し、それがなければ、協力には応じない、というものである。この論理もまた、アメリカ艦隊再来航により回答が必至となる、その開国要求に実力をもって対処する軍事的な選択肢を制約する条件だと言えよう。

第八章　幕政改革の起動

一　幕政改革の起動

幕政改革の起点

阿部正弘幕閣は、嘉永六年（一八五三）六月九日にアメリカ国書を受領する前後から、「将軍―譜代門閥」政治という従来の国家意思決定の構造的枠組を、実質的に踏み越える動きを始めていた。そこに至るにはそれ相応の前史があることは、すでに縷述したところである。国書受領前後の動きとは、すなわち、徳川斉昭への相談である。阿部幕閣がそうした動きに出た最大の背景は、将軍家慶の重篤な病状だったと思われる。その家慶は、同年六月二二日に死去した。

阿部幕閣は、その政策決定にとって唯一最大の政治的な正統性の源泉である、将軍職の継承を進めながら、翌年のアメリカ艦隊再来航時における開国要求への対処方針を決定しなければならなかった。

政治は、その根幹をなす国家意思の決定を形式と内容の両面で規律する、制度（システム）（法制や慣行）が受容・信任されている限りにおいては、その制度の枠組内で展開しよう。しかし、この時のように、その一角とはいえ、制度そのもの（「鎖国」原則）が外部から揺さぶられ、大きな変更を求められたり、新将軍の政治的な判断力が不透明なため、制度（「将軍—譜代門閥」政治）の政治的な正統性への疑念が少なからず生ずるのを避けられなかったりする場合は、制度の受容と信任は否応なく揺るがざるを得まい。近代の「国民国家」であれば、直ちにそれは「主権」ないし「主権者」の政治的な危機へと繋がるだろう（奥田二〇一七）。

わが近世の国制における「将軍—譜代門閥」政治の構造は、国家意思決定の制度的な集権性と閉鎖性において、「国民国家」の「主権」ないし「主権者」と形態的な類似性を有していると思われる。その限りで、阿部幕閣は「主権者」＝「将軍—譜代門閥」政治の危機に直面していた。その解決策の一つは、新将軍を擁し、実質的には幕閣のみで行ったことが明白な決定を「上意（じょうい）」（新将軍の意思）として押し通して執行し、その過程を通じて、新将軍の政治的な威信を確立し、制度への信任を回復しようとするやり方である。これは、後年、井伊直弼幕閣がとった政治的手法である。

だが、阿部幕閣はこの手法をとらなかった。それは、国家意思決定への参画者を拡大し、決定に対する政治的責任の共有をはかるというものだった。

阿部幕閣は、国書受領に先立つ六月五日、ペリー艦隊への対処策を相談したのを皮切りに、開国要求への対策も引き続き、斉昭に意見を求めていく。そして、将軍家慶が死去し、いまだ発喪していない、実質的な将軍空位下の七月三日、斉昭に隔日登城を下命し、彼が幕閣との応答の中で要求し出した海防幕議への参与を認めたのである。この決定は、一応、家祥の内意を確認した上でのものだろうが、彼がそれに異を唱えた形跡は見当たらないし、それに異を唱えられるようならば、そもそも、こうした決定はなされなかったろう。それは、形式的には、在世しない家慶の「上意」である。当然ながら、家慶の死を知っている斉昭は、それを阿部幕閣による専決と受け取り、そうした動きに出たところに、家祥に対する阿部幕閣の政治的な不安を認めたに違いない。

その一方、阿部幕閣は、従来の慣例の通り、開国要求への対策の評議を、家慶死去の翌日、六月二三日、三奉行・大目付・目付・海防掛に、ついで二六日、評定所一座と三番頭に指示している。これは、「将軍―譜代門閥」政治における政策検討の定石である。

さらに、六月二七日、御三家と溜間詰の家門・譜代上層の諸大名にも対策意見の提出を求めた。前述したように、この部類の諸大名の意見聴取は、非公式な形では前例があるが、阿部幕閣はそれを公式に行ったのである。ついで、意見聴取の範囲を、七月一日には諸大名全体、その二日後の三日には高家と布衣以上の幕府諸役人へと拡大した。

こうした一連の措置によって、国家意思決定への参画者は一挙に拡大されたのである。問題は、それが将軍の実質的な空位状態の下で、しかも、いずれもが斉昭の海防幕議参与要求の許可に先立ってなされたことである。御三家と溜詰衆への諮問は、徳川一門と譜代門閥層から、新将軍襲職と阿部幕閣続投への了解と信任を取り付けることに、その主目的があろう。諸大名と幕臣への諮問は、それを意図したか否かはさておき、斉昭の意見を相対化する政治的な効果は期待できよう。

このように、阿部幕閣が、将軍の実質的な空位状態の下、したがって実質的には専決した、斉昭の海防幕議参与と、諸大名と幕臣への対策諮問との二つは、政治的にはセットをなす決定であり、開国要求への対策という限定つきながら、従来の「将軍―譜代門閥」政治の構造的枠組を踏み越えるものだった。提出された意見は、実際には、前述したように、否応なく関連する政策領域へも踏み込むものとなり、幕政＝国政のほぼ全般へと及んでいく。したがって、この二つの実質的な専決によって、阿部幕閣は、幕政改革に踏み出したと言えよう。

なお、阿部幕閣は、朝廷に対し、六月一五日にペリー艦隊の来航、二七日に同艦隊の出航を報じ、七月一二日に受領した国書を提出している。前述したように、こうした措置自体は前例がある。しかも、朝廷に対策意見を求めたわけではない。したがって、ここまでのところでは、阿部幕閣の側に、既存の朝幕関係を変更しようとする意向はなかった、と見てよかろう。問題は、これを機に、朝廷の側がどのような動きを見せていくかだろう。

海防強化策

ペリー艦隊は、嘉永七年（一八五四）一月一六日に神奈川沖へ再来航するが、前年の六年（一八五三）七月二二日の将軍家慶発喪以降、そこに至る迄の間に、阿部正弘幕閣が最優先に講じた措置は、当然ながら、海防強化策だった。その主軸は、①西洋流砲術の導入、②江戸湾内海の海防強化、③軍艦の建造の三つである。

①西洋流砲術の導入は、長崎町年寄で出島備場受持の高島秋帆（四郎太夫、七〇俵・五人扶持）が、天保三年（一八三二）から同六年（一八三五）の間、オランダから大砲を輸入して研究し、長崎の海防を担当する肥前国佐賀藩のため、モルチール砲を製作したことに始まる。

秋帆は、天保一一（一八四〇）年九月、アヘン戦争における清軍の敗因をイギリス軍の火砲に求め、西洋流砲術について幕府の用命があれば応えたい、と幕府へ上書した。水野忠邦幕閣は、秋帆を江戸へ呼び寄せ、同一二年（一八四一）五月九日、武蔵国豊島郡徳丸原（としまとくまるがはら）で西洋流砲術の調練を行わせた。さらに、同一三年（一八四二）六月、その砲術の伝授を許可した。ところが、同年一〇月二日、町奉行の鳥居忠耀により謀反の罪で捕縛され、以後一〇年間、江戸で禁獄されていた。鳥居による蘭学者弾圧の犠牲者で、唯一の生き残りだった。

阿部幕閣は、嘉永六年八月六日、秋帆を釈放し、江川英竜の手附に登用させて、江川に預けた。ついで、同年九月二八日、江戸湾内海の警衛のため、「西洋法」の砲台を築造することを理由に、西洋流砲術の修業を解禁したのである（幕末三―三一五二、「温恭院殿御実紀」は二五日の達とする、また二九日とする史料もある）。

②江戸湾内海の海防強化の必要は、勝麟太郎も指摘しているが、阿部幕閣も海防強化の最優先課題と認識していた。前述したように、同年六月一八日、江川英龍を勘定吟味役格に任じて、勘

定奉行の川路聖謨とともに、江戸湾内沿岸の海防調査を行うよう命じ、ついで、八月二八日、台場の築造事業に着手している。

秋帆の釈放と江川への附庸、西洋流砲術の解禁も、すべてはこの台場のためだった。

そして、これも前述したように、一一月一四日、彦根藩など家門・譜代四藩を江戸湾口の海防担当から外し、内海最奥と各台場に配備替えする一方、湾口などには長州藩など外様の五雄藩を配備したのである。

③軍艦の建造については、同年八月二九日、薩摩藩主島津斉彬が「軍船」と「蒸気船」の建造、およびオランダからの軍事関係書籍と兵器の輸入の許可を、幕府へ願い出たことで（外国一―七三）、幕府も動き出す。

阿部幕閣は、九月一五日、従来、「武家諸法度」で禁ぜられていた輸送船以外の「大船」、すなわち大型軍艦の建造を解禁し、「大船」の仕様や艘数などは幕府へ届け出て指示を受けることを達した。

そして、斉彬には、同月二六日（推定）、建造を許可し、その「絵図面」と「船数」の「取調」を「差図（さしず）」した。ただし、軍事関係書籍と兵器の輸入は、追って達するとして、その許可を保留している（同上）。

阿部幕閣が薩摩藩に大型軍艦や蒸気船の建造を許可した背景に、前出の弘化三年（一八四六）以来、培（つちか）われてきた、阿部と斉彬の政治的な信頼・協力関係があることは明らかだろう。同時に、薩摩藩がそうした申し出を行ったのは、それらの艦船を建造し得る財政力を備えていたからだと見てよかろう。

こうした一連の海防強化策は、台場の築造のみでも、大変な出費を幕府に強いるものだった。それ故に、海防強化策の一角を、ある程度の財政力を備えた、外様雄藩にも担わせざるを得なかったのである。しかし、江戸湾海防を、財政的に脆弱な家門・譜代諸藩で行う従来の方式を、外様雄藩にも分担させる新方式に改めたことや、薩摩藩に洋式大型艦船の建造を許可したことは、諸大名への開国要求対策諮問と相俟（あいま）って、既存の幕藩関係の政治的秩序に影響を及ぼさずにおれまい。

「大船」建造を解禁する「武家諸法度」の改正を含む、これらの一連の措置は、「鎖国」原則そのものに手を着けるか否かという、国家意思を決定する以前に、幕藩関係の既存政治秩序のあり方に影響を及ぼさずにはおかない、国制上の制度的変更がなされたことを意味している。阿部幕閣が始めた幕政改革とは、既存の国制を総体として護持するために、その国制の「一部」を否応なく改変せざるを得ない政治的性格を帯びていくものだと言えよう。

問題は、その「一部」の中身が、これらの措置に止（とど）まり得るかどうかである。それは、阿部幕閣にとって、アメリカ艦隊の再来航以前のこの時期も、またそれ以後も終始、おそらくは未知数のものだったろう。

領知替出願禁止令

阿部正弘幕閣は、アメリカ艦隊再来航以前に、近世の国制の根幹をなす将軍―諸領主（諸大名・旗本）関係に対して、直截的にも、看過し得ない重要な措置を講じている（奥田二〇一五）。嘉永六年（一八五三）一〇月九日付で、諸大名と旗本の全領主に対して、次のように達している（「温恭院殿御実紀」、幕末四―一六六三）。

幕府が「御用」のために命ずるのは「格別」として、近年、諸大名や旗本らが、さまざまな理由を付けて、自分たちの領分や知行所と、幕府領との領知替を願い出る向きが少なくない。（自分の領知に）勧農策を講ずることもせず、かえって御用金を頻繁に賦課して、領知の郡村を経済的に疲弊させた挙げ句に、それを願い出るというのは如何なものか。幕府領の方にも、荒廃や水害・干害の地もあり、それらの対策には莫大な経費を要している。その上、そうした勝手な願い出に応じて、経済的に豊かな地と交換していたのでは、際限もなく、幕府の財政上も容易ならざることとなる。

また、旗本の地方（じかた）知行（知行所の直接支配）を蔵米（くらまい）（俸禄、幕府代官が旗本の支配を代行し、徴収した年貢を財源とする）の支給に切り換えることも、天明七年（一七八七）の達で定めた諸国以外の知行所については許可しない、と先年も達した。しかし、近年、それを無視して願い出る向きがある。

これも含め、領知替をはじめとする身勝手な願い出は、（海防強化策など）諸事万端、物入りな時節でもあり、全面的に禁ずる。

右の領知替願出禁止令の文面からは、その直截的な発令理由が、幕府領からの貢租収入の減少防止による、海防強化策の実施に要する莫大な経費の確保にあることとともに、石高制の現状について、同一石高の地所であっても、その地が生み出す経済的価値に相当な差異が生じている事態を、阿部幕閣が十分に認識していることが読み取れよう。

石高が経済的に互換性を喪失した数値であることを承知の上で、幕府が命ずる領知替（もちろん、同一石高のそれだが）を「格別」として諸領主に受け容れさせるためには、既存の幕藩関係の政治的装置から発出されるもの以上（以外）の、権力あるいは代償などが求められるのは、事理の当然であろう。

これを要するに、領知替願出禁止令は、阿部幕閣が、近世の国制を基礎づける原理の一つである、石高制が機能不全に陥っていることを認識しつつも、その改革へと向かうのではなく、現状固定化の措置を講ずるに止（とど）まっていることを示していよう。

「四民協力」政策の登場

では、近世の国制を基礎づけるもう一つの原理である、身分制についてはどうか。

前述したように、民衆は、海防強化策に要する莫大な経費の追加負担を、何らの対価や代償なしには、容易には受け容れない。そうした中で、阿部正弘幕閣は、身分制を大前提としつつも、

「国家」の存立を護持するため、「四民」（諸身分全体）に相応の協力を求める、新たな理念に立つ政策を打ち出していく。

嘉永六年（一八五三）八月二〇日、阿部正弘幕閣は、幕府領を支配する諸国の代官に対して、「農工商」へ「上納金」を募るよう達した（外国二―五四、幕末四―三八四六）。そこでは、ペリー来航を「国家之安危」、「四民之憂」と捉え、二百年来の「昇平」（泰平）の恩沢に報ずる必要を諭し、「武家」へは海防に専心するよう布達してあるから、「農工商」も身分相応に「上納金」を負担してほしいと要請し、異国船への対処には「四民共に力を尽くす」ことが不可欠であることが説かれている。

在府の代官斎藤嘉兵衛（禄高七〇俵・五人扶持）ら七名は、同日、登城を命ぜられ、勘定奉行石河政平・松平近直の両名から右の達を伝えられ、同月、支配所在勤の代官へ連署して、それを通知している（外国二―五五、幕末四―三八四七）。そして、斎藤は、同年一一月六日、東海道・品川宿の本陣に、（おそらくは彼の支配所の）村役人や「身元相応之者」（富裕者）を呼び出して右を達し、「農工商」に対して、「上納金」を募集している（外国三―六四、「温恭院殿御実紀」）。

さらに、同年一二月、大坂町奉行の石谷穆清（禄高二五〇〇石）と佐々木顕発が連名で、同趣旨の「上納金」募集を、大坂町人へ達している（外国三―一九六、「温恭院殿御実紀」）。こちらでは、「日本国中、上下一体之力を戮せ、御安心之場合（泰平）ニ至候様、武家は武家丈、百姓は百姓丈、町人は町人丈之粉骨を尽、御国恩を可奉報」と説かれている。

この二通の達は、同一の論理により説諭されており、それが阿部幕閣の政策理念であったことは間違いない。その目的は、海防強化策の実施に要する莫大な経費の、一部なりとも調達するため、対象が幕府領に限られてはいるが、「農工商」に「上納金」の形で、追加負担を求めるところにある。そして、それを正統化する根拠として持ち出されたのが、「国恩」論なる、新たな政策理念なのである。

それは、前出の嘉永二年（一八四九）一二月の「海防強化令」を基礎づけた、新たな政策理念と同一の発想に出るものである。それが、ここで「四民協力」政策として闡明（せんめい）されたのだと言えよう。問題は、どうすれば、「農工商」がこの政策を受容するか、である。「昇平」の維持だけでは、到底、満足しそうにはない。

「農工商」の大方は、当時の国際情勢や、そこでのわが国の位相に関する情報も、またわが国が有する、外圧への軍事的な対抗力の恐ろしく脆弱（ぜいじゃく）な実態と、それを支える政治的・経済的・文化的基盤の貧弱さへの認識をも欠如していると見てよかろう。彼らにとって、所与にして当然の「昇平」を維持するために、追加の経費を負担する謂（い）われがどこにあろうか。「農工商」が内外情勢と国力の実態認識を為政者と共有し、追加経費の負担に応ずるようにするには、従来の政治機構と政策体系の根本的な変更は不可避だろう。

幕府は、寛政期に「鎖国」原則を確立して以降、「蛮社の獄」などの思想・言論の弾圧を交（ま）じえつつ、領主層やその家臣団の大半すらも含めて、一握りの幕閣・諸役人を除く、大多数の人々に対する、「依らしむべし、知らしむべからず」式の内外政治情報隔離政策を、それ以前にも増して一段と強めて来た。こうした政策の下では、為政者と「農工商」との内外政治情勢認識の共有などは、到底、無理だろう。それのみならず、追加経費負担の経済的代償として、「農工商」にとっては、より魅力のある、富裕化へと道を開く政策体系も打ち出されねばなるまい。

福沢諭吉の「国恩」論批判

後年、福沢諭吉は、旧幕府は年貢諸役を増徴し御用金の上納を命じて、これが「国恩」に報ずることだとしたが、「百姓・町人」の保護は政府の「職分」だと論じて、旧幕府流の「国恩」論を一蹴している。そして、政府は人民の「名代」として人民を保護し、人民は政府の定めた法を遵守して「年貢・運上」（租税）を負担して、ともに国を担うのだ、と説いている（『学問のすゝめ』二編）。

ここに、幕府の一方的な「国恩」論に立つ「四民協力」政策に欠けている、近代の「国民国家」であるならば、何らかの形で当然にして備えなければならない、政府と人民の双務的関係が剔抉され、それなくして両者の相依と相補の関係は成り立ち得ないことが指摘されているである。

もちろん、ここでの福沢の議論は、立憲政体が導入されていない事情の下で、社会契約論に立ち、元来は近代の「国民国家」の構成原理であるものを、国家一般の構成原理として、政府と人民の関係を論ずる、実にもって苦心の知的産物だと言えよう。ここでの言説などに付会して、福沢が社会契約論を理解していなかった、と断ずる向きすらあるが、如何なものか。また、近代に特有の事象を人類的普遍として把握するのは、福沢に限らず、加藤弘之などの言説にも認められるところだが（奥田二〇〇四ａ）、元来、それは「啓蒙」の思想的特徴だろう（カッシーラー二〇〇三、ホルクハイマー／アドルノ二〇〇七）。

明治維新とは、この「四民協力」政策を実現可能とする、国制改革の探求の歴史的過程であり、より具体的には、「四民平等」を前提とする、立憲政体と市場経済を、政治と社会経済の装置とする国制を、発見、導入、制度化していく過程だと考えられる（奥田二〇一六）。

幕政改革の歴史的位相

阿部正弘幕閣による幕政改革は、ペリー艦隊が突きつけた開国要求から、わが近世の国制を護持する、海防強化策を実施するために始められた。

ところが、海防強化策は、幕藩関係の政治的変質をもたらさざるを得ない方向で実施されていく。その上、近世の国制を基礎づける二つの原理のうち、石高制の機能不全にはなす術がなかった。その一方で、諸身分全体に「国家」の護持を義務づける新理念に立って、民衆に追加負担（「上納金」）を求める、「四民協力」政策が打ち出された。かつて、「海防強化令」の発令に至る政策評議過程では、「農兵」の解禁に兵農分離の身分制原理との抵触を危惧する向きがあった。しかし、この「四民協力」政策の闡明にあたって、それと身分制原理の関係如何を問うた形跡は認められない。それが、身分制の解消を求める政治理念を現出させる、思想的条件を胚胎させたことへの自覚はなかったと言えよう。

かように、阿部幕閣が始めた幕政改革は、アメリカ艦隊再来航以前に、早くも、近世の国制の根幹について、その機能不全を認めつつも、修復へとは向かわない一方、それを政治的および思想的に解体する条件を、新たに生じさせていったのである。ここに、その改革の歴史的な位相を見出すことができよう。

二　ロシア艦隊の長崎来航と「応接」方針

ロシア艦隊の長崎来航

嘉永六年（一八五三）六月一二日、アメリカ艦隊は、開国を要求する国書への回答を得るため、来年、再来航すると予告し、浦賀沖を出航した。阿部正弘幕閣がその対策の検討を始めてまもなく、同月二二日、将軍家慶が死去した。その喪を発していない、同年七月一七日、プチャーチンが率いる四隻のロシア艦隊が長崎に来航したのである。

阿部幕閣と幕府諸役人、諸大名と幕臣、さらには士分以下の民衆までを含む、前出の対策論議、そして、阿部幕閣による幕政改革は、プチャーチン艦隊が長崎に停泊し、それへの対応が行われる傍らで展開されていったのである。

現地在勤の長崎奉行大沢乗哲（禄高二六〇〇石）は、二日後の同月一九日、「町便」（町飛脚）でロシア艦隊来航を江戸の勘定奉行石河政平・松平近直両名宛に急報し（外国一－二九〇）、ついで二六日、部下の手附でロシア使節の応接掛を勤めた馬場五郎左衛門を江戸へ急派した（外国一－二八四）。大沢の急報は、同月二八日に阿部幕閣から三奉行と海防掛へ下付されており（外国一－二九〇）、それ以前に、石河らを経由して、阿部らがそれを受け取っていたと見てよい。もっとも、当時の長崎－江戸間の逓送所要日数を考慮すれば、それが発喪の二二日以後であることは間違いなかろう。

なお、オランダ商館長が長崎奉行へ提出した、この嘉永六年の「別段風説書」には、ロシア艦隊の来航情報が記され、それは、同年六月三〇日から七月一日にかけて通詞により翻訳され、七月二日には訳文が同奉行へ届き、その後、同奉行から江戸へ報知され、同月二四日には、「別段風説書」を送付する旨の長崎奉行書翰が阿部から町奉行へ回付されているという（麓二〇一四）。

この長崎奉行の書翰を「別段風説書」送付の添書とすれば、阿部は、同月二四日以前に、ロシア艦隊来航情報に接していたこととなろう。もっとも、阿部がその来航情報を入手したのが、実際の来航を告げる急報に接するより以前であったとしても、多く見ても僅か数日の違いにすぎまい。

それに比べれば、実際の来航よりはるか以前に受け取った、アメリカ艦隊来航情報に対してすら、前述したような対応に止まっていた。しかも、今回、阿部幕閣は、アメリカの開国要求への対策に着手する一方、将軍の葬礼という、幕府にとって最も重要な政治的儀礼の一つを執行している最中だった。到底、その情報への対応に動き出す余裕はなかったろう。

むしろ、仮に右の想定に立てば、阿部幕閣は、かかる厳しい政局運営の局面にあって、ロシア艦隊の来航情報を受け取り、ついで、その直後に、実際の来航の急報に接したこととなる。さすれば、情報を入手していたことが、その政治的な衝撃を緩和する方向へ作用するよりも、むしろ、それを増幅したと見るべきだろう。いずれにせよ、プチャーチン艦隊の長崎来航は、阿部幕閣に加えられた、新たな政治的痛打であったことは間違いなかろう。けだし、それは、余裕の有無に関係なく、対応を阿部幕閣に強いるものだった。

幕府のロシア艦隊対策評議

長崎奉行大沢乗哲が嘉永六年(一八五三)七月一八日に受領したプチャーチンの書翰には、来航の目的を、「通商交易之便益」のみではなく、「両国和睦平安之事」にあり、詳しくは持参した国書に認めてあるとし、また、「貴国之御法例として、外国より用事」がある場合は長崎に来航することになっているので、そのようにしたとあった(麓二〇一四、なお、外国一―二九一は一九日受領とする)。この書翰は、即日、翻訳され、前出の大沢の急報に付されている(同上)。

幕府では、同月二八日に、阿部正弘幕閣から右の書翰を付した大沢の急報を下付された三奉行(寺社奉行、町奉行、勘定奉行本多安英)が、即日、評議し、その結果を翌日の二九日に阿部に報告している(外国一―三二〇)。この面々は、前出のアメリカ国書への対策を評議したのと同じメンバーである。その結論は、プチャーチンの書翰のみでは来航意図が不明確なので、取り敢えず、持参した国書の受領を長崎奉行へ指示する、というものだった（同上）。

国書は受領するとして、問題はその後、ロシア艦隊をどうのように退去させるかである。それをめぐって、幕議は紛糾する。そこで、八月一日、阿部幕閣は、連署して、徳川斉昭へ、ロシア艦隊来航を、大沢の急報を付して通報した。斉昭は、通報を受け取るまで、この重大情報を全く知らなかったという（水戸—上乾）。さらに、同月二日、斉昭の服喪を解除して、翌日の三日から登城するよう指示した上、阿部は斉昭へ発翰し、三日の登城の折に対策案を相談したい旨を伝えた（同上）。このロシア艦隊対策でも、阿部幕閣は、幕議が確定する前に、斉昭の意見を求めたのである。

斉昭は、二日に阿部へ即答し、長崎奉行に国書を受領させ、ロシア側への「申諭方（もうしさとしかた）」はオランダ商館長から短い文書を渡させる形で行うのがよかろうとした。そして、三日、登城して、その文案を提示した。その内容は、国書を受領し、後日、オランダ商館長を通じて回答するので、帰帆して本国へその旨を復命すべし、というものだった（同上）。

阿部幕閣は、三日、ロシア側への「申諭方」をオランダ商館長に行わせる形も、渡す文書の内容もともに、斉昭案を採用し、長崎奉行へその旨を訓令することとした（外国一—二九六）。しかし、この訓令の伝達を指示された勘定奉行の石河政平と松平近直は、四日、オランダ商館長が「申諭方」を拒む事態や、文書の内容に納得せず、ロシア艦隊が浦賀へ回航する可能性も想定されるので、そのような場合に長崎奉行がとるべき措置も検討して、訓令に加えて欲しいと、幕閣へ上申した（外国二―五）。

石河らの上申が指摘した訓令の問題点のうち、文書の内容に不服な場合の対策は、それを検討していけば、斉昭案の眼目である、後日の回答という内容自体の妥当性如何を論ずることとならざるを得まい。将軍の葬礼の最中という状況の下、斉昭の意見を丸呑みして、当座をやり過ごそうとしたとも見られる、阿部幕閣のロシア艦隊対策は、幕府諸役人の幹部すら納得させられなかったのである。

さらに、この四日、長崎奉行よりの急報が再びもたらされた（水戸―上乾）。それは、長崎奉行の大沢が七月二二日に勘定奉行へ出した書翰と見られ、そこには、長崎で国書を受領しないのならば、直接、江戸へ届けに赴くと、しきりに浦賀への回航を口にしている、という現地の状況が報告されていた（外国一―三二二）。この急報は、石河らの危惧が杞憂ではなかったことを明らかにしたのである。

当日の四日、阿部は、将軍の葬礼で、埋葬先の芝の増上寺におり、城中から届いたこの急報に接すると、早速、同寺から斉昭へ発翰し、明日の五日、総登城して対策を再評議するので、あらためて意見を伺いたいと伝えた（水戸―上乾）。

五日の再評議は、アメリカ国書への対策評議とも関連して、紛糾した模様だった。斉昭によれば、幕府諸役人の中には、ロシアを利用してアメリカに当たろうとする、「夷を以て夷を制する」策を唱える向きもあったという。これに対して、斉昭は、むしろ米露両艦隊の相次ぐ来航は偶然ではなく、両国の連携した動きではないかと疑っている（水戸―上乾）。事実の上からは、斉昭の米露連携論は全く無根な推測にすぎず、両艦隊はむしろ競合関係にあったと言えよう（『ペルリ提督日本遠征記』（二））。

一方、幕府内にそうした向きが生じた背景としては、長崎から到来したプチャーチンの書翰に、①わが国法を尊重して長崎に来航した、②貿易の便益よりも、両国の友好関係の樹立を重視している、との文言が見られたことから、ペリー艦隊の強圧的な「砲艦外交」的な交渉姿勢とは異なるものが、プチャーチン艦隊には期待できるのではないか、との希望的な観測を呼び起こしたことが考えられる。

結局、長崎奉行への訓令は、斉昭案と幕府諸役人の幹部らの意見を、いわば折衷した、以下のような内容のものとなった（外国二―一三）。

①八月三日の訓令のうち、国書も披見せずに退帆を求める件（くだり）は、「事実不穏（じじつふおん）（実際には不穏当）」である。

②国書の受領により、退帆するようならば、オランダ商館長を通じて回答する、と伝える。

③江戸からの回答を求めるならば、そのまま長崎へ停泊させておく。

要するに、この八月五日の時点での、ロシア国書対策の幕議の確定を、いまだ未確定なアメリカ艦隊対策と同様、ともかく先送りしよう、というわけである。

阿部幕閣は、同月六日（または七日）、ロシア国書受領の方針を達した（外国二―二〇）。朝廷へは、同月一八日、京都所司代脇坂安宅より、国書奉呈のため、長崎にロシア艦隊が来航し、その国書を受領することとした旨を、武家伝奏を介して報じた（外国二—四五）。

ロシア国書の受領

江戸から長崎に戻った、同奉行手附の馬場五郎左衛門が下交渉に当たり、嘉永六年（一八五三）八月一九日、奉行の大沢乗哲がロシア国書を受領した（外国二—五二）。

ロシア国書がわが国に求めるところの要点は、「両国境界の地を分明に」して外交関係を樹立し、その上で、貿易を開始する、という二つだった（外国二—四九）。ロシア側の言う日露両国の友好関係を樹立する前提には、二一世紀の今日に至ってもなお未解決な国境の確定という、アメリカとの交渉とは比較にならない難儀な問題が横たわっていたのである。なお、国書とは別に、プチャーチンも書翰を渡し、江戸へ回航して、幕府要路との直接交渉を求めている（外国二—五〇）。

大沢は、同月二〇日、馬場らに国書などを托し、江戸へ向かわせた。大沢は、翌月の九月一二、三日頃に江戸へ到着すると見込んでいたが、実際には九月二日に阿部正弘に進達されている（外国二—五八）。大沢は、八月二一日、江戸へ二通の書翰を送り、右の件を報告するとともに、江戸での直接交渉を求めるプチャーチンを説得して、一応、了解させた旨を報じている（外国二—五七・五八）。

ペリー艦隊は国書を受領させると出航したが、かくして、プチャーチン艦隊は、長崎に停泊し続け、国書への回答を待つこととなった。そこで、国書にどう回答するか、また、その回答をロシア側にどう納得させ、穏便に出航させるか、という問題に、幕府は取り組まざるを得なくなったのである。

それらを見る前に、国書受領がどのような影響を政局に与えたかを一瞥（いちべつ）しておこう。

「大号令」の発出

幕府におけるロシア艦隊対策評議は、前述したように、アメリカ国書への対策論議と関連していた。徳川斉昭は、対露評議が行われた嘉永六年（一八五三）八月三日に、前出の「海防愚存」を提出し、対外策の自説を全面的に開陳している。その三日の評議で決まった斉昭の対露案の採用が、四日には、勘定奉行の石河政平らの反対と、ロシア艦隊の浦賀回航の動きを伝える長崎奉行の急報とに遭い、五日には大きく修正されることとなった。

こうした朝令暮改に接した徳川斉昭は、阿部正弘幕閣が、幕府諸役人の異論を唱える向きや、異国側の強硬な交渉姿勢に直面すると、一旦は決定した方針を堅持できない脆弱な政治的姿勢にあることを問題視し、六日、幕閣へ発翰し、家祥の本丸移住で将軍職継承に目星がついた後、海防幕議への参与を辞したい、と述べた。そこでは、「当座無事」のため「交易論」（貿易の許可）を説くような「太平の人情」が幕議で優勢になる現状では、台場の築造も、彼が説く「大号令」も効果はなく、「征夷の御大任」も「御虚名」になるとの危惧が表明されている（水戸―上乾）。

阿部正弘は、同日、城中で斉昭に翻意を促す一方（同上）、「海防愚存」に説かれた斉昭の海防策の実施へと動き出す。かくして、「大号令」問題が浮上して来ることとなる。

ところが、これも、勘定奉行の石河らが発出自体に反対したのをはじめ、幕府諸役人の異論で、斉昭が「海防愚存」で説いた、現状の「人心」を引き締め、「神国惣体の心力一致」をはかる士民精神総動員令となるべき内容を、大幅に修正されてしまう（水戸―上乾、麓二〇一四）。

同年一〇月二六日、斉昭の海防幕議参与について、その辞意を確認した上で、家祥の本丸移住（同月二一日）後も、「今暫之内（いましばらくのうち）」継続するよう達する（外国三―三七、幕末六―五二六五）。そして、一一月一日、「大号令」が諸大名と幕臣へ達される。その内容は以下の通りである（「温恭院殿御実紀」、外国三―五五、幕末六―六〇四九）。

①提出されたアメリカ国書への対策意見は、幕閣で検討した上、家祥にも報告した。
②意見には「諸説異同」があるが、結局、それは「和戦之二字」に帰着する。
③提出された意見にもある通り、現状の海防態勢は、江戸湾をはじめ、「全備」とは言えない。
④来年、再来航した際、（アメリカの開国要求を）許可せず、当方がなるべく「平穏」に取り計らおうしても、相手側が聞き入れず「乱妨」に及ばないとは言い難い。
⑤その際、「不覚悟」な向きがあれば、「御国辱」ともなるので、「実用」本位の海防態勢を整えるよう心がけ、「忠憤」を忍び、「義勇」を蓄えて、相手の「動静」を「熟察」せよ。
⑥万一、相手から「兵端（へいたん）」を開いた場合には、「一同奮発（ふんぱつ）」して「御国体」を汚（けが）さぬよう、

「上下挙て心力を尽し」て、「忠勤」を励め。

ここで、幕府は、提出された対策意見が「和戦」に大別されることと、海防態勢が不備であることを、ともに認めた上で、わが方がアメリカ側の開国要求を拒否した場合、当方にその意思がなくとも、相手側から開戦することが想定されるので、その際、「国体」を汚すことがないよう、軍備を整え、戦闘意欲を高めておき、交戦に及んだならば、全力で戦えと、諸大名と幕臣へ檄を飛ばしているのである。

しかし、この「大号令」をよくよく読めば、戦争を回避せよという意見があり、しかも海防態勢が不備であり、わが方から開戦することはないが、わが方が拒否回答を出した場合、相手側が開戦する危惧がある、という論理になっている。この論理では、戦争に及ぶ唯一の可能性がある、拒否回答という危険な選択を敢えてするのか、という疑問が生じても不思議はなかろう。もっとも、そうした疑問を抱く向きは、「鎖国」原則と戦争回避＝「泰平」継続を天秤にかけて、後者を重しとする立場だろう。

また、この論理は、裏返せば、戦争を回避するためには、開国要求への許可回答を出す以外に選択肢はない、ということとなる。さすれば、受け取りようによっては、それは、許可回答を行うのを、あらかじめ弁明したこととなろう。

いずれにせよ、こうした論理構成の「大号令」が、斉昭の意図したものと、大きく異なるのは多言を要しまい。

そこで、斉昭は、「日米和親条約」締結後、「海防愚存」中の別策を、阿部幕閣に実施させようと動き出していく。具体的には、銃砲鋳造素材として、寺院の梵鐘を供出させる措置である。その際、斉昭は、朝廷へ工作し、その圧力で、幕府諸役人の妨害を抑え、阿部幕閣に、自策をその意図通りに実施させようとする。これは、前述したように、天保期にまで遡る、斉昭の政治手法だが、それまでは動かなかった朝廷が、今回は動くこととなる。そして、以後、朝廷による幕政=国政への容喙が本格化していく、という重大な政治的影響を招くのである（奥田二〇〇四c）。

三奉行のロシア国書対策案

阿部正弘幕閣は、嘉永六年（一八五三）九月二二日、三奉行に対し、ロシア国書への対策案の評議を指示した。三奉行は、前出同様、寺社奉行、町奉行、勘定奉行本多安英の面々で評議し、同月中に答申をまとめている。その主な内容は、以下の通りである（外国二—一五二）。

①ロシア側の要求は、国境の確定と貿易の開始である。

②ロシアは、寛政・文化の両度、来航した際、再来航を厳しく禁じた経緯もあり、直ちに「追返し」の措置をとらねば「御国威」が立ち難いところだが、海防態勢が不備なため、そのようにはできない。

③ロシア艦隊が浦賀へ回航し、幕府要路と直接交渉を求め、そこで交渉するはめになったのでは、これまた「御国威」にかかわる。

④「通信・通商」（外交・貿易）のいずれの要求も、「急速」な「治定（ちじょう）」（回答の決定）はできないのはやむを得ない。

⑤国境の確定は、従来の境界を守り、相手側がそれを侵（おか）した場合、「打払」の措置をとればよいだけのことだが、これまた、海防態勢が不備なため、そのようにはできない。

⑥ロシアとの国境は、寛政・文化の両度、松前藩から蝦夷地を上知したが、その後、元に戻し、ロシアとの間には「聢（しか）と御取極（おとりきめ）」ができているとも聞いていない。

⑦現状のまま放置すれば、ロシア側の侵出を許すこととなろう。

⑧国境の確定には日露両国間の交渉が不可欠である。

⑨その交渉を行うための前提として、蝦夷地の現地調査が必要である。

⑩右の調査を行うためにも、ロシアと交戦に及ぶような事態は避けねばならない。

⑪取り敢えずは、幕府諸役人の中から「思キ御役筋之もの共」を長崎へ派遣し、ロシア側の「事情」を探ることが肝要である。

⑫こうした措置に伴い、ロシア艦隊を長期に停泊させることとなり、浦賀回航・江戸での直接交渉の動きに出る危惧もあるので、要求があれば、上陸を許し、寺院などに宿泊させるよう、長崎奉行へ指示しておく必要があろう。

三奉行は、貿易許可の問題がアメリカ国書への対策の確定と連動しているので、その踏み込んだ検討を回避し、専ら国境確定の問題を論じ、その交渉が必要な現状にあることを、明確に指摘していくる。しかし、江戸湾すら不備な現状にある海防態勢では、北辺の海防など到底、覚束ないこと、また、蝦夷地の実情を把握するための現地調査が必要なことを、ともに認識している。なお、この現地調査が行われたのは、前述した通り、「日露和親条約」締結後である。

このように、三奉行は国境確定問題を専ら論じた評議結果を阿部幕閣へ提出したが、それはアメリカ国書対策と連動する貿易許可問題の検討を回避したためである。米露両国書対策の要が貿易許可の可否にあるとの認識では、三奉行はもとより、阿部幕閣と幕府諸役人、さらには徳川斉昭らの間に不一致はなかったと見てよかろう。

長崎に停泊しているロシア使節への対応は、同年一〇月八日、斉昭が幕府諸役人間にある「交易論」の首魁と看做す西丸留守居筒井政憲（水戸—上乾）と、勘定奉行川路聖謨、目付荒尾成允（禄高五〇〇石）、儒者古賀謹一郎（名は増、号は茶渓・謹堂）が応接掛に任ぜられて、当たることとなった（外国三—九）。

筒井と川路は、同月一〇日（推定）、両名の長崎到着までに日数を要し、浦賀回航に及ぶ危惧があることを理由に、停泊中のロシア使節を上陸・宿泊させるよう、長崎奉行へ指示することを、阿部幕閣へ願い出た。一四日、阿部はそれを許可している（外国三—一二）。

なお、川路の同役である勘定奉行松平近直は、同月六日に川路へ発翰し、前将軍家慶から拝領した紋服を贈り、それを着用する「御威光」で相手を「制伏」せしめ、この「国家大事」を首尾よく成し遂げるよう激励している（「川路聖謨書簡集」一一八〔『川路聖謨文書』八〈以下、川路八と省略〉〕)。これを見ると、応接掛の人選は、発令の二日前、六日までには内定していたと思われる。

ロシア使節の「応接」方針

阿部正弘幕閣は、嘉永六年(一八五三)一〇月一五日、応接掛の一人、古賀謹一郎に起草させた、ロシア国書への返翰案をまとめ、応接掛らに諮った(外国三―一五)。応接掛の筒井政憲と川路聖謨は、同月一七日、連署して、「応接」方針案を阿部正弘幕閣に具申した。その内容は以下の通りである(外国三―四二)。

①ロシア使節が遠路、長崎に来航したことを労い、国書の内容を「江戸(表)政府」で評議した上、返翰を下すことにした経緯を伝えれば、相手も了解するだろう。

②右の了解を得た後、言語不通の下、書翰の遣り取りのみでは、相互の事情も理解し難いので、ロシア側から国書の趣旨説明を受け、わが方の返翰の趣旨説明をするために、応接掛が長崎に派遣されたと伝える。

③「序」に、(国書のでは言及されていない)樺太(の国境確定問題)について尋ね、相手側が見解表明の用意がないようならば、本国に戻って聞いてくるように求める。また、この問題で、当方の見解表明を求められた場合は、即答に及び難いとし、蝦夷地の国境確定と併せて、後日、回答すると伝える。

④ロシア側が「通信・通商」などを求めるならば、他の西洋諸国による開国要求を抑えるこ

とを条件に、長崎におけるオランダ商人との貿易と同様の方式で、ロシアを「西洋惣代」として、それを許可する。

⑤こうしたロシア人を「なつけ」(手懐け)る措置の「内実之極意」は、国境を接した国と紛争を起こしても「素無詮事」(全く無意味なこと)だから、相互不可侵の状態を維持し、「御武力を十二分ニ御貯被成候迄之御所置」である。

⑥右の措置を受け容れない場合、わが国は、諸大名がおり、「武士かた気」も強く、何事にせよ難しく、場合によっては命を捨てることを少しも厭わない向きもあり、国論をまとめ、国内を一致させることは容易ではなく、また、わが国力にも限りがあり、多数の国々と貿易を行うことはできないので、どのような事態が起こるかわからない、と「俗ニ申うはさ話」の体で話し、ロシア人を「穏になつけ」る。ただし、これは「全私共限リ之了簡」であって、「対話」の模様により試しに話してみたい。

⑦ロシア人を「なつけ」るため、使節への贈り物や饗応は十分に行う。

⑧機会があれば、ロシアの艦船に乗り込み、相手側の様子をよく探りたい。

⑨本年八月、樺太に渡来したロシアを退去させるよう申し入れる場合もあり得る。

⑩オランダ商館の者を長崎奉行所へ呼び出して、ロシアやアメリカの動静を尋ね、場合によっては利用したい。

以上の応接掛の方針案に対し、同月二九日、阿部は以下のように訓令している(同上)。

①ロシア使節の「応接」方針は、「臨機之取計（とりはからい）」に差し支えるので、あらかじめ「差図」はしない。
②ただし、国境確定と「通信・通商」の要求は、今回、ともに回答し難い、と伝えることを「基本」とし、それ以外はすべて「御委任」する。
③国境確定は、将軍代替わりなどの「急務」もある上、現地の調査、蝦夷地の領主や住民の意向の確認、両国の役人による立ち会いなど、長期間を要することを説諭する。
④樺太や蝦夷地に上陸したロシア人を退去させるよう、「何と歟（か）取計方」があるのではないか。

対露「応接」方針論議の歴史的位相

阿部正弘幕閣は、長崎に来航しているロシア使節への対応について、その国書が要求する国境確定と貿易開始には回答を留保する方針をとり、「交渉」は行わず、あくまで「応接」するという形をとろうとしている。ところが、応接掛の筒井政憲と川路聖謨は、その方針案の④で、アメリカの開国要求への対策ともなる、他の西洋諸国の開国要求抑止を条件とし、ロシア一国へ貿易を許可する案を提示し、その件で実質的な「交渉」を行うことに許可を求めているのである。しかし、阿部は、その訓令の②で「応接」の「基本」を確認して、それを認めなかった。つまり、応接掛の役割は、ロシア国書の趣旨説明の聴取と、わが返翰の趣旨説明に尽きる、というわけである。

はたして、かかる「応接」で、ロシア側が納得するのか、すこぶる疑問だろう。であればこそ、筒井と川路は、ペリー艦隊来航以降の対外諸懸案を一挙に解決する決め手と、彼らが考えた、ロシア一国への条件付き貿易許可案を捻り出して提案したのである。だが、前出の徳川斉昭が推測するような米露両国の連携まで考えずとも、如何に「大国」であるにしても、アメリカはじめ他の西洋諸国の対日政策をコントロールするほどの外交的な力量がロシアにあるのか、これまたすこぶる疑問であり、阿部の否認も無理からぬところだろう。

もっとも、西洋諸国の外交的な関係や力量などについての認識をほとんど欠いている、当時のわが方の状態では、この種の「交渉」の試みを反復し、それらへの反応から、それらの理解を深めていくことが必要だったろう。実際、開国後の幕府や維新後の新政府は、そのように動いていく。しかし、この時点の幕府が、そうした「交渉」の試みを許容する政治的状態になかったことは、斉昭の海防幕議参与を継続させざるを得ない一点をとってみても、明白だろう。

なお、筒井と川路が彼らの方針案の「内実之極意」(⑤)として、特段に強調しているのは、ロシア一国との貿易を、対外武力全備「まで」の間、有期で許可しようとする発想(④)である。「近代」の通商条約は有期のものが一般的であり、その有期設定が外交的にほとんど無意味なことは、前述した通りである。仮に、それが「極意」たり得るとすれば、わが国内政局に対してであろう。

それにしても、筒井と川路がこのような対外諸懸案の一挙解決をはかる、ロシアを「手懐ける」策をとろうとしたのは、やはり前述したような希望的観測に立ち、ロシアをアメリカよりも与し易しと判断していたからだろう。と同時に、彼らはじめ、幕府の首脳部にとって、主要な関心事が貿易許可の是非にあり、国境確定問題は二次的な位置を占めるにすぎなかったことも、そこに示されていよう。けだし、その問題の重大性を深刻に理解しているならば、ロシアを与し易いなどといった判断が生じる余地はなかったはずだからである。

　国境確定問題の理解度は、筒井と川路も（方針案の③と⑨）、阿部も（訓令の④）、現に樺太や蝦夷地に上陸しているロシア人を退去させる問題での「交渉」の可能性を探ろうとしているところに、端的に顕れている。とりわけ、阿部は、国境確定問題が長期間を要する「交渉」課題であることを認識する（訓令の③）一方で、それがまた猶予を許さない、喫緊に解決を要する面をもつこともまた、一応は理解している。この阿部の矛盾は、現地で実際に起こっている事態に強いられて陥ったもので、それが訓令の④を出させた背景だろう。

　この種の待ったなしの事態が現地で不可避的に起こって来るが故に、解決し得るか否かにかかわりなく、国境確定問題は、もしそれが当事国間にあるならば、とりわけ「近代」世界の国家にとって、絶えず取り組まざるを得ない外交の最重要課題の一つなのである。それを、筒井と川路は「ついで」に取り組もうとしたり（方針案の③）、阿部は「何とか」「交渉」する余地はないかと、筒井と川路に宿題として課したり（訓令の④）しているのである。こうした扱い方の有り様に、筒井と川路や、阿部の問題理解の程度が透けて見えていると言えよう。

ただ、この時点では、わが国が「近代」世界に参入するか否か、参入するとすれば、どのようなあり方によるかをめぐって、本格的な論議が、従来の閉鎖的な国家意思決定の枠組を超えて、ようやく始まりつつあるところだった。しかし、「近代」世界では、そうした国家意思決定のあり方如何にかかわらず、右に見られるように、国境確定問題への直面は避け難いのである。そうした事情への外交的な理解と対応の術（すべ）を、当路者が会得するまでには、それ相当の経験の蓄積を要したこともまた、多言を要しまい。

ともあれ、ロシアに対する筒井と川路の判断は、長崎での「応接」の現場で粉微塵（こなみじん）に打ち砕かれることとなろう。

第九章　開国への道

一　ロシア使節との「対話」

長崎でのロシア使節「応接」

　嘉永六年（一八五三）一〇月晦日、応接掛の一行は江戸を発って、長崎へ向かった（外国三―八二）。ついで、同年一一月一一日、幕閣の返翰が長崎へ送られる（外国三―六九）。応接掛の一行は、中山道を経由して（外国三―四二）、同年一二月一〇日までに、長崎へ到着した（外国三―一〇四）。そして、同月一四日、長崎奉行の西役所（現在の長崎市江戸町にあり、今日、長崎県庁が立地する）にロシア使節を呼び出して、「応接」を開始したのである（同上）。

　なお、嘉永六年一二月三日は西暦一八五四年一月一日なので、それ以後の嘉永六年一二月は、西暦では一八五四年であり、紛らわしいので、その間の和暦には西暦年を併記しない。

　一四日、ロシア使節のプチャーチンらが上陸し、西役所で、応接掛の筒井政憲と川路聖謨が、初めて会見した（外国三—一一五）。当日、饗宴後に交わされた最初の会見での主な遣り取りは、以下の通りである（外国三—一一四）。

会見の冒頭、川路が「久々之滞留、定而待遠」しかったことだろうと挨拶し、そうなった事情を、幕府の重役である筒井と自分らは、「多分」の「随従」を伴い、（将軍宣下伝達の）勅使が往復する東海道を避け、「深雪」の中山道の遠路を経出して、来崎したためだと弁解した。

これに対し、ロシア側は、本国より訓令された「日限」があり、帰国を急ぐので、「早々」に国書の要求に回答して欲しいと、催促した。

そこで、筒井が「四、五百里之遠路」を来崎したばかりで、「速ニ」用事を済ませたいが、「取調」ができていないので、それができた上で「申談」じたい、と応じた。さらに、川路が「不容易国界（国境確定）等之儀」は「何分急速之挨拶」には及び難いと述べた。

それでも、ロシア側は食い下がり、日本側に尋ねたいことがあるが、この場で尋ねてもよいか、と問うた。しかし、川路は、本日はあくまで双方が挨拶を交わすだけに止めたい、と突っぱねた。

そこで、次回の会見日程を相談し、一七日と決めて、最初の会見は終了した。

一七日は、応接掛がロシア軍艦へ出向き、饗応を受けて下艦し、一八日に再び西役所で会見し、幕閣の返翰をロシア側に渡した。ここまでの「応接」経緯は、筒井と川路が目論む「御なつけ之御趣意」に則ったものだったと、一九日、阿部正弘へ報告し、同文の写しを海防掛の目付たちへも送った（外国三—一三一）。

ロシアへの返翰

嘉永六年一二月一八日、ロシア使節へ渡された、阿部正弘幕閣よる返翰の主な内容は以下の通りである（外国三―一五）。

①ロシア皇帝が、日露「両国辺界之入組（いりくみ）」の現状を「懸念」し、国境を確定したい、との趣旨はよく了解した。

②ロシアが「古来、未曾有（みぞう）なる広大の国地（国土）」を領有し、わが国への領土上の要求がなく、求めるところが日露両国の「和好」であることは疑わない。

③日露両国の国境が「不分明」な箇所については、「辺土」（蝦夷地）の大名に取り調べさせた上で、両国の役人で相談して、国境を確定することには、もとより異存はない。しかし、その取調には「絵図面」の作成など、しっかりした「証拠」を確保する必要があり、「毛（け）筋程（すじほど）の間違（まちがい）」があってはならない作業で、「只今、直（ただち）ニ片付（かたづく）」ものではない。

④「交易・往来」（貿易・渡航）は、「先代」より定められた「法度」で「厳禁」され、代々それを厳守してきた。そして、「先年」、ロシアより「交易免許」（貿易許可）の「申込」がなされた際、わが国が断ったことは承知だろう。

⑤しかし、「当時」（現在）、世界の模様」は以前とは変化し、「交易の風俗」（国際貿易）は日々、盛んとなり、「商売船」（貿易船）は「五大洲」（全世界）に充満している。こうした「時世」に、「先例」のみを「目前」の規矩（きく）（規範）にはし難しい。

⑥先般も、「合衆国」（アメリカ）の「交易申込」があったが、今後も「諸国」から同様の「申込」があるだろうことは、占うまでもない。このように、「諸国より交易申込」が数多くなされる中、ロシアだけと「懇意取結」（貿易と渡来を許可する）ことは難しい。ロシアは隣国だが、従来、往来がない点では、他の「諸国」と同様であり、ロシアと国交を結べば、他の「諸国」とも同様にせねばならない。

⑦そうして、わが国一国の国力で、「星や碁石」ほどある多数の「万国」を相手に、貿易を行うことは心許ない。その上、「先代」の「法度」は、制定から「数百年」たっており、「人民」に深く浸み込んで根を張っており、容易には動かし難い。また、どのような品物を輸出入するのか、「一朝一夕」には決められない。

⑧わが主君は、その地位を継承し、その政治が始まったばかりで、このように「大切」な案件は、京都の天皇にも「奏聞」し、諸大名や「臣民」へ知らせ、「一同」が揃って評議し、「誰壱人異存」がない上で「決定」して、取りかからねばならない。それには、「三、五年」の月日がぜひ必要である。

⑨ロシアも、こうしたわが国の事情を了解し、その「決定」がなされるまで、「申込」を控えて欲しい。わが方の「決定」がなされ、その「支度」が十分できあがれば、「即刻」、当方より連絡する。それ以前に、いくら来航して催促しても、「決定」がなされるまでは、「同様の挨拶」を繰り返すだけである。

⑩もっとも、ロシアの船舶が「薪水・食料」などに困り、長崎に来航した場合、「随分憐憫」を施し、「不情之（不人情な）振舞」はしない。

⑪なお、国境確定問題は、「只今、直ニ決定」できないまでのことである。

⑫使節を派遣された以上、「黙然」（無視）できないので、以上のように「返答」する。

返翰の内容

返翰は、ロシア国書の要求が国境確定と貿易許可（その前提としての渡航解禁）にあると確認し、その意図が領土上の要求ではなく、友好関係の樹立にあるのを了解したことを、先ず表明している（①と②）。その上で、国境確定は倉卒になし得る問題ではなく（③と⑪）、貿易許可という「鎖国」原則の変更如何にかかわる「決定」には「三、五年」の期間を要するとし（④～⑧）、当方から回答するまで、待つように求めている（⑨）。その間は、「天保の薪水給与令」の撫恤策で対応すると約束する（⑩）。

そして、返翰の結論は、ロシア国書の二要求への回答を、その「決定」まで、少なくとも「三、五年」の間、猶予を求めたものだった。

もっとも、その「決定」の中身は、ロシア側の要求に理解を示す文面もあり、要求受諾への含みをもたせる格好になっている。国境確定問題では、現地調査の実施と関係資料の作成の必要に言及し（③）、現在、直ちに「決定」できないだけであることを、末尾で重ねて強調している

(⑪)。貿易許可問題では、現在の世界における国際貿易の盛行を確認し、「鎖国」原則にのみ拘泥しておれないことを認め(⑤)、輸出入可能品目の選定に言及している(⑦)。

このように、相手側に期待をもたせ、当方が回答を出すのをできるだけ引き延ばし、それまで待機させる外交戦術は、ペリー艦隊出航の翌日、嘉永六年(一八五三)六月一四日に、徳川斉昭を駒込邸に訪問した、筒井政憲と川路聖謨が開陳した「ぶらかし」策である。しかも、その「決定」の中身を、幕府が専断できないことを明言して(⑧)、それを左右する十全な当事者能力が幕閣にないことも自認している。つまり、要求受諾の「決定」がなされることの保証は、この返翰の文面のどこにも見出せないのである。

勿論、幕府が回答延引をはかる政治的背景は、縷々、述べた通りである。江戸からの返翰送付の時点(同年一一月一一日)では、「上様」の家祥は、将軍職継承の政治的儀礼の執行途上にあり(同月二三日、将軍宣下伝達)、彼に「主権者」(奥田二〇一六)としての威信と「決定」行為の、いずれもが期待できない。その威信を補完すべく、海防幕議に参与させた、斉昭は「鎖国」原則の厳守を説いて止まない。その原則の解除を説く、幕府諸役人や一部の諸大名や幕臣たちは、その「決定」の責任をすべて阿部正弘幕閣に負わせようとする。

こうした政治的局面でとられた、回答延引策は、外交上の選択としての有効性はさておき、「国政＝幕政」という政治秩序がいまだ維持されている政治的条件の下で、阿部幕閣がとり得る、最も無難な国内政治上の選択だったろう。しかも、筒井と川路が考えるように、その「内実之極意」が海防武力全備までの時間稼ぎだったとすれば、「決定」が要求受諾回答となるはずはよもやあるまい。

返翰を受け取ったロシア使節は、こうした幕府の内情を知り得ようもないが、その文面の外交的な含意を解し得なかったとは思われない。すなわち、それは、回答猶予を求めるという回答であり、将来に延引された回答の中身も、国書の要求には何らの保証も与えない不透明なものだった。つまり、国書の要求について、半年近くも長崎で待たされた挙げ句に、ロシア使節は「ゼロ回答」を手にしたわけである。

なお、返翰は、「鎖国」原則の変更如何にかかわる「決定」の手続きについて、朝廷、諸大名、「臣民」一同との評議による完全一致が必要だとし、幕府による専断はできない⑧、とロシア側に説明していることに注意しておきたい。

国制の根幹をなす対外政策の基本原則に関して、将軍職継承直後という条件を付してはいるが⑧、従来とは異なる国家意思「決定」のあり方をとることを、外国に公文（＝返翰）で通知しているのである。幕閣や幕府諸役人の意図如何がどうあろうとも、「近代」世界では、返翰の文言の一字一句は、外交公文によるわが国家意思の対外的声明としての意味を帯びて来る。

しかし、この時点で、返翰を発出した阿部幕閣は、前述したように、アメリカ国書への対策意見を諸大名や幕臣に求め、その「決定」に至る検討論議へ参画する余地を、彼らに与えようとはしていたが、その「決定」それ自体に、彼らばかりか、朝廷や「臣民」までをも含めた同意を要する方式へと、変更しようと考えていたわけでないことは、明らかだろう。さすれば、この対外的声明は虚偽のものとなり、わが国家の対外的信頼を傷つけるものとなろう。もとより、阿部幕閣に、そうした「近代」外交上の認識がないことは多言を要しまい。

だが、皮肉なことに、その後の現実の政治過程は、さまざまな逆流に逢着し、曲折を経つつも、そうした「決定」方式をとる方向へと展開していく。そして、それは、前述したように、阿部幕閣が講じた諸施策によって始まった、幕末政治の根本課題を解決していく方向に、これまた即したものであった。

ロシア使節との「対話」

阿部正弘幕閣の返翰を受け取ったロシア側の反応は、嘉永六年一二月二〇日に長崎奉行の西役所で行われた、応接掛との「対話」で明らかとなる。そのあらましは、以下の通りである（外国三―一三七）。

冒頭、筒井政憲が翻訳された返翰の「意味悉く了解」したか問うたのに対し、ロシア使節（プチャーチン）は、「御文意能相分り候」とした上で、「今般之一条」がすべて応接掛の「御両使」（筒井と川路聖謨）の「御取扱」（交渉事項）となっていることも承知し、回答を求めている「二ヶ条」についても「御取扱」できると理解した、と応じた。

使節は、「近代」の外交交渉では当然の開始の作法だが、相手側の資格確認を行い、応接掛の筒井と川路の両名が、ロシア側の要求について交渉する権限を帯びた、わが国の全権代表であることを、念押ししたのである。しかし、この使節の発言の「近代」外交上の含意が、応接掛に通じなかったようである。

筒井は、「二ヶ条」の内容をあらためて説明してくれれば、答えよう、と述べた。使節は、第一には国境確定問題であるとした。これに対して、筒井は、この問題の緊要性は認識しているが、将軍「御代替」の折で「国事多端」のため、「急速」には「行届」難い、と返翰にも述べてある通りだが、その回答では「差支」があるならば、伺いたい、と応じた。

そこで、使節は、返翰の内容を繰り返すだけならば、わざわざ「御両使」を派遣される必要はなく、派遣された目的は「諸事御談合」（ロシア側の要求についての交渉）を行うためだろうとした上で、返翰で言及されている「絵図」などの関係書類も持参してきているので、直ちに国境確定の「御談判」（交渉）を行おう、と述べた。これに対して、筒井は応えず、川路が「一ト通論判迄」（一応の意見交換まで）ならばできると答えて、使節の「心得方」（見解）を伺いたい、とした。

ここまでの「対話」で、筒井は、使節による応接掛の外交上の資格確認を問題にせず、そうすることによって、ロシア側の資格認識に黙諾を与えた格好となっている。さらに、応接掛の派遣目的についての認識を提示した上で、直ちに国境確定交渉を行おう、という使節の発言に対して、川路も、自分たちの資格についてのロシア側の認識には、何ら異を唱えなかった。しかも、その主観的な意図は単に使節の意見を聴取するところにあったろうが、川路がロシア側に見解表明を求めたわけだから、使節が応接掛を交渉団と受け取っても、無理からぬところだろう。この時点で、ロシア使節への対応を「応接」に止め、交渉は行わないという方針は、「対話」の現場で破綻を生じたと言えよう。

川路の発言を受けて、使節は、第二の貿易許可問題へと話を進め、返翰がその「取調」に手間取り、また、（「鎖国」時とは）「古今時勢変遷」を弁えていることに理解を表明した上で、「然る時」は（いずれ時期が来れば）貿易を許可する意向なのか、と確認した。

これに、川路は、ロシアがわが国を害する「異心」をもたず、「全親ミを結ひ度」（友好関係を結びたい）との意向だから、当方も同じ気持ちで「応答」したいが、返翰でも述べているように、「我国之風習、武士かた気」が強くて、「祖宗之法令」（「鎖国」原則）を改めるのは難しく、今般ようやく、その評議が始まったところで、すぐに決定して回答することはできない事情を理解して欲しい、と応じた。

川路が、わが国内の事情を、武士の気風にまで触れて説明し、貿易許可要求への回答延引に理解を求めた件は、前出の応接掛の方針案にも見える、彼の自信作になる論法だったと思われるが、ロシア側には全く通用しない。使節は、貿易許可問題の「取調」に時間を要することは理解するが、「三、五年」も待つことは承知できないし、アメリカなどもそのように延引することは承引すまい、と断じた。

かくて、川路はいよいよ議論の応酬の深みにはまっていくこととなる。川路は、ロシアの「郡県之治」と、わが国の「封建之治」では「取調」の難易度が異なり、第三国に貿易を許可して、ロシアには許可しないなどということはなく、貿易を始めるならば、隣接し「信義を守る大国」（ロシア）と国交を結びたいと思っているが、現在の（国内）事情ではそうすることができないので、しばらく待って欲しい、ということだ、と重ねてロシア側に理解を求めた。

ここに至って、使節は、応接掛の外交上の資格に論及し、応接掛との「対話」を「無益」とし、江戸へ回航して、幕閣との直接交渉へ向かう、と詰め寄る。曰く、「御両使」が「重御役人」だというから、「政府」の指示を待たずに、当方の要求する「二ヶ条」について「取計」（交渉）できるはずであり、当方もその交渉の「全権」を委任されている。しかし、「御両使」が、当方の見解を聴取して「政府」（幕閣）へ報告した上で回答するというのでは、この場での「談判」は「無益」であり、直ちに（江戸へ向かい）「御老中方」と「談判」するより外に手だてはないと思うが、それについて答えを伺いたい、と反発した。

これには、川路も切り口上となる。曰く、返翰は幕閣からのものだから、「日本国内」のどこに行こうと、そこに述べられている以上の回答の出しようはない。それを「会得」（理解）できず、「彼是と申さるゝ」（あれこれと言い立てる）のは、「国土」の違いにより「義理・人情」も異なるからだろうか。返翰をよく読み直せば、その辺を「合点」するだろう。そもそも、応接掛がこの地（長崎）へ来たのは、返翰の趣旨を説明するためで、返翰に述べられた以上の事柄を「論判」（交渉）するためではない。（応接掛の役目は、）使節の見解を聴取して、可能な（返翰の趣旨の）範囲内で「論判」（当方の意見表明）を行うところにある、と突っぱねた。
以下、返翰のうち、貿易許可問題に関する文意の理解をめぐって、両者の押し問答が続いていく。この問題で、ロシア側が主張するところは、「一、二ヶ月」ならばともかく、わが方の回答を「三、五年」も待つことは、到底できない、という一点に尽きる。これに対して、応接掛は即答できないことへの理解を、繰り返しひたすら求めている。

国境確定問題での「対話」

ロシア使節も、貿易許可問題での問答に埒が明かないと見たようで、それを切り上げ、国境確定問題へと話題を移していく。

使節は、千島列島のうち、「南ハ日本、北ハ我国」が「支配」しているとの認識を示した上で、昔からロシア人が居住していた択捉（えとろふ）島に、近年、日本人が居住するようになっているが、日本側はこの島を（日露両国）いずれの「所領」と心得ているか問うた。これに対して、川路聖謨は、千島列島はすべてわが国の「属島」だったが、ロシア側が段々と「蚕食」してきたとの認識を示した上で、その後、ロシアのゴローニンが蝦夷地に来た折、ウルップ島を「間島」とし、その南北を（日露両国の）「国境」とする「規定」が成立し、以後、（その南にある）択捉島には「外国の者」を置かず、領主に番所を設けさせているので、もとより、わが「所領」であることは疑いない、と答えた。

しかし、使節は、ゴローニンは「政府」の「使臣（ししん）」ではなく、その「規定」は国境確定問題の「証跡」にはできない、と川路の主張を一蹴しつつも、それ以上の論及を避けて、樺太に話題を進め、同地の国境確定が必要であることを説いていく。

川路は、樺太へのロシア軍の進駐を、わが国の「人心之気配」にかかわるものと問題視し、日露両国民が居住する同地の国境確定が急務であるとの認識を示しつつも、その確定を早急にはなし難い、と応じた。使節は、ロシア軍の進駐を、同地への第三国による侵出の動きに備えたものだと弁明し、国境が確定すれば、早々に撤兵すると述べた。さらに、使節は、樺太の「南ハ日本、北之方幷（ならびに）中土之分ハ多く魯西亜（ロシア）之所領」という国境確定案も提示した。だが、川路は、この問題でも、わが国が「封建之治」であることを理由に、「三、五年」の猶予を求めた。

これに対して、使節は、「三、五年」も待てず、たとえ待ったとしても、その間にロシア人の居住者が増えれば、ロシア軍の撤兵はできなくなるとした上で、今回、ぜひ交渉を行い、帰帆の折に同地へ立ち寄り、現地で（日本側の代表と）立ち会って国境を確定し、第三国の侵出を防ぎたい、とした。川路は、これへの即答を留保し、「一同打合（うちあわせ）之上」で「挨拶」したい、と応じた。

さらに、使節は、ロシアの船舶が日本近海を航行中に、「薪水」を求める寄港地が必要であり、長崎は「不都合」なので、「江戸近海」と、「蝦夷地近海」、できれば松前近辺とに、各一ヶ所を取り決めたい、と長崎以外の二港の開港を求めた。川路は、この件についても、後日の「論判」を了解した。

国境確定問題のうち、千島列島については、双方の主張を披瀝し合うに止まったが、ここで、ロシア側がゴローニン事件解決時の了解事項を交渉の基礎として認めない態度をとったことには留意しておきたい。また、樺太については、ロシア側が、同地を南北に分割する国境確定案も提示し、同地に進駐しているロシア軍の撤兵と抱き合わせて、早期解決を迫った。応接掛も、その緊要性を認識していることを表明し、この日の「対話」での即答を留保して、「論判」の継続に同意している。

これを要するに、国境確定問題では、交渉の基礎となる双方の意見表明へと進み入り、当初の「応接」方針を実質的に逸脱せざるを得なくなっているのである。もっとも、前出の阿部正弘の訓令（④）自体が、蝦夷地や樺太からのロシア人退去について、何とかできないかという、この件での交渉の余地があれば、応接掛が交渉を行うことを期待するような、曖昧模糊としたものだった。この日の「対話」で、応接掛は、そうした余地を見出したと思われ、そうであるが故に、即答を留保し、持ち帰って打ち合わせした上で「挨拶」すると応えたのだろう。

二回目の「対話」

二回目の「対話」は、嘉永六年一二月二二日に、長崎奉行の西役所で行われた。その内容は、①樺太の国境確定問題、②択捉島の領土帰属問題、③貿易許可問題で、わが方は川路聖謨が専ら発言している（外国三―一四〇）。

①樺太の国境確定問題では、第一回の「対話」で、ロシア側が樺太を南北に折半して日露両国が領有する案を提示したのを受けて、川路が境界線を北緯五十度に設ける意向かと問うたのに対し、ロシア使節は、それより南側に石炭採掘場を設けていることを理由に、境界線となる緯度についての明言を避け、両国代表が現地で立ち会いの上、境界を確定すべきだと応じた。

そこから現地調査の問題へと話は進む。川路は、問題の緊要性はよく承知しているが、応接掛が当地（長崎）から江戸へ帰るのに六〇日ほどかかり、それからわが方の「見分之者（けんぶん）」（調査団）を現地（樺太）へ派遣するので、かなりの日数を要する上、「武士かた気」の者たちだから、ロシア軍が守備する所では「争論」が起こるのは「必定」であることに、ロシア側の配慮を求めた。使節は、長崎へ来航した艦隊のうち、「蒸気船」なら「十日」、他の（帆走）艦船でも「二十日」あれば、現地へ回航できるので、守備兵に日本側の調査団へ手を出させないように指示しておく、と約束した。そこで、川路は、使節に「異心」のないことが「明白」にわかったと謝意を表し、わが方が派遣する調査団が「小人数」なのは、現地で「争端」を引き出さないよう配慮してのことだと述べる一方、この調査団には国境確定交渉の権限を与えないものであることも、慎重に付言した。

以上の「対話」経緯に見られるように、川路は、この樺太国境確定問題でも、あくまで回答延引戦術を貫こうとしている。彼は、この問題の緊要性もよく認識し、現地調査の実施について、その折、不用意な衝突が起きないよう防止策を約束するところまで踏み込んだ、実質的な交渉を行いながらも、なお、そうしているのである。否、川路の心事を窺うならば、そうせざるを得なかったと言うべきだろうか。それは、直截的には前出の曖昧模糊とした阿部正弘の訓令（④）に制約されたためだが、かような訓令を出さざるを得ない、これまで縷々述べ来たった、当時の幕政＝国政の状況のしからしむるところだろう。

使節は、現地調査団の派遣や、その折の配慮すら要請した川路の発言に、この問題について、わが方に「前向きの姿勢」があると判断したのだろうか、それ以上の議論を行わなかった。こうして、わが方の最終的な回答の延引を含意する、川路の付言に、異を唱えさせなかった点に限れば、そこは彼の図に当たったと言ってよかろう。

②択捉島の領土帰属問題の方は、樺太の問題とは一変して、激しい議論の応酬となった。使節は、択捉島について、日露両国人がともに居住する現状を根拠として、樺太同様、両国折半案を提示した。川路は、同島は「我国之所領」だとし、この問題での「談合」を拒絶した。

そこで、使節は、同島に居住するのは「あいの（アイヌ）」であり、「日本人」ではないのではないか、と反論した。これに対して、川路は、「あいの」は「蝦夷人」であり、蝦夷地は「日本所領」だから、「あいの」の居住地は「日本所領」である、との三段論法で応じた。さらに、川路がその根拠としてゴローニン事件の際の了解事項を持ち出すが、使節は、ゴローニンはロシア「政府」が「測量」のために派遣した者にすぎない、と突っぱねた。

しかし、川路はなおも食い下がり、わが方にはその了解事項を文書化した「書付」もあるが、その後、ロシア側からそれを受け取りに来なかったため、そのままになっているものであり、今回、かような「不法之申分（もうしぶん）」を主張するならば、これ以上の「談合」は打ち切ると迫った。使節は、「談合」の継続を優先したようで、この問題での議論をそれ以上行わず、貿易許可問題へと話題を転じた。

川路は、自覚していないが、この議論の応酬で、重大な失言を行っている。それは、ゴローニン事件の際の了解事項を、わが方でまとめた文書をロシア側が受け取っていないことを、自ら認めてしまった点である。「近代」の国家間における外交上の了解事項は、政府を代表する権限を有する人士の間で取り結ばれ、その内容を文書化して交換するのが通例である（西周助訳述『万国公法』第二巻第一〇章〈全集八〉）。使節はゴローニンが前段の「政府代表」ではないと主張したのだが、川路は、それに反論する中で、後段の「文書交換」の事実がないことを認めてしまったわけである。

さらに言うと、この川路の発言は、裏返せば、右の了解事項が口頭了解に止（とど）まり、ロシア政府がその内容を文書で確認していないことを、わが方も承知している、ということを意味する。これでは、右の了解事項が千島列島の国境確定交渉の基礎とはなり得ない、とする一回目の「対話」以来のロシア側の主張を裏付けることになってしまうだろう。そう見ると、使節が話題を転じたのは、「談合」打ち切りを口にする、川路の強硬な姿勢によるとばかりは、あながち言えないと思われる。

③貿易許可問題で、使節は、一回目の「対話」で要求した江戸近海の開港に「万一差支」があるようならば、大坂の開港でもよいとし、また、蝦夷地の開港場候補地として、前回の松前に加え、箱館を挙げている。さらに、貿易許可問題への回答に「数年」を要するはずはないとした上で、ロシアの船舶が薪水補給のため日本各地の港に寄港したのでは、該地の「煩労」を生じ、「密貿易」の危惧もあると指摘し、早急な回答を求めた。

川路は、それは「気之短き仕方」だといなし、樺太の国境確定が先決問題であり、日露両国は同地で地続きとなり、「人民」が往来するようになれば、貿易についても「何と歟、取計」の余地も生じて来よう、と応じた。そして、隣接するロシアだから、幕府の重役が「応接」する特別扱いをしたが、イギリス・フランス・アメリカなどが貿易の許可を求めて来ており、ロシアだけにそれを許可するわけにはいかない、と付け加えた。

そこで、使節は、返翰でもその点を心配しているが、「西洋諸州」では貿易を富国化の手段としており、ロシアのみならず、西洋諸国と貿易を行うことに懸念は無用だと説いた。これに対して、川路は、わが国は「自国之者」が外国へ渡航して貿易することはなく、来航する外国船と貿易するので、（地続きの隣国である）ロシアは別として、「異国通商ハ国之痛」となる事情への理解を求めた。

使節はなおも貿易の利益を説き、貿易は安価な自国品を他国へ売り、安価な他国品を買い入れ、自国で高く売って利益を得るのが一般的だが、ロシア領のカムチャッカ半島では不足する塩を他国から高価で買い入れ、そこで獲れる魚を他国へ安価で売っており、こうしたことを通じて、貿易は当事国にとって「互之利潤（たがいのりじゅん）」を生むようになっているとした。

川路は、この貿易論に「道理」があると理解を示した上で、昨日、使節から応接掛へ贈られた品は、「好（この）ミ之品」であり、（毛皮などは）寒気を凌ぐ衣服の代用品として購入したいが、高価なので出費も嵩（かさ）み、「扨々（さてさて）困り候」と、半ば自嘲（じちょう）気味（ぎみ）に嘆息している。

川路に贈り物をほめられた使節は、日本の障子に、和紙の代わりロシア産の「ギヤマン」（ガラス）を用いることを薦め、なおも貿易の有益性を説くが、川路はそれにも「一理」ある、と応じたものの、それ以上の議論を行わなかった。

それは、日本人の海外渡航禁止下で行う貿易の不利、海外の需要が見込める輸出品の存否、それらによって生じるだろう輸入超過による貿易赤字など、ここまでの「対話」で川路が問題視した諸点がいずれもわが国内事情によるもので、ロシア側と議論して解決の方途が見出せるものではないからだろう。先の川路の嘆息は、理解を求めても空しい使節のみならず、自身と自国の身動きのとれない現状に対しても、向けられたものだったのではあるまいか。

二回目の「対話」は、こうして終了するが、最後に使節が「隣国之好（よしみ）」による「御取扱」に謝意を表明しているように、ロシア側を「手懐ける」川路の戦術は、それなりに功を奏したと見られる。もっとも、使節は、最後の発言の末尾で、「早々」の回答を求めることを忘れなかったが。

ロシア側からの書翰

ロシア側は、日本側の返翰について、嘉永六年一二月二〇日、同日の一回目の「対話」をふまえ、その見解をまとめた書翰を認めた。この書翰は、二回目の「対話」が行われた翌日の同月二三日、長崎奉行の手附へ渡された。その内容は、以下の四ヶ条からなる（外国三―一四五）。

①漢文の返翰には、「日本政府」は、対外貿易を禁止して来た「旧法」を維持し難いと考え、ロシアとの貿易を許可するが、その開始は延期する、とある。そこで、「日本重御役人」（応接掛）との間で、その実施について文書で取り決めたい。

②択捉島がロシア領であることは明白であり、千島列島はその「全州」がロシア領である。

③樺太は「アイノ（アイヌ）人」の居住地であり、日本人の居住者は僅かである。実際、ロシア側が見たところ、アニワ港に居住する日本人は二〇人であった。（現在、樺太に居住する、これら両国の）人民を保護し、ロシア人と日本人以外の第三国の人間が侵入するのを防止するため、（ロシア軍を駐留させ、現地を）「領知」している。

どの地を境界として日本領と考えているのか定め、追って、双方の役人が立ち会って現地調査を行い、樺太の日露国境を確定したい。日本領に属することとなった土地に居住するロシア人は引き揚げさせる。もっとも、現地ではロシア人の居住者が増えており、国境確定が延引すれば、この問題の処理は難しくなる。

④（日本）「政府」では、貿易許可問題の「御評定」に「数多之年月」を要するという。

> 貿易に関する詳細な「規定」の締結には「多分之時日」を要し、難しいだろう。「日本政府」の真意は、そのために、貿易の許可を延期し、この問題を放置するということではなかろう。そこで、外国との貿易を許可するという「一件」だけ決定し、試験的に、ロシアとだけ「当座之規定」を締結して、「一、二ヶ所」を開港し、その後、(幕府の方針を)決定し、(この問題の)「御改革」を行ってはどうか。
>
> その場合、「二港」の開港が肝要である。一港は江戸の近辺で「日本政府」の「駈引」(管理)に便利な所であり、もう一港は「松前島」(蝦夷地)でロシア領の近辺の所である。ただし、この二港は、貿易と、商船と軍艦の寄港のために必要である。
>
> 現在、太平洋、さらには樺太近海まで、ロシア以外の(西洋諸国の)軍艦や商船が航行している。もし、開港場を定めておかないと、軍艦は修理や薪水の補給、商船は密貿易のために、各所へ来航するだろう。
>
> 右の「二港」では貿易を許可するべきで、そこでの「聊之商法」(暫定的な貿易協定)は今回、締結すべきもので、それはさして重大事ではあるまい。もっとも、本格的な通商条約は追々締結すべきである。

この書翰を通読すると、ロシア側は、わが方に貿易許可の意思がある、と返翰から読み取ったようである。ロシアを「手懐ける」一方、ともかく貿易許可の可否回答を延引する「ぶらかし」戦術に立った、前出の返翰の持って回った表現を、ロシア側は自国の要求に都合のよい方へ引き寄せて解釈したわけである。

この時点で、阿部正弘幕閣や応接掛の「真意」如何は、それらを構成する幕閣や幕府諸役人の個々人がそれぞれどのように考えていたかはさておき、政治的意思の一致＝決定はみておらず、依然として不透明であった。その限りでは、ロシア側が幕府の「真意」を誤解し、返翰を誤読したことは明らかだろう。

三回目の「対話」

三回目の「対話」は、嘉永六年一二月二四日に、長崎奉行の西役所で行われた。その概要は以下の通りである（外国三―一四七）。

「対話」は、筒井政憲が、前日の同月二三日に受け取ったロシア側の書翰を、激しい調子で難ずることから始まった。筒井の主張は、返翰の「全文を解し得候ハヽ、昨日之如き書面は難差出儀」というのに尽きる。返翰の文意を理解していないという筒井の主張に、返翰の文章のあれこれの部分を引いて、使節が反論して、両者の押し問答となる。

川路聖謨は、使節が「急かれ候ハ尤之儀」と理解を示した上、当方も「早く決着」したいとしつつも、ひたすら回答を待って欲しいと繰り返す。筒井と川路が硬軟の役柄を分担しているのである。川路がゴローニン事件から「五十年」待ったロシアなのだから、もう少し待てないことはなかろうと説得すれば、使節は、「蒸気船」が船舶の航行速度を三分の一に短縮して「世界之

「一変」が起こり、もはや悠長には待っておられないと応じる。それでも待って欲しいと、川路が繰り返すと、今度は使節の口調が「一変」する。使節は言う。

日本は、「二百年来」の「鎖国」のため、外国の事情には通ぜず、「武備」も弛緩しているように見受けられる。外国は、「追々相開け」（文明開化し）て、軍隊の訓練、兵器の開発、航海術や造船技術の進歩は目覚ましい。軍艦を一例とすれば、日本側の「数十艘」でも、外国側の「壱艘」に対抗できない。長崎が最も「厳重」な海防態勢をとる港のようだが、今回、「一見」したところでは、「フカレット船」（フリゲート艦）一隻で「押破」ることは難しくないと思われる。「太平」が続いて、「全国之武備御手薄」になっていることが大変「懸念」される。したがって、すべての軍備を「西洋風」に改めなくてはならない「時勢」である。ロシアは、外国との戦争にあまり敗れたことはなく、日本とは隣国だから、万一の場合は、お互いに助け合いたい、というのが皇帝の意向である。

「蒸気船」の発明で、風向に関係なく船舶が世界各地を航行するようになり、「世界之模様」が「一変」したため、薪水・食料や石炭を求めて、外国船が日本へ来航するのは避けられなくなっている。これに対する備えがなくてはならない「時世」だが、日本が必要とする蒸気船や軍艦、大砲などの兵器は、（ロシアとの貿易を許可するならば）「いくらも差上」げよう。

使節は、わが方の海防態勢の不備を明け透けに指摘し、ロシア艦隊がそれを容易に打ち破る戦力を有することを誇示した上で、わが軍備の全面的洋式化の必要を説き、貿易許可と引き替えに、そのための軍事的な援助や協力まで申し出たのである。対日交渉の根底に「砲艦外交」を行う用意があることを示唆して、わが方を威嚇しつつ、それまでの貿易開始による経済的な利益に代えて、軍事的な協力関係樹立による国防上の利益を説き始めたわけである。ようやくロシア帝国の海軍提督に相応しい説法となったとも言えよう。もっとも、欧米列強による、こうした軍事的な援助や協力を受け容れた国や地域が、その後、どのような境涯に陥っていったか——その世界史的な諸事実を知る向きには、膚に泡立つ思いを禁じ得なかろう。

こうした使節の強硬な一連の発言に対して、筒井は沈黙し、川路は「承り候」と述べ、軍事援助の申し出には「政府之指揮」を仰いでから「挨拶」すると応えるだけだった。

この後も、ロシア側が樺太の現地調査を来年早々に実施するため、日本側の役人の「蒸気船」への乗艦も提案して促すが、川路は「国法」を楯に拒否し、ひたすらその実施の延引をはかる。また、貿易許可の可否回答を「三、五年待」つか否かをめぐって、日露間の応酬が繰り返される。

樺太調査の早期実施をしきりと求める使節に対し、川路は、ロシア側の出方次第では、「我国之者、志を一致ニし、命を捨て働」くようにもなり、それでは「使節之功」もなくなるだろう、と言い切る。また、使節が、「三、五年待」てとの回答では「御国地」をいつまでも立ち去ることができないと述べたのに対し、筒井は、ロシア側の要求には当方にも「存寄」（考え）がないわけではなく、「旧法」を改めるのが容易ではない日本の「国風」を「勘弁」（勘案）して、「待」という文字が含意する「深き味ひ」をよくよく理解して欲しい、と応じる。「対話」の後半、川路と筒井の硬軟の役割分担が入れ替わった格好である。この筒井の発言で、使節もそれ以上の議論の追求を止めている。

江戸への中間報告

以上の三回にわたる「対話」記録は、使節から贈られた進物についての報告と共に、嘉永六年一二月二五日に「町便」(町飛脚)で阿部幕閣と海防掛へそれぞれ送られ、翌七年(一八五四)一月六日に阿部から三奉行以下の幕府諸役人の幹部へ回付されている(外国三―一三七・一四〇・一四七・一五一・一五二)。

それに添付された応接掛の書翰は、簡潔な内容だが、ロシア使節の長崎「応接」の、いわば中間報告だと言える。そこでは、「対話」で応酬された双方の主張の要点が整理された上で、末尾に、使節が、返翰の「五、三年相待候」とのことでは、とても「御国地」を立ち去ることはできない、と述べたことに触れ、「中々容易ニ承伏」しそうにない、との応接掛の状況判断が記されている(外国三―一五〇)。

ここに見られるように、三回目の「対話」の最後に、使節が発した居座り宣言は、応接掛に随分と効き目があったようである。さすれば、それに対して、筒井政憲が、「対話」冒頭で、返翰の文意を理解していない、と使節を激しく詰った発言とは打って変わり、今度は、「待」の文字の含意を吟味するよう、すこぶる穏和な調子で求めた背景も理解できよう。

ロシア側からの二通目の書翰

ロシア側は、三回目の「対話」をふまえて、それが行われた嘉永六年一二月二四日、その見解をまとめ、二通目の書翰を認めた。この書翰は、同月二六日に行われた四回目の「対話」の際に、応接掛へ渡された（外国三—一五七）。

書翰の宛名は、前出の一通目（外国三—一四五）と同様、長崎の通詞による翻訳では「日本政府重御役人」だったが、後日になされた見られる箕作阮甫と武田斐三郎（成章、阮甫らに師事）による翻訳では「日本政堂の全権大臣」となっている。おそらく、箕作らの翻訳が原文に忠実なものだろう。さすれば、わが方が「応接」とする「対話」を、ロシア側が日本側の全権代表との外交交渉と認識し、あるいは、そのような認識に立って、「対話」を交渉へと実質的に引き寄せようとする姿勢にあることを物語っていよう。

しかし、応接掛が読んだのは通詞が翻訳したものだから、それにより二通目を読むと、その内要は以下の通りである。

①使節は、日本が「鎖国」している「二百年」の間に変化した「事情」を、「日本の為を思ひ」、「隔心なく」（率直に）「告知」したい。

②「三、四十年前」までは、日本の「鎖国」政策は、その「意の如く」実施できていた。しかし、「術芸・職業発明満備」（技術革新）によって、航海と貿易は盛んとなった。とくに、蒸気機関の発達で遠距離交通の所要時間が短縮され、「蒸気船」は、一ヶ月を要した航海

を七日で行い、悪天候や厳寒の気候による航海の制約は少なくなり、世界中へ航行できるようになった。アメリカ「北方海岸」（カリフォルニア）と中国、カムチャッカ半島とサンドイッチ（ハワイ）諸島を結ぶ航路も開けた。日本列島はこれらの航路の「中央」に位置しているので、日本近海を航行する船舶が年々増加することはやむを得ず、日本列島はこれらの船舶の「繋り場」（中継地）となっている。

③二、三年前、オランダ政府が「日本政府」に（こうした事情を）通告したのは、（日本の「鎖国」政策を）「改革」したい趣旨からである。他の（西洋諸国の）政府も、日本と友好関係を樹立し、退避港や貿易の許可を求めて、来航するのは避け難い。

④使節の希望は、「日本政府」が「旧法」（「鎖国」政策）を「帰着」（固守）するのは難しいと「半御治定」（半ば決定）され、ロシア側の要求を熟考されている上は、外国との「正しき」（国際法に適った）国交を開き、とくに、ロシアと友好関係を樹立されることである。

⑤日本は自国の漂流民の帰国を認めない法制だが、外国では救助して帰国させている。ロシアは、昨年（嘉永五年（一八五二））、日本人漂流民六名を下田へ送還した。その際、受け取りを拒否されたが、漂流民たちの懇願で、下田に下船させた。彼らはどうなったのか。殺害されたのか。

⑥右の法制も「廉直」とは言えないが、近年までの、（退避のため）日本へ来航する外国船に退帆を促し、再来航を禁ずる措置も、同様である。「法律正しき」（箕作ら訳では「正理に本

つき」、(国際法を遵守する)外国では、(救助を求めて来航した船舶に対して、)破損した船を修理し、乗組員を扶助する措置を「廉直」と言っている。そして、来航する船舶が増えれば、相互に必要とする品の貿易によって、国民は豊かとなり、国土は繁栄する。そして、国民間の交友が深まり、交換された外交使節によって確執が緩和され、国々の関係は安定していく。

⑦「日本政府」がすでに述べているように、最早、「旧法」(「鎖国」政策)を「付着」(ママ)(固守)することができないのは、いよいよ相違ない。(幕府が、従来、)日本の海岸へ漂着し「永牢」(無期禁固)されていた諸外国人を、現在、帰国させる措置をとっていることは、それを明白に示している。その他の(「鎖国」政策に基づく)法制も、「時節に応し改革」されるべきだろう。それは、「日本の旧法」(「鎖国」政策)が長く存続し難いからである。

⑧日本が「鎖国」を続けることに、今後、何の「目当」(目算、箕作らの翻訳では「利益」)があるのか。それが「国中和平」(国の平和、箕作ら訳では「戦争なからむこと」)を保障しているからか。「法律正しき」(国際法を遵守する)(諸国の)人民(の救援要請)を拒否して、外国に対する(日本)「国家の安全」を希望することは迷妄である。日本が「鎖国」を続け、外国の要求を拒絶し続ければ、やがて一度は「殺伐之時機」(戦争)に至らざるを得ないとは考えないのか。また、それを「防候心得」(箕作ら訳では「軍威を防くへき先見」、戦争に対する国防の準備)があるのか。「鎖国」している現在の日本は、軍事に暗く、国内の良港に備える築城や砲術に未熟である。どの港の「砦」(海防態勢)も、僅かな外国の海軍によって陥落す

るだろう。日本の「軍船」は外国の軍艦には対抗できず、（外国艦隊が）日本の「軍艦」を拿捕ないし撃沈して、（日本の輸送船などの）航路を自由に遮断するだろう。

⑨使節が真実、希望するところは、「日本国」が速やかに決定して、外国と国交を開き、「不和憂患の法則」（外国との対立や戦争を招く「鎖国」政策）を廃止し、「法律正しき」（国際法を遵守する）外国に対する「御国家の危難」を除去されることである。そのために、（回答を）「御差延」（延引）されず、ロシアの要求を許可され、日露両国の友好関係を樹立し、日本が速やかに「強盛」となり、国家が繁栄するようにされたい。

以上の内容は、前出の三回目の「対話」の終盤で、使節が発した強硬な主張を、懇切かつ穏和な形で敷衍したものである。しかし、決め手となる主張は、やはり⑧の「砲艦外交」の威嚇である。もっとも、両者には若干の相異が認められる。

異なる点の第一は、軍事的な援助や協力の申し出が見られないことである。おそらく、これは本国政府の了解が必要な事項であり、文書として日本側に残すことを避けたためだろう。

外に三点、「対話」には登場していなかった事柄が言及されている。

その一つは、③で、オランダ政府の通告に言及している点である。これは、嘉永三年（一八五〇）九月、長崎奉行がオランダ商館長に「天保の薪水給与令」を再達して、その厳格な遵守を、西洋諸国へ通告するよう求め、翌四年（一八五一）三月、オランダ政府がフランス・アメリカ・ロシア・スペイン・ポルトガルへ通知したことを指すと見られる。オランダ政府は、それまで「薪水給与令」を西洋諸国へ通告していなかったので、ロシアは、同年四月、幕府の意図とは逆に、それを開国への前向きな動きへの転換と受け取って評価している（横山二〇一三）。さらに、同五年五月、ロシアは、アメリカの動きを知り、プチャーチン艦隊の日本派遣へと動き始めるのである（麓二〇一四）。

もう一つは、⑤〜⑧で、日本に退避寄港を求めた西洋諸国の船舶や、日本に漂着した同諸国民の取り扱いをめぐる問題、さらにはそれに起因する紛争、そして戦争の可能性に言及した点である。この背景には、ペリー・プチャーチン両艦隊の来航に先立つ、嘉永二年（一八四九）三月、長崎で起こったプレブル号事件が念頭あると見られる。アメリカ議会で、日本に漂着した自国民の取り扱いが問題となり、長崎へ軍艦のプレブル号が派遣され、武力行使も辞さない構えを示して、漂流民を受け取っている（加藤一九九四）。アメリカでは日本近海における自国船舶の海難保護を求める世論が高まり、同年八月、アメリカは、オランダに対して、対日制裁連合艦隊の派遣を提案している（横山二〇一三）。こうした動きが、ペリー艦隊派遣の重要な伏線となっているのである。

三つ目は、わが「鎖国」政策に基づく法制が、西洋諸国の間に形成された国際法の秩序に抵触する、という論理を前面に押し出してきた点である。海難救助という人命尊重の人道的な措置や、諸国民が必要とする物資を相互に補い合う貿易の許可を要求するのは、国際法を遵守する西洋諸国の当然の行為だとした上で、それを認めないのは国際法に抵触し、やがては、アメリカがオランダに提案したような対日「制裁」を、西洋諸国に発動させかねないというのである。しかし、国際法について、通詞訳では「法律正しき」、箕作ら訳では「正理」とあるように、この時点で、応接掛はじめ幕府の側が、この論理を理解し得たとは思われない。それは、単に「万国公法」という訳語が案出されたか否かではなく、その創出を可能とする西洋理解の内容如何に関わる問題だろう（丸山・加藤一九九八）。

四回目の「対話」

四回目の「対話」は、長崎奉行の西役所で、応接掛がこの二通目の書翰を受け取って始まった。したがって、応接掛は、当然、翻訳されていないから、その内容を知らないままに、当日の「対話」に臨んだわけである。その大要は以下の通りである（外国三―一五六）。

冒頭、使節は、ロシア側の主張を（二通目の）書翰に認めたので、それへの回答も書面で欲しい、と述べた。これは、ロシア側からすれば交渉である「対話」の内容を、外交公文の形で双方に残し、後日の交渉の基礎とするとともに、本国政府に対日交渉の内容を復命する根拠文書とする意図から出た発言だろう。

これに対して、川路聖謨は、書面での遣り取りはとかく角が立つし、会話ならば、その場で言い直しもできるので、相互の意思疎通に適している、と応じた。川路の意図は、たしかに、その発言の通りだろうが、「対話」でロシア側に与えた言質の証拠を残したくない、という思惑も働いていたろう。その警戒は、ロシアに対してばかりではなく、江戸の幕閣・諸役人に対しても向けられたものだろう。けだし、このロシア使節「応接」の一部始終は、応接掛の一人である目付の荒尾成允から、江戸の目付たちへ報告がなされている（外国三―一三三・一五四、同上四―一二四）。

この件で双方の応酬が続くが、その中で、使節が三回目の「対話」における、日本側の回答を待って欲しい、という文言の含意への熟慮を求める筒井政憲の発言に、使節が注目し、その文書化を要望していることを、応接掛は理解する。しかも、その背景には、本国政府への復命という、役人が共有する職務上の義務があることにも、気付いたと見られる。川路は、「使節の面（つら）を潰（つぶ）さないため、筒井発言の趣旨を書面にして渡すことに同意する。

しかし、使節は執拗である。ロシア側の要求への回答期限の短縮をなおも求める。そして、江戸へ諸大名を集めて、この問題を諮問するにしても、遠隔地の大名も最長で「五十日」あれば参府できるはずだから、それから「大抵三ヶ月程も」かければ、評議は決着するはずだ、と詰め寄る。

この「五十日路」の問題では、川路がロシア側による日本の「沿海測量」を疑い、それが根拠か、と尋ねる。これに対して、使節は、それが片道の所要日数の推算値だとのみ述べ、「沿海測量」云々の質問には答えなかった。そして、長崎で江戸からの回答を延々と待つより、江戸へ直行して、（幕閣と直接に）交渉した方が早い、と江戸湾への来航に言及しつつ、ロシア側の要求を日本にとっての「御大切」（重大事）と考えていないから、放置しようとしているのではないか、と難じた。ここで、使節が態度を急に硬化させたのは、川路の探りをかわすためもあったろう。

だが、川路は、穏和な態度をとり続けながらも、回答期限の短縮要求には応じなかった。使節も根負けしたのか、一応、この件での鉾(ほこ)を収(おさ)めた。

川路は、話題を樺太の現地調査に転じ、国境確定交渉のための役人の現地派遣については、応接掛の権限では決められないが、その準備として、自分たちの部下を現地調査に派遣することは約束できる、と述べた。使節は、この発言を歓迎しつつも、あくまでも現地交渉を主張した。それに対して、川路は、使節の主張はわが「国家之例格(れいかく)」あるいは「我国之事体(じたい)」を理解しないことによるものだとして、それを峻拒した。

ちなみに、川路が言う「例格」とは「律令格式」、つまり法制の意で、「律令」は「律例」とも書記される。また、「事体」は、前出の渡辺崋山が用いた「治体」と同じ語で、政治制度の意で、維新後は「政体」の語に取って代わられていく（奥田二〇一六）。

使節は、それでも食い下がり、現地調査の際、ロシア側との事実確認のための折衝は必要だろうとした。川路も、その必要が生ずる場合を認め、一転して、その際、日本側の役人の安全を保証する文書を、使節に要求した。これに対して、使節は、来年の二、三月に日本側の現地調査がなされなければ、際限なく待てないので、ロシアは現地への植民を進めると威嚇して、日本側の役人の早期派遣を強く求めた。

そこで、川路は、ロシア軍が駐留しているアニワ港が元来、日本領であることが明白なのに、わが国へ「一応の断りもなく、勝手」にロシア人を送り込んでおいて、随分と「無理」な要求をするものだと嘆息し、これでは「事」（＝「対話」での日露両国の了解）は整い難く、「談判も無益」だと、突き放した。ここに至って、使節もようやく追及を止め、「事」（ロシア側が要求する問題の決着）を急ぐ余りだから、「勘弁」されたい、と述べた。

双方で「事」の含意を異にしつつも、使節は、「対話」の成果として、日露両国間に何らかの了解事項を得たい、という線に退却し、今回の「対話」で獲得した、①応接掛の発言を敷衍したた書面の発給と、②樺太現地調査のための日本側の役人派遣の約束という、二つの成果までを丸ごと失う、破談を避けたと見てよかろう。

使節は、樺太の国境確定問題へ転じ、同島はすべて「野人」（アイヌ）の居住地なのに、全島を日本領とする根拠は何か、と問うた。川路は、少なくともアニワ港が日本領であることは、わが国のみならず、外国の書籍にも記載されている、と応じた。この応酬は、日本側に樺太全島領有の意思がないことを確認する使節の目的からなされたものと見られ、使節はそれ以上の追及を行わなかった。

ついで、使節は、貿易許可問題への早期回答要求を蒸し返したが、川路は、これを拒否する一方、樺太現地調査に派遣する日本の役人の安全を保証する文書を再び要求した。使節は、明日でも明後日でも持参し、現地で通用するようロシア語と、（日本側が内容を確認できる）オランダ語の二通を用意したい、と応じた。

かくて、樺太国境確定問題に関する「対話」は、日露両国の了解事項の成立を、ようやくみたのである。

そこで、使節は、もう一つの貿易許可問題へと話題を移していく。最初は、その突破口となる海難救助の問題である。使節は、先ず、破損した船舶の修理について回答を求めるが、川路は「取調之上」でと、回答を留保する。次に、使節は、薪水給与は日本のいずれの港でも行うとのことだが、その代価を支払わないわけにはいかない、と述べる。

応接掛は、わが国の港に退避した船舶へ給与された薪水や食料の代価支払いについて、それが貿易開始の突破口であることを、先刻承知していた。

川路は、この問題を枝葉末節の事柄で、わが国では困った人を助けて礼金や礼物(れいもつ)を貰(もら)う習慣はない、と軽くいなそうとした。しかし、使節も、西洋の「風儀」では、自国の船舶が外国で救援を受けた場合、政府が返礼することとなっており、とくに、軍艦は代価を支払わずに救援を受けない「規定」になっている、と応じた。そこで、筒井が、結局、それは貿易と同じことで、わが国内にはそれを「交易の端緒を開」くものだとの「評論」もあり、ここでそれを認めれば、かえって(ロシア側の)「交易の所願不成就(しょがんふじょうじゅ)の基(もとい)」ともなりかねない、と警告する。使節はなおも追及しようとするが、筒井は、とにかく、それは「大事の前之小事」であり、ここでは論じない方がよい、と断じた。

そこで、使節は、それ以上の議論を断念したが、今度は、長崎奉行が用意した使節一行の「上陸場所」(宿舎)は「囚人同様」の取り扱いだ、と文句をつけ始めた。川路は、それには事情があるが、すでに「薄暮」であるとして、本日の「対話」の打ち切りを宣する。これで、ようやく、使節もあきらめるが、最後に長崎奉行による使節の取り扱いが全体に「無礼」だとの、捨て台詞を残していく。

以上の四回目の「対話」は、使節が、①ロシア側の要求への回答期限に関する、応接掛の発言を敷衍（ふえん）した書面の発給と、②樺太現地調査のための日本側の役人派遣の約束、応接掛が、上記の役人の安全を保証する文書の発給、それぞれ獲得する成果を挙げて終了した。

樺太の国境確定問題については曖昧であったが、それ以外は返翰の趣旨説明に徹するはずの「応接」が、実際には「対話」の中で実質的な交渉と化し、この四回目の「対話」の終盤で、川路も「対話」を「談判」と言い換えている。ちなみに、「談判」は、その後、外交交渉を意味する語として用いられたことは、夙（つと）に知られるところだろう。これをわが方の外交的な敗北と見るか、それとも、元来、無理筋の「応接」方針が現場で破綻したにもかかわらず、応接掛の奮闘で、右の了解事項の線で食い止めたと見るかは、論が分かれよう。もっとも、ここで、それを判断するのは早計だろう。その前に、「対話」の結末を見極めておかねばなるまい。

二　日露長崎「対話」の結末

五回目の「対話」

ロシア使節との五回目の「対話」は、嘉永六年一二月二八日、長崎奉行の西役所で行われた。その概要は以下の通りである（外国三―一六九）。

前回は、ロシア側が険悪な雰囲気のまま、日本側が時間切れを口実に打ち切った形で終了したが、今回は、打って変わり、双方とも穏やかな態度で終始した。

冒頭、筒井政憲が、ロシア側の二通目の書翰を読み、使節の「厚心入（あつきこころいれ）」（懇篤な配慮）に謝意を表した。これに対し、使節も（書翰の趣旨は）日本の「御威勢（ごいせい）」が盛んになることを「心願」するところ以外にはない、と応じた。

筒井は、この書翰がはらむ、前述したような日本側にとっての問題点を一切追及せず、前回、川路聖謨が樺太の現地調査に派遣する日本側の役人の安全を保証する文書を求めた件に、話を進めた。そこで、使節も用意した文書を提示し、通詞の森山栄之助（もりやまえいのすけ）（多吉郎（たきちろう））がその場でオランダ語文を日本語に翻訳して読み上げた。そこには、以下のように記されていた。

日本とロシアの国境について、日本の役人がサハリンのアニワ港の付近に「巡見」のため赴くので、この役人と随行者の一行に対し、いささかも粗略に取り扱うことなく、現地調査に差し支えないように取り計らうようにせよ。また、来春には、事情により、使節もアニワ港へ赴くか、あるいは他の艦船を派遣することもあろう。

川路は、訳文をよく読んでからでないと、詳細な点はわからないが、一応の大意について、意見はない、とした上で、「談合」も大凡の「筋合」が立った（了解に達した）し、年末年始を迎えるので、今後は、応接掛の随員中の幹部である、中村為弥（時万、勘定組頭）に目付をつけて使節の乗艦（パルラダ号）へ派遣し、（前回、約束した応接掛からの）書面について「対談」させたい、と提案し、使節もそれを了承した。この発言の際、川路は、書面の趣旨が「使節の顔を立」てたいところにある、と付け加えることを忘れなかった。

使節は、「御談合」も整ったことに喜びを表明した上で、「今一度、終末之御集会」の日程を相談したいとし、双方協議の上、翌七年（一八五四）一月四日と決まった。そこで、川路は、右の書面は応接掛が使節の顔を立てようと「肺肝を砕」いて作成したものなので、ぜひ四日にはめでたく納めたい、と念を押した。使節も、たとえ四日が「終之御集会」とならなかった場合も、「心嬉しく御別」したい、と応じた。これに、川路も「同意」（同感の意）を表している。

その後、筒井から長崎奉行の使節への応対振りについて、「国法」を守る姿勢からのものだと弁明したのに対し、使節も「全く一時之存込」による発言で、「後悔」しており、長崎奉行には「御気之毒」だったと、前回最後の捨て台詞を詫びて撤回した。川路は、重ねて、長崎奉行の措置が「国法」に基づくものであるとした上、使節が何ら言及していない、長崎警衛の両藩（肥前国佐賀藩と筑前国福岡藩）の「作法」をも含め、その変更は「早速」にはできないことへの理解を求めた。

最後に、使節が、日本は新年を迎えられるそうだが、めでたい年を迎えられるように、と挨拶して、五回目の「対話」は終了した。

かくして、日露双方が長崎「対話」を終結する意思を表明し合うところまで、漕ぎ着けたのだった。しかし、「対話」終結の成否は、応接掛が作成した書面の内容如何にかかっており、いまだ予断を許さぬところがあった。

応接掛の書翰案

中村為弥らは、嘉永六年一二月晦日（大晦日）、応接掛の使節宛書翰案を持参して使節の乗艦へ赴き、この年最後の「対話」を行った（外国三―一八三）。中村が持参した書翰案の内要は、以下の通りである（外国三―一八四）。

①ロシア国書が求める「北地」（千島列島と樺太）の国境確定や、国交樹立と貿易許可について、現在、幕府の方針を決定して回答することができないのは、返翰に述べたとおりである。この上、（江戸へ赴いて）老中と直接交渉を企て、たとえ老中が再評議したとしても、それは覆らない。

②しかし、使節の主張が「余儀」ないものと理解し、「善意」に出るものだから、その顔を立てて帰任させたいと思い、（樺太の）国境確定を取り決めることはできないが、現在、先

ず現地へ役人を派遣して調査させる。
③国交樹立と貿易許可については、「祖宗之厳禁」であり、それを「百世確守」するところである。しかし、「時世」が変遷し、「古例」(従来の法制)で「今事」(現今の事態)に対処できないため、(わが国内に)その「当否之評論」もあるが、いまだ(幕府の方針は)決定されていない。現在、将軍職の継承がなされ、その「新政」が「多端」な折であり、(幕閣が)この問題などを評議している余裕はない。また、このような「大事」は京都(の朝廷)へ「奏聞」し(伺いを立て)、諸大名や幕府諸役人へ諮問して。それらの「群議」を経た上で、決定されるべきものであることは、返翰に述べられているとおりである。さらに、新将軍の「布政」は「祖宗之法度」を遵守すべきなのが「永世の重典」だから、現在、「旧法」を改めることを手始めにするわけにはいかない。
④しかし、ここに述べておく「一事」があるので、よく「熟考」されたい。そもそも、かつてロシア使節のレザノフがこの長崎へ来航し、(同様の)要求を行ったが、その時、わが方は、(開国の)意思がなかったので、(ロシア側の要求を)速やかに拒絶し、それについての「議論」には及ばなかった。今回も、(同様に)要求されたが、(開国の)意思がなければ、その時と同様、拒絶するところを、わが国論が決定するまで「待て」と言うのには、「無量之意味」があり、ロシア側の要求を拒絶するのではなく、使節の「国命」(国家から託された使命、ロシア国書に記された要求)を辱めようとするものではない。(要求への回答に)「三、

五年」の歳月を費やすというのも、前述したのと同様、回答が延引することを懸念して言うことである。将軍職継承の「典礼」（儀礼）も、この一ヶ年を経れば、（終了するので、幕閣には）幾分は余裕ができよう。使節の「深切」（厚意）を思えば、早急に「取調」（開国問題の調査と評議）に取りかかるべきなので、「存外、報聞之期近き事もあらん歟」（意外に（要求への回答を）報知する時機も近いかもしれない）。

⑤外国の漂流民がわが「国地」（国土）に漂着した場合、救助して撫恤することは、わが「国法」であり、残酷に処置することはあり得ない。勿論、（外国へ漂着した）「我国民」らが送還された場合も、全員を手厚く保護し、（彼らは、）現在、「息災」（元気）に「世渡り」（生活）している。ロシアの船舶が海上を漂流し、または薪水や食料を欠乏して、わが「国地」に来航して救援を求めたとき、（船舶の）破損の修理についてはその状況にもよるので、あらかじめ約束はできないが、（実際に救援を必要とする）事実に疑いがなければ、江戸近海を除いて（寄港を）許可し、薪水や食料はその要求に応じて給与し、帰帆させよう。その代価を支払うことは、「祖宗之法」に支障があるので、現在は回答を留保し、開国要求への回答を決定した後に、議論したい。

⑥択捉島と樺太については、使節の主張もあるが、択捉島が「我国処属（所属）之地」であることは明白で、あれこれ議論する余地はない。樺太について、（使節は、）日露両国の領有地を調査して、国境を確定したい（、と表明した）。（また、）先頃、ロシアがアニワ港に配

置した守備兵は、第三国の侵出を防ぐためで、「我地」を侵して奪うためのものではなく、国境確定後は速やかに撤兵する（、と約束した）。（さらに、）現地調査に派遣する日本の役人がロシアの守備兵に遭遇しても、その調査を妨害せず、平穏に対処せよ、との守備兵宛の文書を提示した。

⑦この外、「対話」の際、使節の「実意」（真心）が尽くされ、（その発言がわが国への）「厚意」から出たもので、「悪意」から出たものでないことに相違ない以上、（応接掛は、）江戸へ帰府後、ロシアが「信義を守る大国」である、とくに使節が「別段なる（優れた）人物」なので、偽りで人を欺くことは決してない、と具に老中へ報告し、力を尽くして、両国（の関係）を「安穏」ならしめるように取り計らいたい。

書翰案の内容

以上の書翰案は、応接掛が、これまでの「対話」において、返翰を補足説明した内容、使節との応酬の中で表明した見解、双方の了解事項を、整理して盛り込んでいる。また、新たな論点も、若干、見られる。

①では、先ず、あらためて返翰の内容を変更できないことを確認している。その上で、幕府が最も危惧している、使節が江戸へ回航して幕閣との直接交渉を求める行動に出ることを阻止しようとする。そこで、そうしても、返翰の内容を変更できないことに変わりない、と念押ししている。

この点を使節に納得させることが、この長崎「応接」の、最優先の使命だった。そもそも、使節が江戸回航の動きを示したために、幕府はロシア国書の受領に踏み切ったのだった。そこから、使節に返翰を渡して、その趣旨を説明し、わが方の回答が出るまで、帰帆して待つことを納得させる――この長崎「応接」の必要が生じたのである。

長崎でのロシア使節の「応接」が始まった後も、江戸の阿部正弘幕閣は、嘉永六年一二月二三日に、加賀・津山・福井・阿波・高松・松山・佐倉・明石・桑名・姫路の各藩に対し、ロシア艦隊の浦賀回航があり得るとした上で、前述したように、彦根藩が警備を担当することとなった、羽田・大森付近を除き、ペリー艦隊の来航に伴って指示された担当区域の警備を継続するよう達している（外国三―一四六）。

しかも、使節が江戸へ直接交渉に赴いたのでは、最悪の場合、それがアメリカ艦隊の再来航と重なる虞（おそれ）もある。プチャーチン艦隊の方が先に江戸へ回航すれば、開国要求への対策を、それとの交渉の以前か、あるいは、その最中に決定しなければならなくなる。いずれにせよ、この問題での意思決定を早めざるを得ないことは間違いない。阿部幕閣が、海防強化の上でも、政局運営の上でも、その決定を一日でも遅らせて、時間を稼ぎたいことは明白だろう。

このように、応接掛の使命は、第一に使節の江戸回航の阻止だった。それとともに、第二の、そして最も肝心な使命は、わが方の回答を待つように求める返翰の趣旨を、使節に納得させ、ともかく帰帆させることにあった。しかし、三回目の「対話」の最後には、使節が居座り宣言を発する始末となった。そのため、応接掛は、前出の江戸への中間報告で、このままでは使節が容易に「承伏」しない、との状況判断を下さざるを得なくなり、使節の態度を転換させる打開策を講ずる必要に直面していたのである。

そこで、持ち出されたのが②の、川路聖謨が二回目の「対話」で言及した、樺太現地調査の実施である。これは、阿部正弘の訓令で、はなはだ曖昧な形だったが、応接掛に裁量余地を認めたと受け取れる唯一の点（訓令の④）に依拠したものである。応接掛は、使節にその件を約束しても、江戸帰府後、仮にそれが問題化しても、訓令の④を具体化したものだと主張すれば、自分たちの責任を追及されまい、と判断したものと見られる。

また、②では、その約束が「使節の顔を立てる」という応接掛の意向によるものであることを、特段に強調している。そこに、応接掛が、膠着（こうちゃく）しそうな「対話」の打開策を、「手懐け」策を兼ねて、打ち出した事情が、如実に示されていよう。

国交樹立と貿易許可の要求に対する回答は、③でその決定に関する、わが国内事情を説明している。回答が従来、対外政策の不変原則として厳守されていた「鎖国」政策の改変に関わるものであり、かかる国家の重大事を決定するには、朝廷への奏聞と、諸大名や幕府諸役人への諮問といった「群議」が必要であるという。

応接掛の意図は回答延引の理由づけにあったことは明白だが、その理由に、阿部正弘幕閣がアメリカ国書対策として講じた措置が援用されている。それらの措置を講じた阿部幕閣の政治的な意図は前述したところだが、ここでは、それがわが国における重大な国家意思決定の手続きとして、ロシア使節宛の対外公文（=応接掛の書翰）に明記されたことである。

これが応接掛の意図通り術策（マヌーバー）に終われば、わが方は重大な対外的な背信を犯したこととなろう。しかし、周知のように、幕府の思惑如何にかかわらず、この前後から、幕末政治は実質的な「群議」状況に突入し、「公論」による国家意思決定へと加速度的に傾斜していった。しかも、それは欧米諸国の目前で展開されたのである。その意味では、自覚の有無如何はさておき、応接掛は、背信の汚名を免（まぬが）れたのみならず、先見の明を有していたこととなろう。

③では、回答延引の理由として、将軍職継承に伴う「新政」の繁多と、「新政」における伝統遵守の慣例による制約を挙げている。もっとも、②では、わが国内には、時世の変化をふまえ、「鎖国」原則の墨守に再考を求める「評論」もあることも紹介され、さらに、④では、ロシア側の開国要求に対して、半世紀前のレザノフ来航時とは異なり、返翰が拒否回答ではなく、回答待機を求めたことの含意に理解を促している。

また、④では、返翰が回答期限を「三、五年後」と明記したのは、回答をいたずらに延引する術策と受け取られることを懸念したからだ、とまで言う。その上で、将軍職継承の典礼も一年以内には終了するので、返翰の期限よりも、案外、早く回答できるかもしれない、と予測する。そして、そうなるよう、使節の「厚意」をよく理解した応接掛としても、十二分に尽力したい、と付け加えることも忘れていない。

③と④は、回答延引策と「手懐け」策による論弁の極致、集大成と言うべきところだろう。だが、その挙げ句に、回答待機期間短縮の可能性に言及し、そのための応接掛による尽力を約束したことは、明らかに阿部の訓令の範囲を逸脱したものだと言わざるを得まい。しかしながら、この程度の「手形」を切らなければ、回答待機期問の短縮を強硬に求める、使節を納得させられないこともまた明白だろう。

はたして、これが「空手形」になるかどうか――応接掛はどう見通していたのだろうか。筒井政憲と川路が前出の「応接」方針案の④で、長崎貿易への参入をロシアに許可する案を提起していたこと、アメリカ艦隊再来航時に何らかの決定を下さざるを得ないこと、前述したように、その決定に大きな影響を与えるはずの、幕府諸役人の幹部の大勢や江戸湾海防担当の彦根藩などの意見が貿易の有期許可案だったことを勘案すれば、応接掛は「空手形」にならないと考えていた、と見てもよいのではなかろうか。もっとも、その際、彼らの念頭を過ぎるものがあったとすれば、徳川斉昭の姿のみだったろう。

⑤では、外国漂流民の保護と、救援を求めて来航する外国船舶への薪水と食料の給与を、あらためて確認している。そこでは、ロシア側の二通目の書翰の⑤で問われていた、ロシアから送還された日本人漂流民の安否について、帰郷して生業に復している旨を答え、わが国が海難救助の国際的な慣習に背馳するような、非人道的な措置を内外の人民に対してとっていないことを強調している。

その一方、(1)寄港地から江戸近海を除外すること、(2)船舶の破損修理については、その状況により、あらかじめ約束できないこと、(3)給与した薪水・食料の代価の受け取りについては、ロシア国書への回答時まで、回答を留保することの、三項目の条件を付している。

この海難救助の問題には、前述したような、ここに至るまでの経緯があり、その積み重ねの上に、右の記述がなされている。それは、この問題が、「鎖国」原則解体への突破口の一つとなる半面、わが国が国際法秩序を実質的に受容する第一歩となったことを、あらためて確認できる材料だろう。

⑥では、国境確定問題が述べられている。先ず、択捉島がわが領土であることに疑問の余地はない、と再確認している。ついで、樺太について、使節が、現地調査の実施を要望し、(1)アニワ港のロシア軍守備兵は、第三国の侵出防止のために配置され、国境確定後、撤兵することと、(2)わが方が現地調査に派遣する役人の安全を保証する文書を交付することを約束し、実際、その文案を提示したことを確認している。

⑦では、応接掛は、⑥の樺太の国境確定問題はじめ、使節が示した数々の「厚意」から、ロシアが「信義を守る大国」であり、使節が「別段なる人物」であると確信したので、その旨を幕閣へ報告し、両国関係の「安穏」のために、尽力したい、と結んでいる。

この樺太問題は、再三、述べたように、阿部の訓令の中で唯一、実質的な交渉実施の余地があったと見られるが、応接掛は、五回の「対話」を経て、右のような交渉成果を手にしたのである。それをふまえて、⑦では、「手懐け」策に出る、最大級のリップ・サービスを行ったわけである。

以上の書翰案全体を通観すると、使節が三回目の「対話」で表明し、二通目の書翰では言及されなかった、軍事協力と軍事援助の問題には、全く触れられていないことが目に着く。使節の変化もあろうが、これには一考を要しよう。東北アジア諸国の伝統的な「夷(い)を以(もっ)て夷を制(せい)する」対外政策の理念は、当時のわが国内にもあり、筒井や川路の「応接」方針案にある、前出の長崎貿易参入許可案も、その特権を供与して、ロシアに他の西洋諸国の開国要求を抑えさせようという意図から出たもので、同一の発想に立っていた。したがって、彼らがそれに飛びついてもよさそうだった。しかし、そうならなかったのは、筒井らの見識がその危険性を察知した故か、それとも、これほどの重大事に、幕閣の指示なしに首と突っ込むことを控えたか――おそらくは後者だろう。

また、使節の軍事的脅迫にも、書翰案は何ら反論していない。これも誠に奇異だが、回答延引策を「手懐け」策と綯(な)い交(ま)ぜて、使節に受け容れさせるには、書翰案では、ロシア側を刺激する内容と表現を、可能な限り避けたと見てよかろう。もっとも、「近代」の外交交渉では、反論の表明や留保を行わない場合、相手側の主張を受け容れたことを意味するのが慣習であるとの認識を、応接掛が自覚的に備えていたとは言い難いので、無理からぬところではあったろう。ただ、使節は、五回の「対話」と二通の書翰を見る限り、自国に不利なわが方の主張をノー・コメントでやり過ごした箇所が、唯の一つもなかったことは、留意しておきたい。

応接掛が使節の主張に同感を示したようにも受け取れるのは、レザノフ来航後の半世紀における時世の変化をふまえ、「鎖国」原則の墨守に再考を求める、わが国内の「評論」の存在を紹介した件(くだり)である。この「評論」は、応接掛自身の見解と捉(とら)えても、そうは間違いなかろう。しかし、それが幕府の政策変更へと、一応の帰結をみる過程では、応接掛が繰り返し説いたように、わが近世の国制が、さらに、その後は、次第に混迷の度を増していく幕末政局が、それぞれ堅固な壁となって待ち構えていた。

嘉永六年最後の日露「対話」

以上の書翰案を、使節が披見した上で、中村為弥との「対話」が、次のように行われた（外国三―一八三）。

先ず、使節は、択捉島が日本領であるとの件(くだり)に異を唱え、同島はロシア領に相違ない、と主張した。中村は、直ちに反論し、ゴローニン事件終結時の了解事項をふまえ、「五十年前、其国(そのくに)より申越候(もうしこし)」と、半世紀前に、ロシア側もそれが日本領であることを認めている、と指摘した。これに対して、使節は「百年以前」はロシア領だったと応じたが、中村は、そちらがそのように言うならば、「千年以前」は日本領だった、と再度、反論した。使節はその根拠を質したが、中村は当方の主張にはその「証(あかし)」があると突っぱねた。使節は、それならば、ともかくよろしい、と鉾(ほこ)を収めた。そこで、中村は、択捉島が日本領であることに、ロシア側も異論はないと、当方は了解すると述べ、この議論に終止符を打った。

択捉島の帰属をめぐる、この遣(や)り取りは、中村が「証」を具体的に提示したわけではなかった。しかし、中村の確固たる物言いに、使節は、おそらく、長い歴史を有する日本側にはそれなりの根拠があるのだろうと考え、それを覆(くつがえ)すだけの根拠を提示する用意がなかったためと思われ、この場での応酬を続けることを止(や)めたのだろう。

ついで、使節は、書翰案はこれまでの「対話」での日本側の主張を繰り返しただけで、期待はずれであり、返翰にある「古例(これい)」によって「今事(きんじ)」を律することができない、という意味がわからない内容である、と批判した。使節は、右の返翰の文言が、従来の「鎖国」原則で現在の対外問題を処理できなくなっていることを認めたものと解釈し、書翰案の内容が、では、日本は今後、どうするのか、何ら説明していない、と難じたのである。

中村は、(右の返翰の文言について、使節が解釈する) 意味もなくはないが、現在、将軍職継承に伴い、政務繁多な上、来年(嘉永七年〔一八五四〕)一年間ほどは、その関係の典礼が続き、とても余裕はないが、(ロシア側の要求について) 早急に「取調」を始めることは、書翰案にある通りで、これ以上は、どう求められても、応じようがない、と答えた。

そこで、使節は、ロシア側の主張をあらためて書面にして渡したい、と述べる。中村がそれを了解すると、使節は、その書面の内容に異存がなければ、「調印」(署名) して渡したい、と述べた。中村は、筒井政憲と川路聖謨に報告した上でないと、何とも答えられないので、取り敢えず預かりたい、と応じた。使節は、一、二日後に、その返事が欲しいとしたが、中村は返事の期日についても即答を留保した。

逆に、応接掛の書翰案について、中村は、使節がその内容に異存がなければ、正式の書翰を（年明けの）四日に渡したい、と述べた。これに対し、使節は、書翰案の内容に不同意であり、このままでは帰帆できないと、またしても居座り宣言に出た。しかし、中村は、少しもそれに動ぜず、（それは使節の）「勝手次第」であり、当方からは帰帆を求めない、と突き放した。そこで、使節は四日に応接掛との面会を求めたが、中村は、書翰案の内容で「決着」しなければ、面会しない、と言い切った。使節も、これには仕方なく、書翰案の内容をよく「勘弁」（検討）してみよう、と応ぜざるを得なかった。なおも、中村は書翰案の内容での「決着」が面会の条件であることを念押しし、嘉永六年（一八五三）最後の日露「対話」は終わった。

この「対話」を見る限り、中村が交渉術に長けていたことは確かだろう。択捉島の帰属時期をめぐる応酬での、「千年以前」云々の反論や、問われたその「証」についての確言、また、使節の居座り宣言を「どうぞご勝手に、当方からは帰ってくれとは申しません」と突き放したところには、その面目を顕れていよう。

中村は、天保一〇年（一八三九）の勘定吟味方改役並みへの勤仕を振り出しとした御家人だったが、海防のための江戸近海の沿岸調査や、公金貸付などに携わり、嘉永四年（一八五一）

に勘定組頭への昇進とともに旗本となった、たたき上げの能吏だった。この長崎「対話」以後、勘定吟味役、下田奉行、普請(ふしん)奉行、佐渡奉行を歴任している。勘定吟味役では前出の講武場掛なども勤め、下田奉行ではアメリカの駐日総領事T・ハリスと交渉し「下田条約」(外交文書上)に調印している。その後の経歴から、勘定奉行にこそならなかったが、川路の後継者候補の一人だったと見られる。この中村のように、士分の下位にあった者の活躍と台頭は、諸藩のみならず、幕府でも、周知の開国後ではなく、遅くとも天保期以降には、徐々に進みつつあったと言ってよかろう。

ロシア側の条約案要綱

嘉永六年一二月晦日、同年最後の日露「対話」の際、使節が中村為弥へ渡した書翰は、ロシア側がわが国との間で締結を求める、条約案の要綱であり、それは以下のような内容だった(外国三―一八五)。

ロシア政府の要望を詳細に説明した上は、使節(に残された使命)は「日本重御役人」(応接掛)へ、両国が守るべき「取極(とりきめ)」(条約)(を提示する)のみである。

この「書面」(条約案要綱)と「付属之取極書」(付属協定、史料を欠く)は、今後、(日露)両国が「和平・有益」(平和・互恵)の関係を取り結ぶことが、その趣旨であり、その箇条は左の通りである第一、（日露）「両帝国」の国境は、「異心」（野心）を持たず、相互に侵さない。

第二、（日本は、）ロシアと友好関係を取り結び、「不和」を生じさせないため、いずれかの地を通交の場所として定め置く。別紙の付属協定に定める以外は、（日本が）許可しない港に（ロシアの船舶は）渡航しない。

第三、（日露）「両帝国」の貿易は、その規定の概要を定めておき、（日本側の）回答期限後、貿易協定を（正式に）結んで開始する。

これについて、ロシア使節は、（ロシア人が）日本の港で不法な貿易や不作法を行わないよう取り締まるよう努めたい。

第四、別紙の付属協定にあるように、（日露）両国人民で貿易協定その他の法令に違反した者の取り扱いを決めておく。

第五、（ロシアと結んだ）右の条約など以外の（第三国と結んだ）「諸法則」（諸条約など）で、日本における外国人に関する規定はすべて、ロシア人にも同様に適用される。

これについて、「日本重御役人」は、この要望が適切なものであることを極めてよく承知されている。「日本重御役人」の言明には、日本政府は隣国の故にロシアを他国の人民より「別格」に取り扱う、とあるからである。ついては、（ロシア人を他の諸国の人民へ許したのと）同様に取り扱っていただきたい。
①ロシア政府は、右の「別格」の取り扱い（がなされれば、それ）に、十分に留意するだろう。

したがって、「日本重御役人」は、別紙の「取極」（条約）に調印を延引すべきではない。それは、「日本重御役人」が日本とロシアの「平和・親睦（友好）」関係締結の意義を明白に了解しているからである。

②国境の確定と、ロシアの船舶のために二港を開くことを延引すれば、日本政府にとって、容易ならざる事態が数多生じるだろう。

③樺太の国境については、来春、双方より役人を現地へ派遣することが（長崎「対話」で）決まった。これが来年になって延期された場合、大変に難しい事態になり、後日、ロシア人が日本領内に居住するようになるだろう。

④使節がとくに強調したいのは、「取極書」（条約）が締結されるまで、（ロシアは）択捉島を日本領と認めないことである。また、使節は、確固たる条約が締結されるまで、日本を退帆し難く、日本の港へ再び来航する。その点で、今、条約を締結できれば、難しい事態も起こらない。幕閣の返翰の中に、現在の情勢では、「外民」（外国の人民）との「交易・和親」（貿易・国交）について、「旧法」（「鎖国」法制）に固執し難い、との旨が述べられている。使節の希望は、貿易について、幕閣の返翰の中に述べられた（期限）より早く、開始されることである。

⑤使節がなお強調したいのは、貿易の条約締結がロシアよりも前に他の国となされるならば、隣接する大国（ロシアの要求）を拒む理由はない、ということである。

使節が提示した条約案の要綱は、（1）国境の相互不可侵、（2）国交の樹立と開港場の決定、（3）暫定的な貿易協定の締結、（4）貿易協定違反者の処罰協定の締結、（5）ロシアへの最恵国待遇の供与、の五ヶ条からなる。そのうち、（3）と（5）には使節の説明が付され、さらに、後半で①から⑤にわたり、これまでの「対話」での論議をふまえ、条約締結の必要性が説かれている。

条約案の要綱の（1）から（4）までは、五回の「対話」の中で、使節が主張した事柄だが、（5）はここで初めて持ち出されたものである。これは、直截的には、アメリカ艦隊の再来航を控え、⑤でも想定しているように、同国との国交樹立・貿易許可が先行する可能性が大きい状況をふまえ、それに対処するための措置として講じようとしたものだろう。しかし、一旦、それが条約化されれば、わが国が一方的に負う義務規定である不平等条項として、この条約が改正ないし破棄されない限り、均霑の効力が継続されることとなり、わが国の国際的地位の如何に関わる重大な意味を持ってくる。

（5）については、その説明と①で、応接掛が「手懐け」策から発した、隣接する大国ロシアを他の西洋諸国とは「別格」扱いする、との言質を楯にとり、片務的な最恵国待遇を当然の要求として正当化している。この強かな使節には、「近代」外交という「世間」では未熟な、応接掛の「手懐け」策などは、到底、通用しなかったと言えよう。

しかも、②では、国境確定と二港開港の要求を受け容れなければ、日本政府にとって重大な事態が生じるだろう、と脅迫している。脅迫は、③の樺太現地調査を「空手形」にさせないよう釘を刺した際にも、国境確定が延引すれば、ロシア人の日本帰属予定地への居住の進展を抑止できなくなる、という形でなされている。

どの国に領土として帰属するかが未定の土地について、どの国民ないし民族・人種がそこに居住しているかが、その決定にとって重要な決定因子の一つとなることは、国際法の準則である（西周助訳述『万国公法』第二巻第六・七章〔全集八〕）。使節がこの辺を承知の上で、そう述べていることは明らかだろう。また、応接掛も、二回目の「対話」の中で、川路聖謨が述べているように、わが国の統治下にある人民（この場合はアイヌ）の居住地は日本の領土である、との属人主義の立場を領土問題においてとっているので、③が意味するところを理解したと思われる。つまり、わが方に対して、脅迫としての効果があったろう、ということである。

一方、使節に「対話」の膠着（こうちゃく）状態への焦燥が生じていることも看取できよう。④で、使節は、条約締結が択捉島の日本帰属を認める前提だ、と受け取れる見地を表明している。これは、択捉島の帰属問題で、使節が初めて示した、わが方への譲歩の姿勢である。と同時に、④では、応接掛が条約締結に応じない限り、日本を退帆しない、という居座り宣言も行っている。しかも、今度は、これまで繰り返された、長崎への居座り宣言ではなく、江戸を含む、日本のいずれかの港への回航の可能性を明記した形でのものとなっている。当然、これもわが方への脅迫である。このように、脅迫一本槍ではなく、それを譲歩と併記している点に、使節の焦燥が見て取れよう。

こうなると、日露「対話」は双方の我慢くらべの様相を呈して来た、と言ってもよかろう。

嘉永七年最初の「対話」

応接掛とその随員、長崎奉行とその役人、通詞たちに、嘉永七年（一八五四、一一月二七日に「安政」に改元）の正月はなかったも同然だったろう。前年の大晦日まで、一日おきにロシア使節との「対話」を都合六回も重ね、その間にロシア側の主張を伝える書翰一通をはじめ、その他、「応接」に関わる幾通もの書翰を受け取った上、最後の大晦日には条約案の要綱まで渡され、その翻訳、内容の検討、「対話」への対策、さらにはわが方からの書翰案の作成、そして、使節たちへの饗応など――それらの激務の中で迎えた正月である。とりわけ、条約案要綱の翻訳、その内容と対策の検討は、正月返上の仕事となったことは間違いあるまい。

実際、川路聖謨は、前年の大晦日、中村為弥らの帰りを、夕食を摂らずに「五時頃」（午後八時頃）まで待っていた。その「対話」の模様は、翌日の新年元日に筒井政憲の宿所に会合して、中村から聞いている。川路は、この会合について、「元日よりかくの如し、あまりの事なり」との不快感を覚えている。しかし、通詞の森山栄之助が「死を決し」、中村が「別段」（大変）な覚悟で、当日の応酬を行ったことを知り、「今、戦争あらは、命を捨てるもの多かるへきこと、少も疑へかさす、日本士気之別段なるもの也」と感激している（「長崎日記」嘉永七年正月元日条〈川路六〉）。もっとも、こうした「士気」の持主が、中村や森山といった、士分の下位あるいはそれ以下の者であることに、ここでは留意せざるを得まい。

新年一月二日、中村らは、再び使節の乗艦へ赴き、この年最初の「対話」を、大凡以下のように行った（外国四―三）。

冒頭、新年の挨拶を交わした後、中村は、国交樹立と貿易許可を行うか否かを決定する以前に、暫定的な貿易協定を締結するのは、「いまだ花が咲いていない木に、実を結ばせようとするものだ」と喩えて、条約案要綱の返却を申し出た。当然、使節は反論して、双方の応酬がなされるが、中村が自分の一存で預かったものだから返却すると頑張る。そこで、使節は、受け取らないのなら、江戸へ回航する、とまたしても脅迫に出る。しかし、中村は、それは本気ではあるまいと応じ、もし江戸へ向かうなら、自分はこの艦を動かず、どこまでも乗っていく、と言い切る。ついに、使節も作戦を変え、返却を認めるが、代わりに幕閣宛の漢文の封書と、応接掛宛のそのオランダ語訳を渡したい、と申し出る。中村も、これは了解する。

応接掛宛のオランダ語訳の内容は、その末尾で、返翰に記された期限より早く貿易開始を求めている点を除き、前出の条約案要綱と同じである（外国四―四）。中村や通詞は、筒井ら宛のオランダ語訳の方を読んだはずだから、それを知らなかったはずはあるまい。しかし、幕閣宛の封書ならば、この長崎「対話」の場で、それへの回答を出す必要はなく、回答延引策の方針にも合致するし、江戸回航も阻止できるから、その受領は至極、当然の判断だろう。

それにしても、使節が執拗に暫定的な貿易協定の締結を求めたのは、何故だろうか。使節は、中村との応酬の中で、「三、五年」も待って許可された貿易のあり方が、「唐・紅毛之振合」、つまり、清やオランダの商人に許している、幕府管理下の長崎貿易同様のあり方のものでは困る、と明言している。使節は、それを危惧し、当時の西洋諸国が求めた「自由貿易」を行おうとしていたからだろう。

だが、わが方は、前述したように、筒井と川路の「応接」方針案では、まさしく、その長崎貿易にロシアも参入させてはどうか、というものだった。それすらも、阿部正弘幕閣の認めるところとはならなかった。ともあれ、この使節の発言は、あたかも、筒井らの考えを見抜いているかのようのもので、なかなかの慧眼と言うべきだろう。

ついで、中村は、前年の大晦日に提示した応接掛の書翰案について、内容に異存がなければ、明後日の四日に正文を渡したいと申し出た。しかし、使節は、オランダ語訳との対照を理由として漢文訳を求め、その上で検討して返事をしたいと、前回の「対話」に引き続き、その回答を再び留保した。

最後に、使節は、その一行の上陸時に、わが方が「番船」(警備船)を出動させないよう求めて、やはり中村と応酬になる。中村が「国法」を楯に、それを拒否すると、使節は、上陸時の待遇を改善する、という応接掛の約束に反すると難じ、このままでは、「御国之為」にならないと警告し、上陸できないと脅迫した。しかし、中村は、警備は長崎奉行の所管であり、同奉行は「国法」に基づいて措置しており、応接掛もそれを変更させる権限はないと突っぱねた。これには、使節も根負けしたようで、それ以上、追及しなかった。

この日の「対話」は、中村が応接掛の書翰案の漢文訳を明日（三日）に届けると約して、終了した。

日露「和約章程」案

嘉永七年（一八五四）一月二日の「対話」で、使節が中村為弥へ渡した、幕閣宛の封書は、応接掛宛のオランダ語訳のものとは異なっていた。それは、日露両国が国交を樹立し、それに伴い、両国関係を律する上で、ロシア側が必要と考える諸条項を列挙した、「和約章程」なる条約そのものの草案だった。その内容は以下の通りである（外国四―六）。なお、それがわが方の検討に付されるのは、長崎「対話」の中ではなく、応接掛の江戸帰府後だから、ここでは箕作阮甫らの翻訳により見ていこう。

ロシア帝国皇帝と「日本国の帝将軍」は、「両帝国」の「和睦」（平和と親睦）を約束し、真実の友好関係を樹立すべく、その国境を確定し、恒久的な「和約の章程」を締結することを決意した。そこで、ロシア皇帝はプチャーチンを、「日本帝」は筒井政憲と川路聖謨を、それぞれの「全権欽差」とした。双方の「全権欽差」は、「両帝国」の「利害」を「商議」（協議）し、ともに「専断」（委ねられた両国の主権を行使）して、以下の箇条を約定した。

第一条　今後、ロシア帝国皇帝と「日本帝」の間に、恒久的な友好関係を樹立する。

「両帝国」の領土内において、ロシアと日本の人民は、保護され、平和の恩恵に浴するのみならず、所有権を侵害されない。

第二条 (両国の) 不和の原因を除くため、ロシアと日本の国境を定める。日本領は、北は択捉島および樺太の南端にあるアニワ港と定める。樺太の両国々境線は、延引することなく友好関係が締結されれば、両国の官吏が合同して所在地を画定する。また、本条約に規定されないところは、その時に補定する。

第三条 日本政府は、ロシアの軍艦と商船のため、二港を開く。その一つは、本州の大坂、もう一つは蝦夷地の箱館とする。今後、ロシアの艦船は、これらに碇泊し、また、風波による損傷を修理し、さらに、食料・薪水その他の必要な物資を補給し、その謝礼として、(補給物資の) 日本の「定価」に準じ、ロシアの「品物」を充てる。

両国が友好関係を樹立した後、貿易を行う約定が成立した際は、この二港は貿易場所とする。ロシアの船舶は、この二港および長崎港以外の日本の他の港には寄港しない。ただし、海難に遭い、または、食料や薪水が欠乏して、(直近の開港場にも) 寄港できず、やむを得ない場合は、その限りではない。その場合は、該地の (日本の) 官吏は、(ロシアの) 艦船とその乗組員、とくに漂流民を救助し保護する。(給与した) 食料・薪水その他の物資および艦船の修理に要した費用は、右の (開港した) 二港で償う。また、ロシア人と日本人を問わず、漂流民はすべて右の二港へ送致する。

第四条　右の二港において、「商館」を設置する適地を選定し、ロシア人がその地に家屋、物品の集積場や倉庫を造営することを許可する。「商館」内において、ロシア人は、その（自国の）「風俗」に従い、法制を変更せず、宗教も自由に信仰することを許可するのが「正理」（国際法）であるから、日本政府はこれらを禁止すべきではない。（右の二港に）寄港する艦船は、（それぞれの乗組員が）相互に、または、（開港場の）「商館」と必ず往来できるようにする。

第五条　友好関係の樹立後、両国の官吏が「会同」（会議）し、広汎な貿易協定を締結して、（開港場の）二港で貿易を行う。

ロシア政府は、厳重に国民へ布令して、条約に違反する貿易、とくに「阿片（アヘン）」のような「有害」の物品の貿易を禁止する。もし、ロシア人がこの条項に違反すれば、日本政府はその物品を悉く没収し、違反者をロシア「商館」へ送致する。その場合、同人は、ロシア国へ送還し、（ロシアの）「国法」によって処罰する。

第六条　ロシア政府は、（開港場の）二港に各（商）「館長」一名を置き、日本国に在留するロシア人を管轄させ、日本政府の官吏との折衝を担当させる。日本人は、この「館長」に対し、その「位爵（いしゃく）」（身分・地位）に相応しい「敬礼」（礼遇）を行う。「館長」と「鎮台」（開港場を所管する日本の奉行）および（日本）政府の官吏の関係は対等である。それは、この「館長」がロシア政府から権限を委ねられた官吏だからである。「館長」が病気あるいは欠員の場合、ロシア「商館」の諸職員中、最年長者を選び、新「館長」とする。その場合、（日本は）同人に同様の礼遇を与える。

第七条　ロシア人が日本国内で斬首刑に処せられる罪を犯した場合、同人をロシアへ送還し、日本国の法制により処罰する。微罪の場合、ロシア人の処罰は、「館長」の任意とし、ロシア国の法制に従う。もし、「館長」がそれ相当と判断すれば、ロシアに送還できる。日本人がロシア人に対して罪を犯した場合、日本政府が（日本の）「国法」により処罰する。

第八条　「両帝国」が国境を接し、友好関係を樹立した上、貿易を行うことにも支障なく、日本政府が今後、他国に許可する事柄を生じた場合、ロシア国民がその「寛典」を恵まれないはずがないのが「正理」（国際法）だから、本条約の規定如何にかかわらず、必ずロシア国民へも恩恵が及ぶようにしたい。

ロシア帝国皇帝と「日本国帝軍将」は、相互に「和約章程」の正本(しょうほん)を取り交わす。ただし、一年以内にそれを行う。今は、双方の「全権欽差」が取り交わした文書によって、それに代える。

一八五四年一月一八日三〇日

長崎において、フリゲート艦「パルラーダ」号で署名する

条約案の内容

条約案の前文と後書は、主権者である両国の君主が、それぞれの代理として派遣した全権が、両国を代表して、双方の「利害」を協議し締結する形式をとっている。また、後書では、調印後、一年以内に、両国の主権者である君主が批准（ひじゅん）した正本を交換することが定められており、それによって条約が発効することとなっている。

なお、後書末尾の日付として、一八五四年一月の一八日と三〇日が併記されている。露暦の日付は西暦より一二日遅れるので、一八日が露暦、三〇日が西暦の日付である。また、和暦の嘉永七年一月一日は西暦の一八五四年一月二九日なので、和暦では嘉永七年一月二日の日付となる。つまり、幕閣宛の封書として条約案が中村為弥へ渡された当日の日付となっているのである。

この条約案は、使節が提示した前出の条約案要綱と比較すると、そこには見えなかった重要な規定が少なからず盛り込まれている。

条約案の第一条は、日露両国の恒久的な友好関係の樹立が謳（うた）われている点では、要綱の第二条と同様だが、両国の友好関係を保障する内容として、両国人民の人身と所有権の保護が明記されているところが異なる。

条約案の第二条は、日露両国の国境を、日本領を具体的に明記する形で規定している。すなわち、千島列島は択捉島以南、樺太はアニワ港以南である。さらに、樺太の国境線の画定は、両国の官吏が合同で現地を確認して行うという、その作業手続きも定められている。

要綱の第一条は、国境の相互不可侵を謳うに止まり、具体的な規定を欠いていた。しかし、条約案の第二条では、その第一条の保障規定を補完する意味も併せ持たせ、国境確定の目的を両国間の「不和」生起要因の除去と明記されている。しかも、「対話」で応酬を繰り返した択捉島と、現にロシア軍守備兵が駐屯するアニワ港を、日本領として明記している。これは、条約締結が日本側に有利な結果をもたらすことを示す意図による規定であるのは明白だろう。

そうなると、「対話」における領土問題での、使節の強硬な態度は、どう捉えるべきなのか。とりわけ、択捉島の領有権問題では、応接掛との一回目の「対話」から、この条約案が中村に渡された当日の「対話」まで、使節は、終始、ロシアへの帰属を主張して譲らず、議論は平行線を辿っていた。

一つの可能性の極は、この問題について、日本側の強硬な主張から、使節がそれを覆せないと判断し、条約締結のために譲歩し、択捉島の領有を断念した、というシナリオである。しかし、仮にそうだったとしても、中村に条約案を渡した当日に、急遽、譲歩を決めたとは考えにくい。その「対話」の際、条約案はあらかじめ用意されていたからである。

もう一つの可能性の極は、「対話」の最初から、この条項が用意されており、択捉島の領有権に関する使節の主張は、日本側を条約締結へと誘引する術策だった、というシナリオである。これは、外交交渉術としては古典的な手法だから、案外、真実に近いかもしれない。そうでなかったとしても、「対話」が繰り返される、どこかの時点以降、この問題に関する、使節の主張が術策に転じたことは間違いなかろう。

もっとも、前述したように、術策を弄した点では応接掛も同じだった。しかし、「近代」世界では、国際法の許容範囲で、外交的信義を失わず、自国の威信を損ねることなく、国家の目的と整合的に、それを行うことが求められる（マイネッケ一九七六）。つまり、国家にとって、術策の目的合理性（ヴェーバー一九七二）が問われるのである。その点で、双方をどう評価するかは、両国家の「近代」性の実質的な進展度を秤量する上で、すこぶる興味深い指標の一つとはなろう。いずれにせよ、開国以前、すでに、わが国が、こうした「近代」外交の渦中へと、好むと好まざるとにかかわりなく、否応なく引き込まれていたことには違いあるまい。

条約案の第三条は、ロシアの艦船に対して、海難の退避、欠乏した食料・薪水などの補給、破損の修理、日露両国の漂流民送受のため、長崎とは別に、大坂と箱館の二港を、日本側に開かせる規定である。勿論、二港以外への緊急避難は認められるが、ロシア側は、そこに寄港地の限定し、また、補給や修理の費用を弁償するとしている。

応接掛は、「対話」で、寄港地の無限定と費用弁償の不要という、従来の対応の継続を主張していた。それに対して、使節は、条約を締結して、その両方を改めることを説いていたが、第三条はそれを明文規定したものである。

ただし、使節が「対話」で求めていた、江戸近海での開港は取り下げられ、大坂へ変更されている。これは、江戸近海では日本側の抵抗が大きいと判断したからだろう。しかし、後年の兵庫開港問題の膠着化に鑑みれば、わが国内の政情に疎い、使節の読み違えだったと言えよう。もっとも、応接掛はじめ幕府側も、それが国内政局の最重要問題化しようなどとは、この時点では、毛頭、考えていなかったこともまた確かだろう。

条約案の第四条は、開港地にロシアの「商館」の設置を認めさせる規定である。この「商館」は、ロシア人が、家屋や倉庫などの施設を造営し、自国の風俗・法制・宗教に従って生活できることとなっている。この条項だけ見れば、長崎出島のオランダ商館と同様の性格のものと捉えることもできよう。おそらく、そのように理解して、箕作阮甫らは「商館」の訳語を用いたのだろう。しかし、わが国に在留するロシア人がどのような法的地位に置かれているかにより、「商館」の性格も変わってこざる得まい。

条約案の第六条で、「商館」には、在日ロシア人を管轄する、ロシア政府の官吏である「商館」長が置かれ、ロシア政府の駐日代表として、日本側の官吏と対等な立場で折衝できることとなっている。この「商館」長は、あくまでも駐日民間商人の代表にすぎないオランダ商館長とは異なり、国際法上、外交官としての身分保障と権限を具備する「領事（りょうじ）」なのである。

また、条約案の第七条で、罪を犯した駐日ロシア人のうち、日本の法制で斬首刑に相当する者は、ロシアに送還して、その刑罰を執行するとされ、日本側は死刑相当の重罪人でも刑罰の執行権を欠く規定となっている。それ以下の軽罪人は、「商館」長がロシアの法制によって裁判し刑罰を執行するか、ロシアへ送還できることとなっている。つまり、この第七条は、ロシア側の領事裁判権を認める規定なのである。

これを要するに、自国民の裁判権を有する、領事が駐在する「商館」とは、後年の不平等条約下の「居留地」に他ならない。要綱には、条約案の第四条と第六条に対応する記述はなく、第四条で、貿易協定違反者の処罰協定の締結が謳われていたが、そこで使節が求める内容は明記されてはいなかった。また、それは、それまでの「対話」でも、使節が、一切、言及していないものだった。条約案は、ロシアの求める貿易が、自国の領事裁判権を認めさせ、わが国にとって実質的には治外法権の区域となる、「居留地」を提供させて行うものであることを、初めて明らかにしたのである。

ただ、条約案の第五条は、国交樹立後に協議して締結する貿易協定に、アヘン禁輸規定を盛り込むことを約束している。このアヘン禁輸条項は、後年の「日米修好通商条約」第四条にも盛り込まれ（外交文書上）、アヘン戦争後、清がイギリスと締結した「南京条約」と比較し、開国後におけるわが国の国際的地位如何に関わる重大な意味を有したとされている（加藤一九九四）。使節は、アヘンの流入を貿易開始に対する日本側の警戒感の最大因子と捉え、貿易協定の締結を促進するため、それを起案したのだろう。それは、ハリスの交渉戦術（「米総領事ハリス・堀田老中対話書抄」（外交文書上））に先駆けたものと言えよう。

このように、条約案の第五条には、国交樹立後に貿易協定の締結交渉を行うことは規定しているが、要綱の第三条に謳われているような、暫定的な貿易協定を締結する規定は、条約案には見えない。これは、「対話」を通じて、貿易許可問題について、日本側が暫定的な措置に応ずる姿勢がないことを感得し、それを取り下げたとも考えられる。しかし、要綱の方には、依然として、その要求が残っているので、使節がその可能性を捨て切ったわけでもなさそうである。応接掛が「対話」で縷々説明した、わが国内事情を考慮して、使節が日本側の選択に委ねたものと考えられる。

最後の条約案第八条は、要綱の第五条に見える、ロシアへの最恵国待遇の供与を規定したものである。

以上の条約案を通観すると、長崎「対話」におけるロシア側の要求が、那辺(なへん)にあったかがうかがえよう。国境確定問題を別とし、また、わが国が関税自主権を失う協定関税制が、後日の締結を予定する貿易協定の核心として、おそらく盛り込まれたに相違ないと想定すれば、それは、アヘン禁輸条項をも含め、アメリカに対して、「日米和親条約」と「日米修好通商条約」の二段階に分けて行われた、開国と、それに伴って構築されていった対外関係の骨格と、ほぼ同様の輪郭を描くものだろう。そのことは、対日外交の獲得目標において、ロシアとアメリカに共通点があったことを意味しよう。と同時に、かかる共通点が生じた背後に、この時点ではいまだ姿を見せていない、イギリスの影を認めないわけにはいくまい。

応接掛による最後の「対話」

嘉永七年（一八五四）一月二日の「対話」で、中村為弥が四日に使節へ渡すと述べた、漢文の応接掛書翰案は、一日早く、三日に届けられた。二日の「対話」で、使節も異を唱えなかったので、その内容は案文と異同はなかった（外国四―八）。

四日、川路聖謨が使節の乗艦へ赴き、「対話」が行われた（外国四―九）。これが、応接掛が直接に行った最後の「対話」となった。

冒頭、使節は、昨日届けられた漢文の書翰案の内容に付き、ロシアを他の外国と異なり、「格別之御取扱」をするとあるが、それに相違ないか、と確認した。これに対して、川路は、ロシアは「隣国」であり、他の外国とは「別段之御取扱」をすることを保証した。そこで、使節は、その発言に謝意を表した上、（日本が長崎での貿易を許可している）「唐」（清）とオランダは「別段」として、その他の外国に「通信・通商」（国交・貿易）を許可した場合、ロシアへも同様に許可するか、と重ねて確認した。川路はそれも「勿論」だと答えた。さらに、使節は、「通商」に関する「取極之廉々」（通商条約）を他の外国と締結した場合、ロシアとも同様にするか、も確認した。川路は、「是又、子細有之間敷候」と述べ、これも当然のことだと保証した。使節はこの「二ヶ条」を書面にして渡してくれるよう要望し、川路も了解した。

この一連の「対話」は、今後、わが国が第三国に対して、貿易許可と通商条約締結を行った場合、いずれもロシアへも同様の措置を均霑すること（「二ヶ条」）を、あらかじめ約束したものだった。換言すれば、ロシアへの片務的な最恵国待遇の供与を約束したのである。

こうしたロシアへの一方的な利権供与に、川路が無自覚に同意したのか、と言えば、かならずしも、それは当たらない。川路は、了解の発言に続けて、わが国がロシアを「別格」扱いするのは、隣接する「大国」であり、万一の場合、他の外国に対する「一方之防」となることを期待するからだが、その保証はあるのか、と尋ねている。これは、一方的な利権供与の代償として、わが外交、とりわけ国防への協力・支援の約束を求めたものである。たしかに、その限りでは、ギブ・アンド・テイクの双務的な関係の樹立を求めたわけである。しかし、片務的な最恵国待遇の供与がもたらす、包括的な国益への影響を中長期的に判断する「国家理性」（ボッテーロ二〇一五）がそこに働いていたか、と問われれば、その答はイエスというわけにはいくまい。

使節は、川路に対して、自分としては他の外国が「万一、乱妨狼藉」に及んだ際、「いつく迄も御加勢致し候心得」だが、「本国政府」の対日外交方針は未確定であり、この「二ヶ条」の約束を伝えたい、と述べるに止めた。勿論、その言外に、「二ヶ条」を伝えて、川路が期待する対日方針をとるよう、ロシア政府を説得したい、との意向があることは、川路も察したと見られ、それ以上の追及は行わなかった。

次に、使節は、海難退避のため日本へ寄港したロシア船舶が受けた支援に対して、代金支払いと、支払う港を指定し、書面で通知して欲しいと求めた。川路は、支払い場所の港はあらかじめ指定し難いが、補給した物品を記録しておいて、（わが方における貿易許可の）論定後に支払う、ということで差し支えないのではないか、と応えた。

そこで、この件での応酬がなされる。使節は、そうすると支払いが嵩む、と難色を示した。川路は、ロシア船舶の退避寄港はこれまで二、三度であり、たいしたことにはなるまい、といなした。これにも、使節は、今後は増えることを懸念している、と食い下がる。しかし、川路は、少々嵩んでも、ロシアは隣国であり、救援するのは当然だ、と宥めた。使節も、それ以上の追及を諦め、救援物資の代金支払いを「通商御免之御論定」後まで待つのは、余りにも遅いので、なるべく早い論定を願うとともに、「通商」よりも退避港の指定の方が「差急」必要があるので、早急に「御工風」いただきたい、と求めるに止めた。川路もそれを了解し、「政府」(幕閣)に具申したい、と答えた。

最後に、使節が、これまでの「応接」=「対話」に謝意を表し、帰国して日本の「御旧法御改」を求めた交渉経緯を本国政府へ報告するので、必ず「御法御改」になるよう願いたい、と念を押して、この「対話」は終了した。

ここで注意すべきは、前年の四回目の「対話」で激しい応酬がなされた、海難退避のため、わが国へ寄港したロシア船舶に救援した物品の代金支払いについて、川路がそれらを記録して開国後に清算する方案を示して、支払い自体を否定しなかったことである。さらに言えば、この方案があたかもロシアへの開国、そして貿易許可の、わが方での論定が、その時期の早い遅いはあっても、既定路線ででもあるかの如き認識を、使節と共有する下で提出され、そうした認識に立って、使節もそれを了解したことである。

これは、「応接」の根幹をなす術策である、回答延引策と「手懐け」策の、みごとな成果と見ることもできよう。つまり、応接掛は使節を完璧に丸め込んだ、というわけである。しかし、川路が提示した方案は、退避船舶への救援物資の代金受け取りを認めるものであり、明らかに、それは当初の「応接」方針にはない、実質的な外交交渉と化した「対話」の中から生じた、わが方の外交的な譲歩だった、と言えよう。

しかも、それは、後日の「日米和親条約」締結の際に、当然のこととして、同条約へ盛り込まれている（外交文書上）。その意味では、先の片務的な最恵国待遇の供与ともども、この日露長崎「対話」は、アメリカ艦隊再来航時における日米神奈川「対話」の前提、それも対日要求に対する幕府の許容範囲を政策的に確定する上での前提となった、と見てよかろう。

最後の日露長崎「対話」

嘉永七年（一八五四）一月六日、中村為弥は、使節の乗艦へ赴き、「対話」を行った（外国四―一四）。これが最後の日露長崎「対話」となる。

冒頭、中村は、前々日の四日に、使節が求めた「二ヶ条」を認める応接掛の書翰を、使節へ渡した。その内容は、①今後、わが国が他国に貿易を許可することとした際、ロシアをその最初の相手国とする、②今後、他の第三国に対して貿易を許可する場合、貿易およびその他の関係において、ロシアをそれと同様に取り扱う、というものだった（外国四―一五）。使節は、それを受けとり、こちらも書翰を渡したいと応じた。

実は、ロシア側も、「二ヶ条」の承認を求める応接掛宛の書翰を前日の五日に認（したた）めており、それが中村へ渡された。その内容は、②は応接掛の書翰と同じだったが、①は、ロシアを最初の貿易許可国にする、というのではなく、第三国に許可した場合、ロシアにも必ず許可することを求めたものだった（外国四―一三）。

両方の書翰の内容を比較すると、ロシア側の方が外交的なリアリティがあるものの、要求としては、わが方が与えた内容よりは一段下回るものだと言えよう。応接掛は、使節の要求内容を誤解したのではなく、この件で相手側の要求以上のリップ・サービスを行ったのだろう。勿論、実際は、周知のように、ロシア側の想定通り、アメリカへの開国が先行することとなる。

次に、中村は、樺太現地調査実施に関する使節宛の応接掛書翰を渡した。その内容は以下の通りである（外国四―一八）。

> 樺太はわが国の領土と考えていたが、今度の「対話」で「南寄之方（みなみよりのほう）のミ」がわが領土と（する使節の主張を）聞いた。しかし外国で出版された地図にも、およそ島の半分、（北緯）五〇度を（日露両国の）国境とすることが見えているので、追って（わが国から）現地調査の者を派遣するまで、国境の確定は行い難い。

使節は、書翰に記された、両国の国境線を「（北緯）五〇度」で引くか否かをめぐる争点の存在を認め、双方立ち会いでの現地調査の早急な実施と、それをふまえて国境の確定を求めた。中村は、応接掛の書翰に記された、わが方の主張を繰り返した。しかし、使節は、それに応ぜず、そうした懸案解決のためにも、条約締結が急務だ、と述べるに止めた。中村も、それを受け、応接掛に使節の意向を伝える、と答えた。

その後、中村は、使節が「近日出帆」とのことなので、送別の饗宴を催したいと述べ、この六日の「対話」はその打合せを行って終了した。

最後の「対話」の際、応接掛が使節に与えた二通の書翰のうち、樺太現地調査の実施を約束した方は、再三、述べたように。当初の「応接」方針④にもあり、応接掛の裁量範囲内のものと見てよく、内容的にも、国境問題での譲歩を行ったものとは言えず、むしろ、わが方の主張を相手側に疑問の余地なく伝えた、と言ってよかろう。

しかし、もう一通の片務的な最恵国待遇の供与を約束した方は、前出の嘉永六年一二月晦日の「対話」の際に中村が使節に渡した応接掛の書翰案（使節が四日の「対話」でその内容をその漢文訳で了解し、正文になったと見てよかろう）とともに、使節が日本側の全権代表として扱ったことに、特段に異を唱えない（従って、国際法上、そう認めたと解される）応接掛が発給した外交公文としての、その性格上、前述したように、ともに看過し難い問題性をはらんでいた、と言わざるを得まい。

それはまた、回答延引策と「手懐け」策という対露「応接」方針の根幹をなす術策がはらむ問題性を如実に示しているとも言える。しかも、この術策が、応接掛の筒井政憲と川路聖謨という、阿部正弘幕閣にあって対外政策を担当する中核をなす両名が、前述したように、ペリー艦隊来航直後から、開国要求への対策の決め手として考案したものだった。そこに、アメリカ艦隊の再来航を控え、その後の事態の推移を予兆しているところがあろう。

プチャーチン艦隊の退帆

ロシア使節（プチャーチン）は、来航後、半年もの間、長崎での碇泊を余儀なくされたが、嘉永六年一二月二〇日から翌七年（一八五四）一月八日まで、応接掛（筒井政憲と川路聖謨、六回目は川路のみ）と六回、その随員幹部（中村為弥）と三回、合わせて九回の「対話」を一日おきに行い、また、応接掛や幕閣へ数通の書翰を送り、ロシアが国書で求めた、国交樹立・貿易許可と樺太・千島列島の国境確定の二件について、ロシアの主張を伝え、日本（幕府）の主張も聴取した。

さらに、使節は、ロシアが両国の最終的な妥結点と考える条約案を日本（幕府）へ渡す一方、応接掛からの三通の書翰という形の外交公文を得た。それにより、二件の要求を日本（幕府）に受諾させ、それを国際法的に確定する条約を締結するには至らなかったが、そこにアプローチする外交上の足場を築き、初度の交渉使節としての役割は果たした――帰国後、本国政府へ、そのように説明できると、使節は考えたのであろう。

なお、ロシア側は、最後の「対話」の翌々日、八日に、長崎を退帆する際、樺太の国境に関する応接掛の書翰に反論する書翰を渡すことを忘れなかった（外国四―一二）。最後まで、使節は、

「近代」の外交作法に忠実だったと言えよう。

応接掛は、翌日の九日、ロシア使節一行が長崎を八日に退帆したとの急報(外国四―一三)を、前報以後の「対話」の模様、とりわけ樺太現地調査実施の件を報じた、四日付の書翰など(外国四―一〇・一一)とともに、長崎掛の勘定奉行(松平近直と石河政平)に宛てて江戸へ送った。応接掛の目付荒尾成允も、同僚の目付たちへ、同じく九日、同様に報じている(外国四―一四)。

かくして、ロシア使節の長崎「応接」は終了したのである。

ここで、いささか煩瑣にわたったが、その経緯の一部始終を追跡して述べたのは、その「応接」という対応のあり方が、ペリー艦隊再来航時の「予行演習」となったに止まらず、その結果として現出する、開国後の対外関係を構成する諸要素の、ほとんどがそこに出揃っている、と見られるからである。また、それは、わが国が本格的に体験した、最初の実質的な「近代」の外交交渉であるとともに、今日に及ぶ日露両国間に横たわる未解決の懸案の起点をなすと思われるからでもある。

三　開国への道

アメリカ艦隊「打払」地点の諮問

ペリー艦隊によって待ったなしで突きつけられた開国要求への対策論議、また、その対策を実際に講ずるために始められた幕政改革、さらに、長崎に来航したプチャーチン艦隊への「応接」などに雁行して、再来航するアメリカ艦隊への「応接」の準備も進められていった。

嘉永六年一二月九日、阿部正弘幕閣は、評定所の一座（三奉行）と、海防掛の大目付や目付らに対し、明年、再来航するアメリカ艦隊への対応方針、とりわけ「打払」（軍事力の行使による撃退）を実施する場合について、以下のように諮問した（外国三―一〇二）。

再来航したアメリカ艦隊の挙動が、許容し難い「乱妨」（不法行為）と認定するに至る「機会」（場合）をあらかじめ定めておくことは「大切」である。そこで、以下の通り諮問する。

①再来航したアメリカ艦隊を「浦賀沖」で「乗留」（停船させ）、そこで「万端」（一切）「応接」することとするが、状況によっては、強引に「内海」（三浦半島の観音崎と房総半島の富津を結ぶ線より内側の江戸湾内）へ進入しないとも限らない。

②その際、今夏のように、進入させてしまうのは避けられない「形勢」だが、「何方」（いずれの地点）から内側へは絶対に進入させないと定めておき、また、「小船」で海上を乗り回させず、あるいは、みだりに上陸させないようにする。

③そうした制止を無視する挙動に出たときは、「国禁」上、放置し難い、と説諭する概要をあらかじめ決めておく。

④その説諭にも従わない挙動に出たときは、「打払」を要する「機会」（場合）である。

⑤以上を定めて、浦賀（江戸湾口）の海防を担当する四藩（三浦半島側は熊本・長州両藩、房総半

島側は岡山・柳河両藩）および内海担当の諸藩（彦根・川越・会津・忍・鳥取藩など）にあらかじめ通達しておかないと、アメリカ艦隊の「乱妨」を見過ごして後手に回り、海防を担当する諸藩の将兵の士気を挫くことになりかねない。

⑥これらをよく勘案して、アメリカ艦隊の進入を、江戸湾内のどの地点で食い止めるのか評議し、その結果を答申せよ。

この諮問は、「打払」の発動を、再来航したアメリカ艦隊が江戸湾の内海のいずれの地点にまで進入するかによって決定するという前提に立ち、その地点の特定を評議するよう指示したものである。その目的は、⑤にあるように、江戸湾の海防担当諸藩が実地に際して混乱し、後手に回り、士気を阻喪するようなことにならぬところにある。

しかし、これを裏返せば、アメリカ艦隊の進入地点という、「打払」の発動を明瞭な形に限定し、前述したように、一一月一四日に配備が発令されたばかりの、海防担当諸藩の暴発を抑止する措置だったとも言えよう。

アメリカ艦隊の「応接」態勢

嘉永六年一二月一五日、浦賀奉行の井戸弘道を大目付へ昇進させ、同奉行の後任に無役の伊沢政義（緑高三二五〇石）を任じた（外国三―一一九）。この人事は、アメリカ艦隊再来航時の「応接」態勢を整えるためのものだった。

伊沢は、天保一〇年（一八三九）三月に浦賀奉行、同一三年（一八四二）に長崎奉行を務めていた折、目付鳥居忠耀の指示で高島秋帆を捕縛し、また、オランダ国王の開国勧告をもたらした同国使節との折衝、さらに、来航したイギリス船への対応に当たるなどした。長崎奉行退任後、西丸留守居まで昇進していたが、秋帆捕縛の件を咎められ、弘化三年（一八四六）七月、御役御免・差控となっていた。阿部正弘幕閣は、かつて自ら処罰した幕臣をも、対外折衝の経験者の故に再登用したのである。なお、もう一名の浦賀奉行で、前述したように、ペリー艦隊来航時に浦賀在勤だった、戸田氏栄はそのまま在任している。

ついで、その翌日、一六日、阿部は、アメリカ艦隊再来航時に浦賀へ出張し、浦賀奉行（伊沢と戸田）と「万端」相談して、その「応接」に当たり、「御国威」が立ち「後患」が生じないようにせよと、大目付の井戸、（江戸）町奉行の井戸覚弘、目付の鵜殿長鋭と堀利熙（織部）に命じた（外国三―一二二）。

再来航するアメリカ艦隊の応接掛に任ぜられた四名のうち、大目付の井戸は、前述したように、浦賀奉行としてペリー艦隊に対応した上、最も早い時期に、その開国要求への対策意見を阿部幕閣へ提出していた。町奉行の井戸は、弘化二年（一八四五）に長崎奉行に任じ、嘉永二年（一八四九）八月に現職へ転じていた。鵜殿と堀は、ロシア使節の応接掛となった目付の荒尾成允が、江戸へ「応接」の模様を逐次報じていた、同僚の目付だった。

これを要するに、いずれも対外折衝の経験や最新の知見を有する、四名の応接掛と二名の浦賀奉行で、再来航するアメリカ艦隊の「応接」に当たらせようというわけである。

アメリカ艦隊再来航時の対応方針評議

阿部正弘幕閣は、再来航するアメリカ艦隊への対応に、どのような方針で臨もうとしていたのか。
嘉永六年一二月付で、幕閣は、以下のように、目付たちに諮問している（外国三―一九〇）。

アメリカ艦隊再来航時に浦賀へ出張する面々は、なるべく「平穏」な「行粧」（旅行の衣服）とするが、「万一」の場合、次のような心得でよいか、諮問する。

①出張の際に随行する「供連」（警固に当たる家臣）の「人数」（兵力）などは、今夏の（ペリー艦隊来航時の）申し合わせの通り、「両山」（東叡山寛永寺と三縁山増上寺、ともに歴代将軍の廟所やその妻子の墓所がある）の出火時における、騎馬での出動態勢と同様、「火事具」（火事装束、火災鎮圧出動時に着用する防火衣服）に弓や鉄砲を携帯し、甲冑は長持に入れるか包み、「纏」（火災鎮圧出動の標識具）を持参してよいか。

②出張後、状況により、さらに「馬廻一隊」（騎馬の武士に指揮される徒士（歩兵）部隊）の「人数」（兵力）を呼び寄せる場合、「小具足」（甲冑の下に着用する軍装）の上に「陣羽織」を着用させるが、甲冑は各自が背負うか、それとも別に運ばせるか。

③右以外に、動員する「人数」（兵力）の武装をどのようにするか。

再来航するアメリカ艦隊への対応は、できるだけ「平穏」な形で行おう、というのが阿部幕閣ならない。

の基本方針である。しかし、相手のあることだから、当然、「万一」の場合にも備えておかねば

その内容が目付への諮問事項で、第一陣は江戸城出火時に準ずる「両山」出火時の態勢に武器携帯で現地へ出動させ、第二陣は准軍装で出動させてよいか、また、第三陣以下はどうするか、というものだった。

はたして、赤穂浪士の吉良邸討ち入り同様の火事装束に、鉄砲の携帯と甲冑の用意を付加した程度の武装で、一体、「万一」の場合に事が足りるのか、すこぶる疑問だが、阿部幕閣が、一応、その程度の備えまでは考えていた――そのことは確かである。もっとも、「纏」持参の可否まで諮問しているのには喫驚しよう。

この諮問に対して、同じ一二月付で、目付たちは以下のように答申している(外国三―一九二)。

①アメリカ艦隊が浦賀へ再来航した際、とくに「乱妨」に及ばなければ、要所への警備兵力の配備や、その「屯所・寄場」(駐屯所・駐屯地)の設営は行わず、なるべく「穏便」に対応すべきである。しかし、「万一」「内海」へ乗り入れた場合は、たとえ「暴慢之所業」(許容し難い不法行為)がなくとも、「異情」(アメリカ艦隊の意図)は推測できないので、警備動員を実施し、幕府諸役人を江戸城へ総登城させ、その際は火事装束が相当である。

②さらに、「戦争」に及んだ場合、将軍の「名代」が動員した将兵を指揮することになろうから、将兵は「小具足」の上に「陣羽織」を着用した准軍装が、全軍の士気を鼓舞する上

からも妥当である。

③状況により、「馬廻り」の部隊を現地へ呼び寄せる場合の軍装は、諮問の通りでよい。

④（将軍の「名代」が全軍を指揮するために）出張する場所は、状況にもより、あらかじめ特定できない。しかし、増上寺には山門もあり。海上を一望し、羽田まで見渡せ、三ヶ所の台場の動静も見て取れるので、都合がよい。また、「浜御庭」（浜御殿、現在の浜離宮）も軍事的に「枢要」の場所であり、付近の警備態勢や「船手」（幕府の水軍、江戸湾に面した城構えの浜御殿には将軍が乗船する舟入があった）の指揮も行き届く所である。この両方の場所のいずれかを（名代の）「出張所」に選定すればよかろう。

⑤江戸城中に幕閣が揃って控える方が、（戦時の）「諸事」を評議して指示を下し、幕府諸役人の「建議」についても速やかに評決できるので、便利である。しかし、「三軍之惣司」（全軍の総指揮官）が（前線へ）出張すれば、諸藩はもとより、全軍の士気を一層に増すだろう。戦端が開かれた場合は、「名代」として（老中のうち）誰か一人でも増上寺へ出張されるべきである。もっとも、（「名代」が親率する）「人数」（兵力）は、「小具足」の上に「陣羽織」を着用する形でよい。

⑥若年寄衆は、「寄場・屯所」などを設営した場合、同所と浜御殿に一名ずつ出張し、それらの指揮を執れば、（諸藩や幕臣が混成する動員兵力など）「諸向」の「取締」（統制）もよくなるだろう。もっとも、その際は、火事装束で武器などを用意する形でよかろう。

以上、諮問を受け、目付一同が評議した結果を文書にて答申する。なお、諮問の指示文書は返却する。

目付たちは、「穏便」に対応するという基本方針や、実戦に及んだ場合の動員兵力の軍装や装備について、阿部幕閣の見解に賛同した上で、④~⑥で、実戦に及んだ場合を想定して、諮問にはなかった将軍の「名代」（老中を想定）の前線出張（増上寺ないし浜御殿を想定）と全軍指揮や、浜御殿などの軍事拠点への若年寄の出張と指揮を求めている。

これは、阿部幕閣としては、おそらく予想外の反応だったろう。しかし、幕府諸役人中の精鋭とされる、目付たちにとって、火事装束での出動によって形だけ整えるのでは、到底、動員した諸藩の士気を確保することは難しいと考え、せめて将軍「名代」による前線指揮が必要だ、と判断したものと見られる。

この目付たちの意見に対して、阿部幕閣がどのように応えたか——そこに、実戦に及ぶ可能性への、阿部幕閣の覚悟のほどが推量されよう。

阿部正弘幕閣の再来航時対処方針

阿部正弘幕閣は、アメリカ艦隊再来航時にどう対処しようとしていたのか。

阿部幕閣は、嘉永六年一二月二八日、老中のうち、阿部と牧野忠雅を海防掛に任じ（外国三一一七六）、この両名によって、再来航時に、臨機応変の措置が速やかに講ぜられる態勢を整えた。

これは、前出の目付たちが求めた将軍「名代」と看做すことはできまいが、再来航に対処する、阿部の主導性を強化する措置だったことは間違いなかろう。問題は、その主導性がいずれの方向へと、アメリカ艦隊に直面する、応接掛をはじめとする幕府諸役人や、江戸湾の海防担当諸藩を導こうとしているかである。

また、同日、阿部が、再来航時に、状況によって、その「応接」を鎌倉で行うべく、浦賀奉行配下の組頭黒川嘉兵衛（くろかわかへい）（のち一橋慶喜の筆頭用人、幕府の目付へ昇進、禄高も三〇〇俵へ加増）を現地へ派遣し、「対話」の会場などに用いる寺院の修繕の手配や、通行に用いる道路や橋梁などの内密調査に当たらせる措置をとったことが、応接掛の町奉行井戸覚弘へ通知されている（外国一―一七四）。これを受けて、応接掛の井戸弘道・井戸覚弘・鵜殿長鋭の三名は、一二月付で、浦賀奉行に対し、再来航に伴う出張時の宿舎を浦賀とともに、状況によっては必要となるとして、鎌倉にも確保するよう達している（外国三―一九三）。なお、この達の差出人に、もう一人の応接掛である堀利煕の名が見えないのは、理由は不明だが、同人が「控（ひかえ）」（出仕停止）となっている（外国三―一二二）ためだろう。

こうした動きを見る限り、今夏の来航時は、前述したように、浦賀と岬一つ隔てて江戸湾の外側に位置する久里浜で応対したが、再来航時はさらに外側の、三浦半島の西側に位置する、鎌倉で「応接」しようという構えがとられていたことは間違いなかろう。勿論、これは、「応接」会場となる施設の確保を考慮してのこともあろうが、アメリカ艦隊を江戸湾から完全に退去させられる上、一方は相模湾に面し、三方は山に囲まれて、東海道からも離れ、切り通しで人の出入りを管理できる、鎌倉の地へ追いやる算段であることは明らかだろう。

もっとも、そのように、阿部幕閣の思惑通りに事が運ぶとは、今夏の来航時の経緯から見ても、考えにくい。むしろ、逆に、アメリカ艦隊が江戸湾の内奥へと進入して来た場合、どうするか――こちらに備える方が、より現実的だろう。

右の二つの措置を発令した翌日の二九日、阿部幕閣は、江戸湾の海防を担当する諸藩へ、以下の通りに達している（外国三―一八〇）。

> 「異国船」（アメリカ艦隊）が再来航した際、浦賀で停船させることは勿論だが、今夏に来航した折、（武蔵国久良岐（くらき）郡）小柴（こしば）（現・横浜市金沢区）・杉田（すぎた）（同磯子区）沖までも進入し、江戸湾内海の針路を大体会得（だいたいえとく）しているので、来年の再来航時も、「蒸気船」などによって、（わが方の）「乗留船（のりとめぶね）」（江戸湾に来航した異国船の針路に立ち塞がり、停船させるために用いる小船）では（追いつくには船足が遅くて）間に合わず、たちまち富津・観音崎（を結ぶライン）を越えて、内海へ進入しないとは推測し難い。
>
> その場合、各藩の「持場（もちば）」（警備担当区域）を通過することを「不法」行為と認め、当方から「無謀」に開戦すれば、容易ならざる「後患」をもたらすだろう。そのような場合は、各藩とも浦賀奉行配下の役人を「早船（はやぶね）」（緊急時の連絡などに用いる船足の速い小船）に乗船させて（来航したアメリカ艦船へ）派遣し、停船させた上、（内海への進入が）国禁であることを説諭し、

浦賀へ引き返させる、という方針だと心得て、相手側から開戦するまでは、動揺せず、勇気を貯めておかれたい。

もっとも、「異国船」が各藩の「持場」を通過したとしても、「平和」な状態であれば、各藩の「越度(おちど)」(失態)とはならないので、そのことを家臣たちへ十分に説明されたい。

詳しくは浦賀奉行と十分に相談し、不都合がないようにされたい。

阿部幕閣は、江戸湾の海防を担当する諸藩に対し、再来航したアメリカ艦隊が内海へ進入することが大いに予想されるとした上で、その場合、停船させ、浦賀へ引き返すよう説諭するだけに止(とど)め、相手側から開戦せぬ限り、わが方から攻撃することを「無謀」であり、重大な「後患」を招く行為として、厳禁している。そして、たとえ警備担当区域を通過されても、相手側が戦闘行動をとらない「平和」な状態でのものであれば、当該藩の失態にならないとし、そのことを家臣たちに周知徹底するよう指示している。

要するに、阿部幕閣が危惧しているのは、海防担当諸藩が暴発して、アメリカ艦隊との実戦に及ぶ事態なのである。しかも、江戸湾の「絶対防衛圏」とされた内海への進入を許しても、わが方からは開戦しない方針なのである。

これは、阿部幕閣が、同年一二月九日に、評定所の一座(三奉行)と、海防掛の大目付や目付らへ諮問し、江戸湾内海にアメリカ艦隊の進入停止地点を設定し、それを越えた場合、わが方から「打払」行動に出ようとした対処方針案が、放棄されたことを示している。この諮問への答申の有無、それがあったとしても、その内容について、嘉永六年末までの時点では、史料によって確認できない。しかし、その答申の如何にかかわらず、この達によって、阿部幕閣が、わが方から開戦に及ぶ条件を事前に設定する対処方針をとらなかったことは明らかだろう。

したがって、同年一二月付で、目付たちが諮問への答申で求めた、開戦時の将軍「名代」(老中を想定)の前線出馬と全軍指揮という件も、阿部幕閣がはたしてそれを検討したのか、はなはだ疑問だろう。右の対処方針では、わが方から開戦に及ぶ特定の条件は存在せず、しかも、アメリカ側が「平和」な態度をとる限り、わが方が開戦する可能性は全くないこととなる。そして、対露長崎「対話」で行っているように、遅速や内容の如何はあるものの、その要求に応ずる姿勢を示せば、アメリカ艦隊も直ちに開戦に及ぶことはなく、「平和」な態度を持するだろう。さすれば、双方ともに開戦する可能性はなくなり、開戦時の動員や戦争指揮の態勢を論議する必要もまた、なくなるはずだろう。

そうなると、幕府内で論議すべきは、アメリカ側が、その要求にどこまで応ずれば、「平和」な態度を持したまま帰航するのか——その一点に尽きよう。その判断は、再来航時の「応接」での「対話」の推移如何にかかっているだろう。また、それをあらかじめ予断することは、それができるか否かをも含め、長崎「対話」の経験を参考とする外に、その判断の手がかりはあるまい。しかし、長崎の応接掛からの報告第一便が、嘉永六年中には江戸へ届かなかったことは、前述した通りである。

江戸湾内海進入時の江戸市中対策

開戦に及ぶか否かはともかく、再来航したアメリカ艦隊が江戸湾の内海へ進入した場合、諸藩や幕臣を沿岸警備に出動させざるを得ないことは明らかだった。そうなれば、江戸市中の動揺は避け難くなろう。

嘉永六年一二月付で、（江戸）町奉行（井戸覚弘と池田頼方）は、勘定奉行石河政平と勘定吟味役立田岩太郎（正明、禄高一〇〇俵、天保一四年（一八四三）一二月八日より同役に在任）へ、右の事態に至った際の江戸市中対策について、以下のように照会している（外国三―一九四）。

①本年六月、浦賀へアメリカ艦隊が来航した際、もし江戸湾の内海に進入した場合、配下の与力・同心たちを江戸市中の町々へ出動させ、市民の動揺を鎮静させ、高齢者や子どもたちを立ち退かせるなど、一連の江戸市中対策について、幕閣へ伺い出た。

②そのうち、住所を立ち退き、（飲食に欠乏して）「飢渇」に及んだ者たちを、与力・同心が調べ、各町の町会所を巡回して、町会所それぞれの責任で該当者を把握し、小菅の「御囲」の構内へ収容した上、身寄りの者に引き取らせるか、あるいは、元の住所へ帰らせるか、適宜に措置するとの対策が了承されている。

③来春の再来航時も同様に措置してよいか、阿部正弘老中首座へ伺い出ようと考えている。この件については、今夏、幕閣から貴職方（石河と立田）へも通達があったろう。しかし、（今夏の際、）小菅の「御囲」における（飲食などの）準備について、（所管する勘定奉行らから町

奉行へ）相談がなかった。

④江戸市中の「数万之人民」が小菅へ立ち退いた場合、かねて、その十分な準備がなければ、たちまち（飲食などに）差し支え、「御救（おすくい）」（飲食などを無償で支給する救護）の措置も無意味なものとなってしまうと、大変に懸念し、貴職方も同様だろうが、恐縮している。早々に、その「取調」（調査と対策の立案）について相談した上、（小菅の「御囲」を）管掌する担当者へ指示を出して欲しい。また、配下の与力・同心の担当者へも指示を出したい。さらに、そこで勘案すべき事柄も伺っておきたい。

⑤早急に（幕閣へ）江戸市中対策について伺い出たいので、右のように上申することを、貴職方へも（いずれ幕閣から）指示があろうから、あらかじめ通知しておく（末尾の追記に、この上申が阿部に了承されたとある）。

⑥（江戸市中の各町の）名主たちから町奉行の役所へ、あれこれ伺い出た中に、再来航時に、万一、「店々其日稼之もの」（たなだなそのひかせぎのもの）（長屋住まいするその日暮らしの者、下層住民の日用層（ひよう））の生業が成り立たなくなり、「犬食（いぬぐい）」（野良犬のように、食べられそうなものを手当たり次第に食い漁（あさ）ること）にも差し支えるようになった場合、（各町の）町会所から「握飯（にぎりめし）」を配ると布達して、食料を懸念しないようにさせたい、と内密に申し立てた箇条がある。

⑦これは、もっともなことだが、臨機の措置なので、前もっての指示はなし難いが、申し立ての趣旨は町奉行も了承していることを、市中取締を担当する与力らから、名主たちへ申

し聞かせておくことを、阿部老中首座へ上申しておいたので、これもまた（貴職方へ）通知しておく。

右のうち、①～⑤は、今夏のアメリカ艦隊来航時に、江戸市中の高齢者や子どもたちを住所から立ち退かせ、そうした避難民のうち、落ち着き先がなく、飲食などに欠乏した者たちを、小菅の「御囲」に収容する対策が講ぜられたが、再来航時も同様の措置をとることを阿部幕閣へ上申し、了承された件である。町奉行は、今夏の際、小菅の「御囲」を所管する勘定奉行や勘定吟味役から何らの相談もなかったことを問題視し、十分な飲食などの準備がなされなければ、数万の避難民に対する「御救」も無意味になるとの懸念を表明し、勘定奉行らに対して、早急な協議を求めたのである。

また、⑥・⑦は、江戸市中の各町の名主たちから、再来航時に日用層の下層住民が働けず飲食に欠乏する事態に至った場合、炊き出しを行い、彼らに「握飯」を配ることが上申され、内諾を与える件である。こうした災異時における江戸市中の自治的な救恤（きゅうじゅつ）の態勢は、寛政改革以降、町奉行所が上層住民の町人たちと、いわば共同で構築して来たもので、江戸という大都市の社会的な安全装置をなしていた（藤田一九九三・二〇一二）。再来航時にも、それを発動しようというわけである。

この後段の件を勘定奉行らへ通知したのは、江戸の町民たちもそこまで考えている事実を引き合いに出して、幕府が行う救恤措置である、前段の「御救」を実効的なものにする必要を、勘定奉行らに納得させるためだろう。

だが、それだけではない。町人の自治的なものであれ、幕府が行う統治行為としてのものであれ、江戸の下層住民に対する救恤が疎か（おろそ）になれば、再三、引照している佐久間象山による幕府瓦解の想定（シミュレーション）にあったような、「前門の虎」（異国船の来航）が「後門の狼」（江戸市中の騒乱）を招きかねない。町奉行の「懸念」が真に所在するところはそこであり、勘定奉行らに対して、財源の斟酌以上の重大性がそこにあることを認識させたかったからだろう。

いずれにせよ、アメリカ艦隊の再来航が江戸市中の騒乱を惹起することへの、危惧と警戒のみならず、共同でそれを抑止ないし対処する仕組み（システム）を、統治者と住民社会が共有するところまで、わが国における国家と社会の連関構造が到達していたことは、開国を前にした、わが国の有り様を考量する上で、是非とも留意しておきたいところではなかろうか。

朝廷の再来航時対策

阿部正弘幕閣が、アメリカ艦隊の再来航時に「後門の狼」になり得るものとして、第一に警戒・対処しておかねばならぬのは、江戸市中の騒乱よりも、それへの対処をめぐる幕府内部での論議が幕政＝国政を不安定化させることだったろう。

幕府諸役人・諸大名については、アメリカ国書受領後、半年間における評議の指示や諮問、それらへの答申を通じて、再来航時に「穏便」に対処することへの、強硬な反対、いわんや、それに反発した動きが、彼らの間から惹起される危惧を、阿部幕閣が抱いた形跡は認め難い。

しかし、二つの問題が残されていた。一つは朝廷の動向であり、もう一つは徳川斉昭の動きだった。

嘉永六年一二月二八日、朝廷では、幕府との連絡調整役である、武家伝奏の三条実万が、公卿以下の公家に対し、以下のように達している（外国三―一七二）。

近年、「異国船」が頻繁に来航して来ており、とくに今年は浦賀や長崎へ入港し、「書翰」（国書）を呈して「通商」（貿易）の許可を求めている。これは、状況によっては、「御国体」にかかわるような事態になりかねず、容易ならざる問題であることが、幕府より通知され、（孝明）天皇へも達した。

もっとも、幕府は、海防を強化して、その対策に尽力しているが、「夷情」（野蛮な外国人の考え）は推測し難いので、天皇は大変に心配されている。そこで、天皇は、諸神社へ指示され、「神州」（わが国）を汚されず、「人民」を損なうことがないようにと、祈願された。

右の「異船」（アメリカ艦隊）が今後、再び来航しても、（幕府は）「平穏」に「応接」するはずだが、相手側から戦争を仕掛けないとも限らないので、あれこれと、天皇は大変に心配されている。現在、特別に異常はないが、開戦する事態もあり得ることを、（公家）一同が覚悟しておくよう指示せよと、関白（鷹司政通）より命ぜられた。

来年（嘉永七年）は、月次（月例）の「和歌御会」（歌会）も天皇から開催の指示はなく、（代わりに、右の）祈願された諸神社へ「御法楽」（雅楽や舞楽、和歌などを奉納する行事）を行う。この件は必ず周知せよ。

全ての公家を対象とした、この通達は、関白（鷹司）―武家伝奏（三条と坊城俊明）が主導して発出されており、その背景に、阿部幕閣―京都所司代（脇坂安宅）との連携があることは間違いなかろう。また、この通達は、幕府が前出の「大号令」を発出したことを、公家たちへ伝えるためのものだったともいう（『維新史料綱要』巻二）。

そこでは、今年、浦賀と長崎へ貿易の許可を求めて「異国船」が来航し、「状況」によっては「国体」にかかわる大事となる重大問題が起こっている、との通知が幕府からあったことが、先ず告げられている。そして、幕府が海防を強化して、対策に尽力しており、また、来年の再来航時も「平穏」に対処する方針をとっているので、それを見守る姿勢を、朝廷がとることが表明される。しかし、「状況」如何の中身は相手側が戦争に及ぶことであり、その場合への覚悟を、公家一同に求めている。

これは、幕府が先に発出した「大号令」と、同様の論理と見てよかろう。あくまで、わが方は「平穏」な対処に徹する、という幕府の基本方針が確認されているのである。

もっとも、そこでは、孝明天皇が大変に憂慮していることも、一方で強調されている。そして、「神州」の護持と「人民」の安全が諸神社に祈願され、その効験を高めるべく、来年は月次の歌会を、それらの神社への「法楽」へ代える措置がとられたことが達せられている。

このように、アメリカ艦隊再来航時への、朝廷の対策は、特段に幕府へ注文を出すようなものではなく、あくまでも幕府の「平穏」な対処を見守ろうというのが基本線だった。独自の措置も、諸神社への「平穏」の祈願であり、そのために、月次の歌会を当該諸神社への「法楽」に代替する措置に止まるものにすぎない。「法楽」の中身を勘案すれば、歌会の看板を掛け替えたものとも見られる体だということともなろう。

ただし、関白―武家伝奏が主導する措置の範囲内ではそのように見ておいても差し支えなかろうが、ペリー艦隊来航以来の事態に対する、孝明天皇の憂慮の深度、また、公家たちの間での受け取り方如何は、この嘉永六年末の時点では未知数とすべきだろう。そのいずれもが、関白―武家伝奏による指導下に収束し得るか否かは、今後の推移の中でやがて明らかになって来よう。

阿部正弘幕閣が迎えた嘉永七年

阿部正弘幕閣は、もう一つの政局不安定要因たる、徳川斉昭にどう対処したのか。

阿部幕閣は、前出のアメリカ艦隊再来航時の対処方針を達した、当日の嘉永六年一二月二九日、前述したように、海防幕議参与の辞意を慰留した、徳川斉昭に対し、その参与のため、頻繁に登城する功労への賞与として、五〇〇〇俵の俸禄を「一生之内」(終生)年給することを達した(外国三―一八二)。

幕府財政の慣例に従えば、俸禄の五〇〇〇俵を領知に換算すれば、五〇〇〇石に相当する。禄高から見れば、阿部幕閣の政治顧問格である、筒井政憲（禄高二七〇〇石）よりもかなり上位に位置することとなる。つまり、阿部幕閣の最高政治顧問という格である。また、これによって、斉昭は、水戸藩に扶養される隠居した前藩主である一方、幕府から直接に扶持される、同藩から財政的に自立可能な身ともなったのである。

勿論、斉昭の政治的地位の制度的な基礎が水戸徳川家前当主＝隠居であることだから、この措置を、斉昭を幕臣の旗本化し、その身分的地位を下降させたものと見るわけにはいかない。それでは、そもそも、斉昭を登用した政治的な意味が失われてしまう。しかし、阿部幕閣としては、斉昭をより強く幕府へ抱え込み、幕閣と政治的に一体化する効果を期待したことは間違いあるまい。しかし、そのような効果が、斉昭の側に生ずるか否かは、全く未知数だった。

阿部幕閣は、対露長崎「応接」に関する報告の第一便を、前述したように、年が改まった嘉永七年（一八五四）一月六日までに受け取っている。この中間報告で、対露応接掛は「対話」の早期決着が難しいとの見通しを述べており、幕閣にとって、その先行きは全く不透明だったと言えよう。

それから五日後、一一日、現地在勤の浦賀奉行戸田氏栄は、同日「午ノ下刻（うまのげこく）」（一二時三〇分頃）、「異国船」（アメリカ艦隊）七隻が伊豆半島沖を航行しているのを見た、と相模国三浦郡長沢（ながさわ）村（現・横須賀市）の漁師が急報して来たことを、江戸へ報じた（外国四―三六）。このとき、ロシア使節退帆を告げる長崎からの急報は、江戸へまだ到着していなかった。

かくして、幕末政治は、開国という新たな局面を迎えるのである。

史料・参考文献

史料

会沢安『新論・迪彝篇』岩波文庫、一九三一年九月
青木正次訳注『雨月物語』新版、講談社学術文庫、二〇一七年三月
新井白石『読史余論』岩波文庫、一九三六年九月
石井良助・服藤弘司編『幕末御触書集成』第二・三・四・五・六巻、岩波書店、一九九二年八月・九三年四・一二月・九四年八月・九五年四月
維新史料編纂事務局編『維新史料聚芳』新装版、東京大学出版会、一九九八年一月
揖斐高訳注『頼山陽詩選』岩波文庫、二〇一二年六月
大阪大学会沢正志斎書簡研究会編『会沢正志斎書簡集』思文閣出版、二〇一六年三月
外務省編『日本外交年表並主要文書』上、原書房、一九六五年一一月
鹿児島県維新史料編さん所編『斉彬公史料』第一巻、同県、一九八一年一月
神奈川県県民部県史編集室編『神奈川県史』資料編10 近世（7）、同県、一九七八年六月
菊池謙二郎編『幽谷全集』私家版（吉田弥平）、一九三五年六月
曲亭馬琴『近世物之本江戸作者部類』岩波文庫、二〇一四年六月
黒板勝美・国史大系編修会編『徳川実紀』第三・九篇、吉川弘文館、一九八一年一一月・八二年二月
黒板勝美・国史大系編修会編『続徳川実紀』第二・三篇、吉川弘文館、一九八二年三・四月
狛江市市史編集専門委員会編『新狛江市史』資料編　近世2、同市、二〇一八年三月
式亭三馬『浮世風呂』日本古典文学大系63、岩波書店、一九五七年九月

史籍研究会編『諸向地面取調書』(一)~(三)、内閣文庫史料叢刊第一四~一六巻、汲古書院、一九八二年二~四月
史籍研究会編『安政雑記』内閣文庫所蔵史籍叢刊第三六巻、汲古書院、一九八三年一二月
信濃教育会編『象山全集』巻二、信濃毎日新聞、一九三四年一〇月
渋沢栄一『楽翁公伝』岩波書店、一九三七年一一月
杉田玄白『蘭学事始』岩波文庫、一九五九年三月
杉本つとむ校註・志筑忠雄訳『鎖国論』八坂書房、二〇一五年九月
逗子市編『逗子市史』資料編II 近世II、同市、一九八八年三月
鈴木淳・西川誠・松沢裕作『史料を読み解く』4「幕末維新の政治と社会」、山川出版社、二〇〇九年六月
高柳信三・石井良助編『御触書天保集成』下、一九四一年三月
『通航一覧』第七、国書刊行会、一九一三年九月
鶴屋南北『東海道四谷怪談』岩波文庫、一九五六年八月
寺門静軒『江戸繁昌記』1・2・3、平凡社・東洋文庫、一九七四年一〇月・七五年八月・七六年一〇月
東京市役所編『講武所』東京市史外篇、第三、同役所、一九三〇年三月
東京大学史料編纂所編『維新史料綱要』巻一、復刻版、東京大学出版会、一九八三年六月
東京大学史料編纂所編『大日本維新史料』第一編之二、復刻版、東京大学出版会、一九八四年六月
東京大学史料編纂所編『大日本古文書』幕末外国関係文書之一・二・三・四、復刻版、東京大学出版会、一九八四年六・七・八・九月
日本史籍協会編『阿部正弘事蹟』一、復刻版、東京大学出版会、一九七八年五月
日本史籍協会編『川路聖謨文書』六・八、復刻版、東京大学出版会、一九八五年一・二月

日本史籍協会編『馬関・鹿児島砲撃始末』復刻版、東京大学出版会、一九七九年三月
野口武彦編『宣長選集』筑摩書房、一九八六年一〇月
福沢諭吉『学問のすゝめ』岩波文庫、一九四二年一二月
『ペルリ提督日本遠征記』(一)・(二)・(三)・(四)、岩波文庫、一九四八年八月・一〇月・五三年九月・五五年五月
松平定信『宇下人言』岩波文庫、一九四二年六月
『水戸藩史料』上編乾・別記上・下、吉川弘文館、一九七〇年一二月
本居宣長『うひ山ふみ・鈴屋答問録』岩波文庫、一九三四年四月
本居宣長『紫文要領』岩波文庫、二〇一〇年二月
本居宣長記念館ほか編『21世紀の本居宣長』朝日新聞社、二〇〇四年九月
森銑三ほか編『よしの冊子』(上)・(下)、随筆百花苑第八・九巻、風俗世相篇二・三、中央公論社、一九八〇年一一月・八一年一月
箭内健次編『通航一覧続輯』第二・四巻、清文堂出版、一九六八年九月・七二年三月
藪田貫編『天保上知令騒動記』清文堂出版、一九九八年五月
山鹿素行全集刊行会編『山鹿語類』第一、再版、同会、一九二六年三月
湯浅幸孫『近思録』(中)、たちばな出版、一九九六年四月
吉野作造編『明治文化全集』第八巻　法律篇、日本評論社、一九二九年五月
頼山陽『日本外史』(上)・(下)、岩波文庫、一九七六年九月・八一年一二月
柳亭種彦『修紫田舎源氏』上・中・下、岩波文庫、一九五二年三月・五三年一月・五月

参考文献

青山忠正『明治維新』日本近世の歴史6、吉川弘文館、二〇一二年一一月
B・アンダーソン『想像の共同体　ナショナリズムの起源と流行』リブロポート、一九八七年一二月
飯島千秋『江戸幕府財政の研究』吉川弘文館、二〇〇四年六月
家近良樹『幕末政治と倒幕運動』吉川弘文館、一九九五年一一月
家近良樹『幕末の朝廷　若き孝明帝と鷹司関白』中央公論新社、二〇〇七年一〇月
石井良助『江戸時代土地法の生成と体系』創文社、一九八九年二月
出隆『哲学以前』講談社学術文庫、一九八八年四月
井上勲『明治維新』Ⅰ、研文出版、二〇一七年五月
井上清『天皇制』東京大学出版会、一九五三年一月
井野邊茂雄『幕末史の研究』雄山閣、一九二七年一月
岩下哲典『幕末日本の情報活動　「開国」の情報史』雄山閣出版、二〇〇〇年一月
岩淵令治『江戸武家地の研究』塙書房、二〇〇四年一一月
M・ヴェーバー『社会学の根本概念』岩波文庫、一九七二年一月
大賀妙子「郡上藩宝暦騒動の政治史的意義」（津田秀夫編『近世国家の展開』塙書房、一九八〇年一〇月所収）
大口勇次郎編『頼梅颸日記の研究』お茶の水女子大学ジェンダー研究センター、二〇〇一年三月
太田尚宏「『居候地頭』と知行所村々――武蔵国多摩郡和田村石坂家文書から――」（『国文研ニューズ』第三七号、二〇一四年一一月所載）
岡部敏和「『大総兵船』の琉球来航と琉球王府の対応――清国への請願を中心に」（『日本歴史』第七四七号、二〇一〇年六月所載）
岡本良一「天保改革」（『岩波講座日本歴史』第一三巻、戦後第一版、岩波書店、一九六四年二月所収）

奥田晴樹「寛政異学の禁と聖堂領」(『日本史研究』第二四三号、一九八二年一一月所載)
奥田晴樹「寛政異学の禁をめぐって」(『ハイスクールニューズ』第八〇号、一九八五年一二月所載)
奥田晴樹「黒船来航と相州――江戸湾封鎖対策を中心に――」(『京浜歴科研年報』第一二号、一九九八年一月所載)
奥田晴樹『日本の近代的土地所有』弘文堂、二〇〇一年七月
奥田晴樹「相州海防にみる幕末社会の諸相」(同編『日本近代史概説』弘文堂、二〇〇三年一二月、第一章)
奥田晴樹『立憲政体成立史の研究』岩田書院、二〇〇四年三月a
奥田晴樹『日本近世土地制度解体過程の研究』弘文堂、二〇〇四年九月b
奥田晴樹「梵鐘の海防供出」(京浜歴史科学研究会編『近代京浜社会の形成』岩田書院、二〇〇四年一二月所収)c
奥田晴樹『明治国家と近代的土地所有』同成社、二〇〇七年四月
奥田晴樹「幕末の禁裏御料と山城一国増献問題」(『立正大学文学部論叢』第一三三号、二〇一二年三月所載)
奥田晴樹「旗本領の処分――能登国土方領の事例を中心として――(一)・(二)」(『立正大学大学院文学研究科紀要』第二八・二九号、二〇一二年三月・一三年三月所載)
奥田晴樹「地租改正の歴史的意義」(『立正大学文学部研究紀要』第三一号、二〇一五年三月所載)
奥田晴樹「幕末維新史研究の軌跡」(『京浜歴科研会報』第三五一号、二〇一五年六月所載)
奥田晴樹『維新と開化』日本近代の歴史①、吉川弘文館、二〇一六年一〇月
奥田晴樹「カール・シュミットの国家論をめぐって――『政治神学』と『政治的なものの概念』を中心に――」(『京浜歴科研年報』第二九号、二〇一七年二月所載)
小椋嶺一『秋成と宣長　近世文学志向論序説』翰林書房、二〇〇二年六月

小野武夫『旧佐賀藩の均田制度』岡書院、一九二八年一二月
E・カッシーラー『啓蒙主義の哲学』上・下、ちくま学芸文庫、二〇〇三年四月
嘉数次人『天文学者たちの江戸時代――暦・宇宙観の大転換』ちくま新書、二〇一六年七月
加藤祐三『黒船前後の世界』ちくま学芸文庫、一九九四年五月
神谷大介『幕末期軍事技術の基盤形成　砲術・海軍・地域』岩田書院、二〇一三年一〇月
神谷大介『幕末の海軍　明治維新への軌跡』吉川弘文館、二〇一八年一月
I・カント『純粋理性批判』1～7、光文社古典新訳文庫、二〇一〇年一月～一二年一月
北島正元『水野忠邦』吉川弘文館、一九六九年一〇月
北島正元『近世の都市と民衆』名著出版、一九八四年六月
木原溥幸『幕末期佐賀藩の藩政史研究』九州大学出版会、一九九七年二月
木原溥幸『佐賀藩と明治維新』九州大学出版会、二〇〇九年四月
久住真也『幕末の将軍』講談社、二〇〇九年二月
F・ケルン『中世の法と国制』創文社、一九六八年一〇月
小池喜明『幕末の武士道　「開国」を問う』敬文社、二〇一五年四月
後藤敦史『開国期徳川幕府の政治と外交』有志舎、二〇一五年一月
後藤敦史『忘れられた黒船　アメリカ北太平洋戦略と日本開国』講談社、二〇一七年六月
小林伸成「幕末琉球における異国人応接「官職」制度――フォルカード逗留期を事例に――」（『地方史研究』第三八一号、二〇一六年六月所載）
小林伸成「近世琉球における異国船・異国人対策」（『海事史研究』第七四号、二〇一七年一一月所載）
子安宣邦『本居宣長』岩波現代文庫、二〇〇一年七月
近藤和彦『イギリス史10講』岩波新書、二〇一三年一二月
相良亨『本居宣長』講談社学術文庫、二〇一一年六月

佐々木克『幕末史』ちくま新書、二〇一四年一一月
佐々木潤之介『幕藩制国家論』東京大学出版会、上・下、一九八四年一月・八五年五月
佐藤昌介『洋学史研究序説』岩波書店、一九六四年五月
佐藤昌介「渡辺崋山と高野長英」（佐藤ほか校注『渡辺崋山　高野長英　佐久間象山　横井小楠　橋本左内』日本思想大系55、岩波書店、一九七一年六月所収）
品川区立品川歴史館編『江戸湾防備と品川御台場』岩田書院、二〇一四年三月
司馬遼太郎『故郷忘じがたく候』文春文庫、二〇〇四年一〇月
芝原拓自『明治維新の権力構造』御茶の水書房、一九六五年四月
白石良夫『古語の謎　書き替えられる読みと意味』中公新書、二〇一〇年一一月
杉谷昭『鍋島閑叟　蘭癖・佐賀藩主の幕末』中公新書、一九九二年三月
高橋敏『江戸の訴訟――御宿村一件顚末――』岩波新書、一九九六年一一月
滝川政次郎『長谷川平蔵――その生涯と人足寄場』中公文庫、一九九四年七月
竹内誠『寛政改革の研究』吉川弘文館、二〇〇八年七月
田中一郎『ガリレオ裁判――400年後の真実』岩波新書、二〇一五年一〇月
津田秀夫『封建社会崩壊過程の研究』塙書房、一九七〇年五月
津田秀夫『天保改革』日本の歴史22、小学館、一九七五年一一月
津田秀夫『封建経済政策の展開と市場構造』新版、御茶の水書房、一九七七年二月
津田秀夫「封建的土地所有とその解体（2）――石高制とその解体――」（土地制度史学会編『資本と土地所有』農林統計協会、一九七九年一〇月所収）
土屋喬雄『封建社会崩壊過程の研究』象山社、一九八一年一〇月
時枝誠記『国語学史』岩波文庫、二〇一七年一〇月
中里介山『大菩薩峠』1～20、ちくま文庫、一九九六年九月

長野ひろ子『幕藩制国家の経済構造』吉川弘文館、一九八七年六月
西川武臣『浦賀奉行所』有隣新書、二〇一五年三月
M・ハイデッガー『技術への問い』平凡社、二〇一三年一一月
橋本敬之『幕末の知られざる巨人　江川英龍』角川SSC新書、二〇一四年一月
樋口雄彦『旧幕臣の明治維新　沼津兵学校とその群像』吉川弘文館、二〇〇五年一一月
樋口雄彦『沼津兵学校の研究』吉川弘文館、二〇〇七年一〇月
尾藤正英『日本の国家主義　「国体」思想の形成』岩波書店、二〇一四年五月
深井雅海「旗本・御家人」（国史大辞典編集委員会編『国史大辞典』第一一巻、吉川弘文館、一九九〇年九月）
深井雅海『徳川将軍政治権力の研究』吉川弘文館、一九九一年五月
深谷克己『百姓成立』塙書房、一九九三年四月
深谷克己『江戸時代』日本の歴史6、岩波ジュニア新書、二〇〇〇年三月
藤田覚『幕藩制国家の政治史的研究――天保期の秩序・軍事・外交』校倉書房、一九八七年九月、第三部第二章「天保改革と対外的危機――天保十四年印旛沼工事をめぐって――」
藤田覚『天保の改革』吉川弘文館、一九八九年四月
藤田覚『松平定信　政治改革に挑んだ老中』中公新書、一九九三年七月
藤田覚『泰平のしくみ　江戸の行政と社会』岩波書店、二〇一二年四月
藤田覚『幕末の天皇』講談社学術文庫、二〇一三年二月
藤田覚『幕末から維新へ』シリーズ　日本近世史⑤、岩波新書、二〇一五年五月
麓慎一『開国と条約締結』吉川弘文館、二〇一四年五月
『穂積八束博士論文集』増補改版、有斐閣、一九四三年九月
G・ボッテーロ『国家理性論』風行社、二〇一五年一二月

堀内秀樹・西秋良宏編『赤門――溶姫御殿から東京大学へ』東京大学出版会、二〇一七年三月
M・ホルクハイマー/T・W・アドルノ『啓蒙の弁証法――哲学的断想――』岩波文庫、二〇〇七年一月
F・マイネッケ『近代史における国家理性の理念』第二版、みすず書房、一九七六年三月
松好貞夫『天保の義民』岩波新書、一九六二年一二月
松浦玲『坂本龍馬』岩波新書、二〇〇八年一一月
松尾公就『二宮尊徳の仕法と藩政改革』勉誠出版、二〇一五年五月
丸山眞男・加藤周一『翻訳と日本の近代』岩波新書、一九九八年一〇月
三上参次『尊皇論発達史』冨山房、一九四一年三月
水本邦彦『村　百姓たちの近世』シリーズ　日本近世史②、岩波新書、二〇一五年二月
三谷太一郎『日本の近代とは何であったか――問題史的考察――』岩波新書、二〇一七年三月
三谷博『明治維新とナショナリズム　幕末の外交と政治変動』山川出版社、一九九七年一月、第二部第三章第二節「異国船打払令復活問題」
三谷博『ペリー来航』吉川弘文館、二〇〇三年一〇月
三宅紹宣『幕長戦争』吉川弘文館、二〇一三年三月
三宅紹宣『幕長戦争』萩ものがたり、二〇一六年一〇月
宮地正人『幕末維新変革史』岩波書店、上・下、二〇一二年八・九月
宮本又次「株仲間再興令」(国史大辞典編集委員会編『国史大辞典』第三巻、吉川弘文館、一九八三年二月所収)
村井章介『分裂から天下統一へ』シリーズ　日本中世史④、岩波新書、二〇一六年七月
村上春樹『職業としての小説家』スイッチ・パブリッシング、二〇一五年九月
山根公『松任の俳人　千代女』第四版、白山市役所、二〇一〇年三月

横山伊徳『開国前夜の世界』日本近世の歴史5、吉川弘文館、二〇一三年三月
吉田常吉『安政の大獄』吉川弘文館、一九九一年八月
吉田伸之『近世巨大都市の社会構造』東京大学出版会、一九九一年一一月
頼祺一『近世後期朱子学派の研究』渓水社、一九八六年二月
渡辺保『江戸演劇史』(下)、講談社、二〇〇九年七月

あとがき

著者は、四〇年余にわたり、幕末維新期の歴史研究に携わってきたが、そこで得られた知見をまとめる作業に先年来、従事してきた。それを「起承転結」の四部構成で叙述するとすれば、先に上梓した『維新と開化』が第三部（奥田二〇一六）、そして本書はいわばその第一部に相当すると言えよう。

もっとも、本書で扱った「幕末政治」は、いわば前期に止まるものである。

ここで言う「幕末政治」とは、前期の範囲では、「内憂外患」の情勢に直面し、それを既存の「国制」に立脚する政策や政治手法などでは乗り切れないと、為政者自身――この場合は、将軍と幕閣――が判断せざるを得なくなり、その改革を模索し始めた政治状況であると言えよう。

その始期は、幕府の天保改革が挫折し、阿部正弘幕閣が成立したところ、そして、終期はペリー艦隊の再来航に面する辺りに求められよう。すなわち、そこへの助走期間も含めて、本書が扱った時期である。

ちなみに、中期は「日米和親条約」締結前後から桜田門外の変まで、後期は「倒幕運動」が本格化する文久期以降（家近一九九五）、「王政復古」政変に至る、幕府の瓦解過程としておきたい。

この幕末政治の中・後期に、「王政復古」政変後に実施されていく、国制改革の構想と主体が形成されたことは間違いなかろう。その有り様については、天皇と朝廷を政局の中枢へと押し上げていった、一方での幕府とその周辺、他方での雄藩や「志士」たちの、それぞれの動向に即し、かつ、結局において、後者へと改革の政治的な主導権が帰する、背景と経緯に留意して、追跡、検討されねばなるまい。

この問題は、冒頭で触れた四部構成で言えば、第二部で扱うべきものとなろう。これについては、戦前以来の膨大な研究蓄積があり（奥田二〇一五）、諸家の近業もある（青山二〇一二、宮地二〇一二、佐々木二〇一四、藤田二〇一五、井上二〇一七）。著者も、その所見の一端は公にしているが（奥田二〇〇一・〇四a）、なお、かなりの研究を要するものと思われる。ここでは、それが後日の宿題であることを確認しておきたい。

本書の骨格は、二〇一五年八月末には執筆が一応、終わっていた。昨春、その旧稿の補筆と、第七章の後半以下の執筆に取りかかった。当初の目算では、六月末には、遅くとも完了するはずだった。しかし、実際、作業を始めると、旧稿の補訂がかなりの分量となった上、新規の執筆は予想外の大仕事となった。しかも、運動機能障碍の容赦のない進行に加え、体調の乱れも繰り返され、継続的に作業を進めることがままならなかった。それやこれやの事情で、原稿の完成と入稿は、とうとう昨年末までずれ込んでしまった。

にもかかわらず、執筆作業をどうにか完了させることができたのは、昨年度、特別研究員として一年間の研修を許可された、勤務する立正大学、所属する文学部、とりわけ史学科の同僚諸氏のご理解とご支援のお蔭である。ここに記して、深甚なる謝意を表したい。

本書の公刊は、拙著の出版をお引き受けいただいた後、随分の期間、お待たせした上、昨春の作業開始以降も、右の仕儀にて、入稿が随分と遷延し、多大なご迷惑をおかけした、勉誠出版、とりわけ編集部長の吉田祐輔氏のご尽力による。また、同氏をご紹介いただいた、岡田袈裟男先生のご厚情も、決して忘却できない。ともに、ここに記して、感謝の微衷を表したい。

最後に、私事にわたって恐縮だが、通勤や通院などの外出はじめ、著者の生活万般を介助してくれている妻・和美の存在なくして、本書の執筆もまた、あり得なかったことを記しておきたい。

二〇一八年八月二七日

奥田晴樹

著者略歴
奥田晴樹（おくだ・はるき）

1952年　東京都に生まれる
1976年　東京教育大学文学部史学科日本史学専攻卒業
1976年　神奈川県立清水ヶ丘高等学校教諭
1983年　神奈川県立湘南高等学校教諭
1996年　金沢大学助教授
1998年　同教授
2006年　同附属高等学校長（兼任）
博士（史学）（中央大学大学院文学研究科）
現　在　立正大学文学部教授（2010年～）

〔主要著書〕
『地租改正と地方制度』（山川出版社、1993年10月）
『日本の近代的土地所有』（弘文堂、2001年7月）
『立憲政体成立史の研究』（岩田書院、2004年3月）
『日本近世土地制度解体過程の研究』（弘文堂、2004年9月）
『明治国家と近代的土地所有』（同成社、2007年4月）
『地租改正と割地慣行』（岩田書院、2012年10月）
『維新と開化』日本近代の歴史①（吉川弘文館、2016年10月）

幕末政治と開国
――明治維新への胎動

平成30年10月19日　初版発行

著　者　奥田晴樹

発行者　池嶋洋次
発行所　勉誠出版株式会社
〒101-0051　東京都千代田区神田神保町 3-10-2
TEL：(03)5215-9021（代）　FAX：(03)5215-9025

印　刷
製　本　中央精版印刷

ISBN978-4-585-22221-7　C1021

戊辰戦争の史料学

明治政府が編纂した史料集『復古記』やその編纂材料を精査し、様々な史料にも着目。戊辰戦争を多角的に解明するための方法を模索する。

箱石大 編・本体三五〇〇円（+税）

文化財としてのガラス乾板
写真が紡ぎなおす歴史像

写真史および人文学研究のなかにガラス乾板を位置付ける総論、諸機関の手法を提示する各論を通じて、総合的なガラス乾板の史料学を構築する。

久留島典子・高橋則英・山家浩樹 編
本体三八〇〇円（+税）

近世日本の歴史叙述と対外意識

近世日本において、自己と他者をめぐる言説が記憶となり、語られていく諸相を捉え、近世そして近代日本の世界観・思考のあり方を照らし出す。

井上泰至 編・本体八〇〇〇円（+税）

幕末明治 移行期の思想と文化

「忠臣・皇国のイメージ」「出版文化とメディア」「国家形成と言語・思想」の三つの柱から、移行期における接続と断絶の諸相を明らかにした画期的論集。

前田雅之・青山英正・上原麻有子 編・本体八〇〇〇円（+税）

朝彦親王伝
維新史を動かした皇魁

『朝彦親王日記』『孝明天皇紀』など、幕末維新の重要史料を仔細に読み解き、その知られざる生涯を描きだす。悲劇の英傑から描かれる、もうひとつの幕末・維新史。

徳田武 著・本体四八〇〇円（＋税）

会津藩儒将 秋月韋軒伝

藩主松平容保や朝彦親王に忠節を尽くした漢学者秋月悌次郎、号は韋軒。「刀史」などの漢詩・漢文資料を縦横に用いた評伝の白眉。

徳田武 著・本体二五〇〇円（＋税）

小原鉄心と大垣維新史

西洋文明の導入や大砲の鋳造など大垣藩の藩政改革に努めた小原鉄心と、詩人菱田海鷗、野村藤陰らの生涯と詩文から、維新史の知られざる側面に光を当てる。

徳田武 著・本体四八〇〇円（＋税）

清河八郎伝
漢詩にみる幕末維新史

幕末維新史において、その行動範囲の広さと構想の雄大さゆえに異彩を放つ志士、清河八郎。明治維新の火付け役ともいえる彼が残した漢文と漢詩によって、維新史を追う。

徳田武 著・本体四八〇〇円（＋税）

文化史のなかの光格天皇
朝儀復興を支えた文芸ネットワーク

飯倉洋一・盛田帝子 編・本体八〇〇〇円（＋税）

天皇をめぐる文化体系は、いかに復古・継承されたのか。歴代最後の「生前退位」を行った光格天皇、その兄妙法院宮真仁法親王の文化的営みの意義を明らかにする。

近世蔵書文化論
地域〈知〉の形成と社会

工藤航平 著・本体一〇〇〇〇円（＋税）

社会の基盤をなす〈知〉は、いかに形成・浸透したか。地域で受け継がれるアーカイブズを「蔵書文化」という観点から読み解き、近世社会特有の〈知〉の構造を描き出す。

江戸庶民の読書と学び

長友千代治 著・本体四八〇〇円（＋税）

当時の啓蒙書や教養書、版元・貸本屋の記録など、人びとの読書と学びの痕跡を残す諸資料の博捜により、近世における教養形成・書物流通の実情を描き出す。

江戸時代生活文化事典
重宝記が伝える江戸の智恵

長友千代治 編著・本体二八〇〇〇円（＋税）

学び・教養・文字・算数・農・工・商・礼法・服飾・俗信・年暦・医方・薬方・料理・食物等々、江戸時代に生きる人々の生活・思想を全面的に捉える決定版大事典。